プリント形式のリアル過去問で本番の臨場感！

岡山県

就実中学校

2025年春受験用

解答集

本書は，実物をなるべくそのままに，プリント形式で年度ごとに収録しています。
問題用紙を教科別に分けて使うことができるので，本番さながらの演習ができます。

■ 収録内容

・解答集(この冊子です)

書籍ＩＤ番号，この問題集の使い方，最新年度実物データ，リアル過去問の活用，
解答例と解説，ご使用にあたってのお願い・ご注意，お問い合わせ

・2024(令和６)年度 ～ 2021(令和３)年度　学力検査問題

JN131806

○は収録あり

年度	'24	'23	'22	'21		
■ 問題(1期入試)※1	○	○	○	○		
■ 解答用紙※2	○	○	○	○		
■ 配点(3教科型・2教科型)※3	○	○	○	※4		

算数に解説があります

※1…3教科型・2教科型・適性検査型
(2023年度以前は3教科型・適性検査型のみ収録)　※2…適性検査型は書き込み式
※3…適性検査型の配点は非公表　※4…理科の配点は非公表
注)国語問題文非掲載:2024年度3教科型の二，2022年度3教科型の一，2021年度3教科型の二

問題文の非掲載につきまして

著作権上の都合により，本書に収録している過去入試問題の本文の一部を掲載しておりません。ご不便をおかけし，誠に申し訳ございません。

本文の一部を掲載できなかったことによる国語の演習不足を補うため，論説文および小説文の演習問題のダウンロード付録があります。弊社ウェブサイトから書籍ＩＤ番号を入力してご利用ください。

なお，問題の量，形式，難易度などの傾向が，実際の入試問題と一致しない場合があります。

教英出版

■　書籍ＩＤ番号

入試に役立つダウンロード付録や学校情報などを随時更新して掲載しています。
教英出版ウェブサイトの「ご購入者様のページ」画面で，書籍ＩＤ番号を入力してご利用ください。

書籍ＩＤ番号　109431

（有効期限：2025年9月30日まで）

【入試に役立つダウンロード付録】
「要点のまとめ(国語／算数)」
「課題作文演習」ほか

■　この問題集の使い方

年度ごとにプリント形式で収録しています。針を外して教科ごとに分けて使用します。①片側，②中央のどちらかでとじてありますので，下図を参考に，問題用紙と解答用紙に分けて準備をしましょう（解答用紙がない場合もあります)。

針を外すときは，けがをしないように十分注意してください。また，針を外すと紛失しやすくなりますので気をつけましょう。

① 片側でとじてあるもの　　② 中央でとじてあるもの

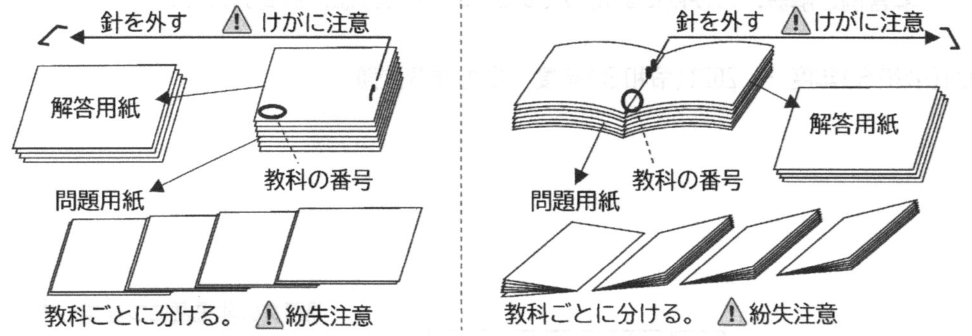

※教科数が上図と異なる場合があります。
解答用紙がない場合や，問題と一体になっている場合があります。
教科の番号は，教科ごとに分けるときの参考にしてください。

■　最新年度 実物データ

実物をなるべくそのままに編集していますが，収録の都合上，実際の試験問題とは異なる場合があります。実物のサイズ，様式は右表で確認してください。

問題用紙	Ｂ４プリント
解答用紙	Ｂ４プリント

リアル過去問の活用

～リアル過去問なら入試本番で力を発揮することができる～

本番を体験しよう！

問題用紙の形式（縦向き / 横向き），問題の配置や余白など，実物に近い紙面構成なので本番の臨場感が味わえます。まずはパラパラとめくって眺めてみてください。「これが志望校の入試問題なんだ！」と思えば入試に向けて気持ちが高まることでしょう。

入試を知ろう！

同じ教科の過去数年分の問題紙面を並べて，見比べてみましょう。

① 問題の量

毎年同じ大問数か，年によって違うのか，また全体の問題量はどのくらいか知っておきましょう。どのくらいのスピードで解けば時間内に終わるのか，大問ひとつにかけられる時間を計算してみましょう。

② 出題分野

よく出題されている分野とそうでない分野を見つけましょう。同じような問題が過去にも出題されていることに気がつくはずです。

③ 出題順序

得意な分野が毎年同じ大問番号で出題されていると分かれば，本番で取りこぼさないように先回りして解答することができるでしょう。

④ 解答方法

記述式か選択式か（マークシートか），見ておきましょう。記述式なら，単位まで書く必要があるかどうか，文字数はどのくらいかなど，細かいところまでチェックしておきましょう。計算過程を書く必要があるかどうかも重要です。

⑤ 問題の難易度

必ず正解したい基本問題，条件や指示の読み間違いといったケアレスミスに気をつけたい問題，後回しにしたほうがいい問題などをチェックしておきましょう。

問題を解こう！

志望校の入試傾向をつかんだら，問題を何度も解いていきましょう。ほかにも問題文の独特な言いまわしや，その学校独自の答え方を発見できることもあるでしょう。オリンピックや環境問題など，話題になった出来事を毎年出題する学校だと分かれば，日頃のニュースの見かたも変わってきます。

こうして志望校の入試傾向を知り対策を立てることこそが，過去問を解く最大の理由なのです。

実力を知ろう！

過去問を解くにあたって，得点はそれほど重要ではありません。大切なのは，志望校の過去問演習を通して，苦手な教科，苦手な分野を知ることです。苦手な教科，分野が分かったら，教科書や参考書に戻って重点的に学習する時間をつくりましょう。今の自分の実力を知れば，入試本番までの勉強の道すじが見えてきます。

試験に慣れよう！

入試では時間配分も重要です。本番で時間が足りなくなってあわてないように，リアル過去問で実戦演習をして，時間配分や出題パターンに慣れておきましょう。教科ごとに気持ちを切り替える練習もしておきましょう。

心を整えよう！

入試は誰でも緊張するものです。入試前日になったら，演習をやり尽くしたリアル過去問の表紙を眺めてみましょう。問題の内容を見る必要はもうありません。どんな形式だったかな？受験番号や氏名はどこに書くのかな？…ほんの少し見ておくだけでも，志望校の入試に向けて心の準備が整うことでしょう。

そして入試本番では，見慣れた問題紙面が緊張した心を落ち着かせてくれるはずです。

※まれに入試形式を変更する学校もありますが，条件はほかの受験生も同じです。心を整えてあせらずに問題に取りかかりましょう。

2024 解答例
令和6年度

就実中学校【1期・3教科型】【1期・2教科型】【1期・適性検査型】

《1期・3教科型　国語》

一　問一．ⓐ統計　ⓑ製造　ⓒ伝承　ⓓ現象　　問二．イ　　問三．古今東西　　問四．A．オ　B．ア　C．エ　　問五．文字の有無が文明的であるか野蛮であるかを分ける指標にはならないのに、文字をもっている世界が、無文字文化を未開で遅れた状態として考えることは間違っているから。　　問六．結縄　　問七．新石器段階の物質文化　　問八．言語のなかには音声のみあって文字をもたないものがあることに加えて、一種類の文字が複数の言語を記録するのに使われている場合が多いから。　　問九．ウ

二　問一．ⓐ経路　ⓑ立派　ⓒ大衆化　ⓓ従来　　問二．A．ウ　B．イ　C．オ　　問三．(2)，(4)
問四．イ　　問五．Ⅰ．スタンドアローン〔別解〕自己完結した機械　Ⅱ．ネットに常時接続している
問六．しかしそれぞれの個体　　問七．ア　　問八．今のコンピューターはネットワークにつながっていることが前提であり、ボディをそれぞれの脳がコントロールする単体のロボットが存在するとは考えにくいから。
問九．エ

三　問一．エ　　問二．環境破壊　　問三．合成〔別解〕化合　　問四．人類が自然環境を破壊しているにも関わらず、自身を自然のなかで最も弱い植物である「葦」にたとえるのはふさわしくないから。

四　［A／B］　①［会心／改心］　②［週刊／習慣］　③［起立／規律］　④［用心／要人］

《1期・3教科型　算数》

1　(1)①6　② $\frac{8}{15}$　　(2) $\frac{2}{3}$

2　(1)64　(2)120　(3)25　(4)100　(5)76　(6)29　(7)17　(8)28.56

3　(1)30　(2)10　※(3)8

4　(1)9　(2)12.5　(3)350

5　(1)(ウ)　(2)55　※(3)944，53

6　(1)A．34　D．54　(2)67　(3)23

※の考え方は解説を参照してください。

《1期・3教科型　理科》

1　(1)ア．西　イ．東　ウ．西　　(2)くぼみ…クレーター　理由…いん石が衝突したため。　　(3)エ
(4)ア　月の名前…新月　　(5)27.7　　(6)太陽－地球－月の順に並び，ほぼ一直線になったとき。

2　(1)①ウ　②ア　③エ　　(2)イ，ウ，カ　　(3)卵→幼虫→成虫　　(4)昆虫の名前…コノハチョウ
説明…はねの裏側が枯葉のような見た目をしているので木の枝にとまってまぎれこむ。
(5)①a．38.5　b．35　②アリやハチは成虫が生まれたばかりの卵や幼虫などの世話をするため。

3　(1)イ　(2)エ　(3)0.80　(4)1050　(5)青　(6)A液が10mL～40mLの場合，残る固体は食塩のみである。A液が50mLと60mLの場合，食塩の量は変わらず，A液中の水酸化ナトリウムが残るため。　(7)15

4　(1)①20　②75　(2)①対流　②伝導　(3)300　(4)0.09　(5)26　(6)エ

《１期・２教科型(特進アドバンス)　国語》

一　問一．ⓐ閉　ⓑ設備　ⓒ困難　ⓓふっこう　　問二．イ　　問三．１．合理　２．効率　３．同調
問四．水路を引き／みんなで並　　問五．我田引水　　問六．ア　　問七．④被害がある　⑤人は一人では生きていけない　　問八．助け合うこと　　問九．協調性　　問十．ウ

二　問一．ⓐ曲　ⓑ笑　ⓒ包　ⓓ老　　問二．Ａ．目　Ｂ．首　　問三．私にとっては特別でシーラみたいになりたいと思っていたのに、もう友だちじゃないと思ってしまったから。　　問四．エ　　問五．エ　　問六．人生は短いので、後悔しないようにやりたいことをやっておいたほうがいいということ。　　問七．イ　　問八．ア
問九．エ

三　①オ　②ウ　③イ　④カ　⑤ア

四　①イ　②エ　③ウ　④ア　⑤オ

《１期・２教科型(特進アドバンス)　算数》

1　(1)96　(2)80.1　(3)48　(4)$\frac{3}{4}$　(5)$\frac{3}{5}$　(6)2　(7)73　(8)$2\frac{2}{3}$

2　(1)60　(2)21　(3)19　(4)9　(5)14　(6)74　(7)25.12　(8)53

3　(1)34.5　(2)①300　②71

4　(1)36000　(2)22　(3)3

5　(1)6　(2)ア．4　イ．11　ウ．24　(3)3

《１期・２教科型(未来創造)　国語》

一　問一．ⓐ閉　ⓑ設備　ⓒ困難　ⓓふっこう　　問二．イ　　問三．１．合理　２．効率　３．同調
問四．水路を引き／みんなで並　　問五．我田引水　　問六．ア　　問七．④被害がある　⑤人は一人では生きていけない　　問八．助け合うこと　　問九．協調性　　問十．ウ

二　問一．ⓐ曲　ⓑ笑　ⓒ包　ⓓ老　　問二．Ａ．目　Ｂ．首　　問三．私にとっては特別でシーラみたいになりたいと思っていたのに、もう友だちじゃないと思ってしまったから。　　問四．エ　　問五．エ　　問六．人生は短いので、後悔しないようにやりたいことをやっておいたほうがいいということ。　　問七．イ　　問八．ア
問九．エ

三　①遠→延　②間→箇　③行→港　④静→清　⑤集→修

四　①ウ　②ア　③エ　④イ　⑤イ

《１期・２教科型(未来創造)　算数》

1　(1)96　(2)76　(3)10.1　(4)5.12　(5)60　(6)$1\frac{7}{12}$　(7)$\frac{3}{5}$　(8)8　(9)2　(10)73

2　(1)400　(2)18　(3)21　(4)5.8　(5)5　(6)132　(7)25.12　(8)53

3　(1)27000　(2)28　(3)1200

4　(1)34.5　(2)12.2　(3)300

5　(1)ア．5　イ．7　ウ．5　(2)4　(3)3

《１期・適性検査型　検査Ⅰ》

課題１　(1)アにあてはまる数…１，４，７　イにあてはまる数…２，５，８　ウとエにあてはまる数の組み合わせ…７

(2)８　※(3)小数第 2024 位の数…８　小数第１位から小数第 2024 位までの数の和…9109

課題２　(1)あ45　い60　う65　(2)13，40

※(3)５周目ができるまでに必要な正六角形の個数…61　正五角形をしきつめることができない理由…正五角形の５つの角の和が 540° だから１つの角の大きさは 108° になり，１つの点に角を集めても 360° にはならないから。

課題３　(1)①３　②７，９　(2)水がこおり始める温度を下げる効果。　(3)①ア　②時間…最下点から地面までの縦の長さは同じであり，縦方向では同じ割合で速くなるため，同じ時間で落ちる。　進んだ長さ…ふりこＢの方がひもが長い分だけ初めの高さが高くなり，最下点での横向きの速さが大きくなる。地面までの時間が２つとも等しいため，進んだ長さはふりこＢの方がふりこＡよりも大きくなる。

※の説明は解説を参照してください。

《１期・適性検査型　検査Ⅱ》

課題１　(1)(ⅰ)とくに目的もなく　(ⅱ)気　(2)ふさわしい行動…正確な情報かどうかを確認して書きこむ。／情報に裏づけがなく不正確な内容の場合は、相手を傷つけることにつながるから。　(3)つながりを確認できないことで感じる不安感と、他人や周囲に認められたいという承認欲求。　(4)自分に自信がなくネットやＳＮＳで他者の評価を欲しがった結果、本質的な自信や自己肯定感を持つことが難しくなり、他者の評価に頼り、ネットやＳＮＳに依存する悪循環に陥ること。

課題２　〈作文のポイント〉

・最初に自分の主張、立場を明確に決め、その内容に沿って書いていく。

・わかりやすい表現を心がける。自信のない表現や漢字は使わない。

さらにくわしい作文の書き方・作文例はこちら！→https://kyoei-syuppan.net/mobile/files/sakupo.html

課題３　(1)全体の中では 50 代以上の投票率が高く，10 代や 20 代の投票率は低い。このことから，あらゆる世代がかかえる課題に対して，若者の意見が反映されにくくなると考えられる。　(2)エ　(3)ア，イ，ウ

(4)問題点…Ａ案を選んだ人がクラスの過半数に達しておらず，賛同する人が多くなかったという点。

方法…選択者の多かったＡ案とＢ案の２つで，もう一度投票を行い多数となった方に決める。

(5)大名(藩)…大名は参勤交代のために費用を負担するため，藩の財政を圧迫した。

地域…大名が泊まるための宿や，街道が整備されていった。

2024 算数解説 就実中学校

令和6年度

《1期・3教科型》

1 (1)① 与式$=84\div(42-28)=84\div14=$**6**

② 与式$=\frac{7}{10}-(\frac{3}{5}+\frac{15}{100})\div\frac{9}{2}=\frac{7}{10}-\frac{3}{4}\times\frac{2}{9}=\frac{7}{10}-\frac{1}{6}=\frac{16}{30}=\mathbf{\frac{8}{15}}$

(2) 与式より，$\square\times\frac{5}{8}-\frac{1}{6}=2\times\frac{1}{8}$　$\square\times\frac{5}{8}-\frac{1}{6}=\frac{1}{4}$　$\square\times\frac{5}{8}=\frac{1}{4}+\frac{1}{6}$　$\square\times\frac{5}{8}=\frac{5}{12}$　$\square=\frac{5}{12}\div\frac{5}{8}$

$\square=\mathbf{\frac{2}{3}}$

2 (1) 1ユーロ160円より，60ユーロは160×60＝9600(円)である。1ドルは150円なので，9600円は9600÷150＝**64**(ドル)である。

(2) **【解き方】6cmと8cmと15cmの最小公倍数を求める。**

3つ以上の数の最小公倍数を求めるときは，右のような筆算を利用する。3つの数のうち2つ以上を割り切れる素数で次々に割っていき(割れない数はそのまま下におろす)，割った数と割られた結果残った数をすべてかけあわせれば，最小公倍数となる。よって，求める1辺の長さは，3×2×1×4×5＝**120**(cm)である。

3) 6　8　15
2) 2　8　5
　 1　4　5

(3) **【解き方】定価は，8%割引前の価格なので，8%＝0.08より，2530÷(1－0.08)＝2750(円)である。**

原価が2200円なので，見込んだ利益は，2750－2200＝550(円)であり，これは原価の550÷2200×100＝**25**(%)にあたる。

(4) **【解き方】ある仕事全体の量を1とすると，大人1人と高校生1人と中学生1人でしたとき，1分あたり $1\div50=\frac{1}{50}$ の仕事が終わる。**

同様に考えると，大人1人と高校生1人では1分あたり $1\div60=\frac{1}{60}$ の仕事が終わるので，中学生1人が1分あたりに終える仕事の量は，$\frac{1}{50}-\frac{1}{60}=\frac{1}{300}$ である。大人1人と中学生1人では1分あたり $1\div75=\frac{1}{75}$ の仕事が終わるので，大人1人が1分あたりに終える仕事の量は，$\frac{1}{75}-\frac{1}{300}=\frac{1}{100}$ である。よって，この仕事を大人が1人ですると，$1\div\frac{1}{100}=$**100**(分)かかる。

(5) **【解き方】右の図で，三角形ＢＥＣと三角形ＤＥＣは合同な図形である。**

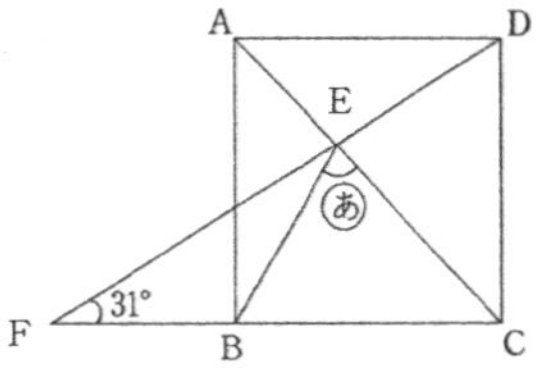

三角形ＦＤＣで，角ＦＤＣ＝180°－(31°＋90°)＝59°である。ＡＣは正方形の対角線なので，角ＡＣＢ＝90°÷2＝45°である。また，角ＤＥＣは三角形ＣＥＦの外角なので，31°＋45°＝76°である。よって，角㋐＝角ＤＥＣ＝**76°**である。

(6) **【解き方】最高点を除いた平均点と最低点を除いた平均点を比べてみると，その差は12.5－12.0＝0.5(点)で，これは，最高点を除いた合計点と最低点を除いた合計点の差が0.5点×(1人を除いた人数分)であることを示している。**

0.5点×(1人を除いた人数分)が，14点にあたるので，1人を除いた人数は，14÷0.5＝28(人)なので，クラスの人数は28＋1＝**29**(人)である。

(7) **【解き方】過不足算を利用する。1脚に座る人数を8－6＝2(人)増やすと，座ることができる人数が12＋(8－2)＋8×2＝34(人)増える。**

長いすは34÷2＝**17**(脚)ある。

(8)　**【解き方】右の図で，㋐は半径８÷２＝４(cm)の円を４等分したおうぎ形，㋑と㋒は底辺４cm，高さ４cmの三角形である。**

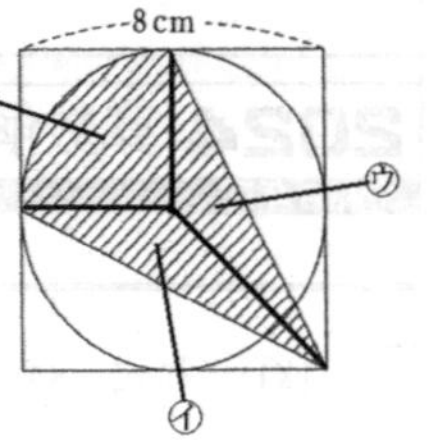

求める面積は，４×４×3.14÷４＋４×４÷２×２＝**28.56**(cm²)である。

3　(1)　**【解き方】グラフより，90秒ですべての部分に10cmの高さまで水が入ったことがわかる。**

求める(あ)の長さは，50×90÷(15×10)＝**30**(cm)である。

(2)　**【解き方】グラフより，30秒でＡとＢの部分に５cmの高さまで水が入ったことがわかる。**

ＡとＢの部分を合わせた横の長さは，50×30÷(５×15)＝20(cm)なので，(1)より，(い)の長さは，30－20＝**10**(cm)である。

(3)　**【解き方】穴から水が流れなくなったとき，水そうには，右の図のＡの部分に高さ５cmまで，Ｃの部分に高さ10cmまでの水が残っている。**

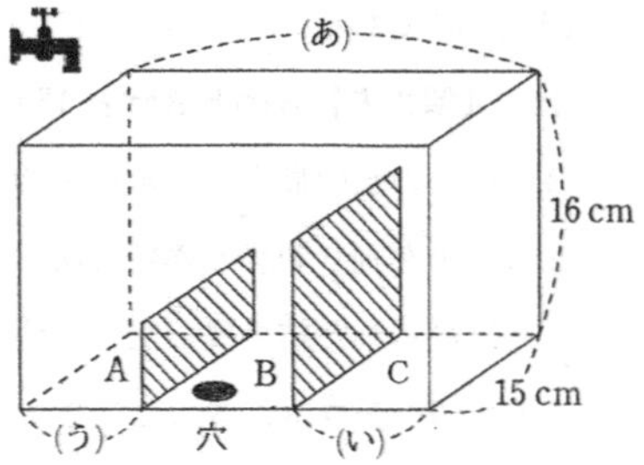

水そうが満水のとき，水そうには15×30×16＝7200(cm³)の水が入っていて，穴から流れ出た水の量は100×51＝5100(cm³)なので，水そう内に残っている水の量は7200－5100＝2100(cm³)である。(2)より，Ｃの部分に残った水の量は，15×10×10＝1500(cm³)なので，Ａの部分に残った水の量は，2100－1500＝600(cm³)である。よって，(う)の長さは，600÷(５×15)＝**８**(cm)である。

4　(1)　**【解き方】食塩水の問題は，うでの長さを濃度《のうど》，おもりを食塩水の重さとしたてんびん図で考えて，うでの長さの比とおもりの重さの比がたがいに逆比になることを利用する。**

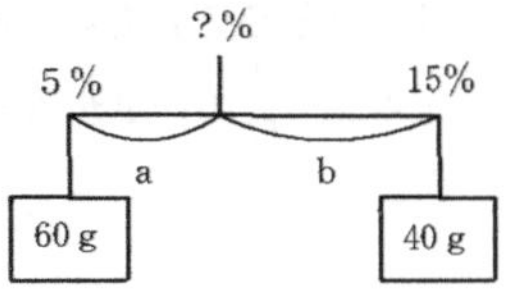

右のようなてんびん図がかける。ａ：ｂは，食塩水の量の比である60：40＝３：２の逆比になるので，ａ：ｂ＝２：３となる。これより，ａ：(ａ＋ｂ)＝２：５となるから，ａ＝(15－５)×$\frac{2}{5}$＝４(%)なので，求める濃度は，５＋４＝**９**(%)である。

(2)　**【解き方】５%の食塩水Ａと９%の食塩水Ｃを同じ量ずつ混ぜた食塩水の濃度は，(５＋９)÷２＝７(%)である。７%の食塩水と15%の食塩水Ｂを混ぜて13%の食塩水を作ったてんびん図を考える。**

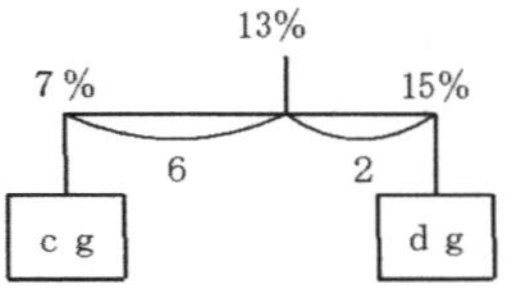

右のようなてんびん図がかける。ｃ：ｄは，食塩水の濃度の差の比の逆比である２：６＝１：３になる。これより，ｃ：(ｃ＋ｄ)＝１：４となるから，ｃの量は，100×$\frac{1}{4}$＝25(ｇ)とわかる。混ぜ合わせた食塩水Ｃは，ｃの半分だから，求める食塩水Ｃの量は，25÷２＝**12.5**(ｇ)である。

(3)　５%の食塩水Ａと15%の食塩水Ｂを混ぜて12%の食塩水にするとき，ＡとＢの食塩水の量の比は，食塩水の濃度の比の逆比になるので，(15－12)：(12－５)＝３：７である。同様に考えて，５%の食塩水Ａと15%の食塩水Ｂを混ぜて11%の食塩水にするとき，ＡとＢの食塩水の量の比は，(15－11)：(11－５)＝２：３である。食塩水Ｂの量は変わらないから，比の数を７と３の最小公倍数である21にすると，(予定していた食塩水Ａの量)：(実際に混ぜた食塩水Ａの量)：(食塩水Ｂの量)＝９：14：21とわかる。９と14の差である14－９＝５が，50ｇにあたるので，１は50÷５＝10(ｇ)だから，できた11%の食塩水の量は，10×(14＋21)＝**350**(ｇ)である。

5　(1)　２年生の分を１個ずつ増やして，３年生の分を１個ずつ減らしても必要なアメの個数は変わらなかったので，２年生と３年生の人数は**等しい**。

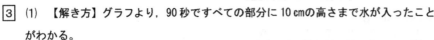

(2)　**【解き方】1年生に注目して，[2](7)と同様に過不足算を利用する。**

1人に配る個数を6－5＝1(個)増やすと，全体で必要な個数は22＋33＝55(個)増えるので，1年生の人数は55÷1＝**55**(人)である。

(3)　(はじめに用意していた数＋22)個で，全員に6個ずつ配ることができる。この個数で，3年生の分を3個ずつ1年生と2年生に配ると，28－22＝6(個)足りなくなる。3年生の分を3個ずつ1年生と2年生に配った個数は3×55＋3×(2年生の人数)－6＝159＋3×(2年生の人数)(個)である。2年生と3年生は同じ人数なので，もし，3年生の分を，1年生と2年生に配るのではなく，3個ずつ2年生と3年生に配りなおした場合の3年生の分は159個となる。3年生の人数は159÷3＝53(人)だから，2年生も**53**人である。

クッキーの個数は，9×(55＋53)－28＝9×108－28＝**944**(個)

[6]　(1)　AとDの得票数の合計は，200－(42＋51＋19)＝88(票)である。Dの得票数はAの得票数の1.5倍より3人多かったので，Aの得票数は，(88－3)÷(1＋1.5)＝**34**(票)であり，Dの得票数は，88－34＝**54**(票)である。

(2)　得票数の多い3人が200票すべてを分け合ったとする。200÷3＝66余り2より，3人に66票が入ったとして，この余った2票のうち1票が入れば，3人のうち1人には票が入らないから当選が確定する。よって，確実に当選が確定するためには，最低**67**票必要である。

(3)　130票開票した時点での下位3人の得票数は16＋19＋16＝51(票)で，この51票以外の票を上位3人で分け合うとすると，(2)と同様に考えて，(200－51)÷3＝49余り2であり，当選が確定するためには，50票とればよいことがわかる。Fは27票をすでにかくとくしているので，あと50－27＝**23**(票)必要である。

《1期・2教科型(特進アドバンス)》

[1]　(3)　与式＝54－6＝**48**

(4)　与式＝$\frac{8}{12}+\frac{3}{12}-\frac{2}{12}=\frac{9}{12}=\mathbf{\frac{3}{4}}$

(5)　与式＝$6\times\frac{3}{2}\times\frac{1}{15}=\mathbf{\frac{3}{5}}$

(6)　与式＝64÷8－3×2＝8－6＝**2**

(7)　与式＝0.73×(98＋2)＝0.73×100＝**73**

(8)　与式＝(3.2－0.8)÷0.9＝2.4÷0.9＝$\frac{8}{3}=\mathbf{2\frac{2}{3}}$

[2]　(1)　500分の1の長さが12㎝なので，求める長さは，12÷$\frac{1}{500}$＝6000(㎝)　6000㎝＝**60**mである。

(2)　14％＝0.14より，犬を飼っている生徒は，150×0.14＝**21**(人)である。

(3)　みかんがあと2つあれば，りんごの数のちょうど3倍になるので，(26＋2)÷(3＋1)＝7より，りんごは7個である。みかんの個数は，7×3－2＝**19**(個)である。

(4)　**【解き方】姉が家を出るとき，妹は60×12＝720(m)先にいる。**

妹と姉は，1分間で140－60＝80(m)の差が縮まるので，姉が妹に追いつくのは，720÷80＝**9**(分後)である。

(5)　**【解き方】クラス全員のテストの点数の合計は，83.4×30＝2502(点)である。**

クラス全員が女子だったとすると，全員の点数の合計は，82×30＝2460(点)であり，実際の点数よりも，2502－2460＝42(点)低い。女子1人を男子1人におきかえると，85－82＝3(点)高くなる。よって，男子の人数は，42÷3＝**14**(人)である。

(6)　みのる君とはな子さんが受けとったおはじきのうち，$\frac{1}{2}+\frac{1}{3}=\frac{5}{6}$より，8＋14＝22(個)が，全体の$1-\frac{5}{6}=\frac{1}{6}$にあたる。よって，おはじきの全体の数は，22÷$\frac{1}{6}$＝132(個)なので，みのる君が受け取ったおはじきは，

$132\times\frac{1}{2}+8=$ **74**(個)である。

(7)　**【解き方】求める面積は，半径4㎝の円の面積から，半径2㎝の円ふたつ分を引いた面積である。**

求める面積は，$4\times4\times3.14-2\times2\times3.14\times2=$ **25.12**(㎠)である。

(8)　右の図で，正三角形を折り返したので，角ABC＝60°である。角ACBは，(180°－46°)÷2＝67°とわかるので，角㋐の大きさは，180°－(60°＋67°)＝ **53°** である。

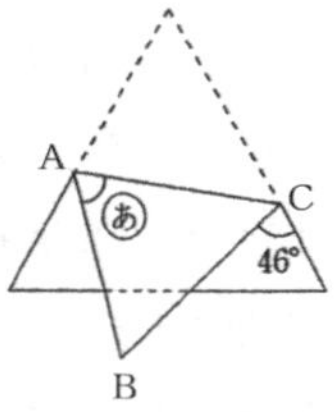

3　(1)　**【解き方】表1より，牛乳200mLあたりにふくまれるたんぱく質は6.9ｇである。**

1000mLの牛乳にふくまれるたんぱく質は，$6.9\times\frac{1000}{200}=$ **34.5**(ｇ)である。

(2)①　牛乳1000mLには，脂質が $8.0\times\frac{1000}{200}=40$(ｇ)ふくまれている。コーヒー牛乳1000mLにふくまれる脂質は，$2.4\times\frac{1000}{200}=12$(ｇ)なので，牛乳は $1000\times\frac{12}{40}=$ **300**(mL)使ったとわかる。

②　①より，牛乳は300mL使い，300mLの牛乳にふくまれる糖質は，$10.0\times\frac{300}{200}=15$(ｇ)である。コーヒー牛乳1000mLに糖質は $17.2\times\frac{1000}{200}=86$(ｇ)ふくまれているので，使った砂糖は，86－15＝**71**(ｇ)である。

4　(1)　**【解き方】直方体の容積は，(たて)×(横)×(高さ)で求める。**

図1より，水そうの容積は，20×45×40＝**36000**(㎤)である。

(2)　(1)より，金属の棒がおしのけた水の体積は，36000－34200＝1800(㎤)である。金属の棒の底面積は10×10＝100(㎠)なので，金属の棒が1800÷100＝18(㎝)水に入っていることがわかる。水そうは満水なので，金属の棒は水そうの底から40－18＝**22**(㎝)のところまで入っている。

(3)　金属の棒がおしのけた水の体積は，10×10×27＝2700(㎤)である。水そうから金属の棒を取り出すと，2700㎤分の水の高さが下がるので，水面は2700÷(20×45)＝**3**(㎝)下がるとわかる。

5　(1)　最初に引くカードは4通り，次に引くカードは3通りと考えると，カードの引き方は，4×3＝12(通り)となるが，これでは，例えば，[2]と[3]のカードを引いたときと，[3]と[2]のカードを引いたときが，同じ1通りではなく，2回数えられてしまっている。よって，求めるカードの引き方は，12÷2＝**6**(通り)である。

(2)　2と4の最小公倍数は，ア**4**である。7階にいる人は，7階からはしごを4本登り，7＋4＝イ**11**(階)まで行くことができる。1階にいる人は，はしごをウ**24**本登れば，25階に行くことができる。

(3)　(2)より，2回の操作で最小公倍数の和が24になる組み合わせを考える。6通りの引き方の組み合わせについて，それぞれ最小公倍数を求めると，(2と3)は6，(2と4)は4，(2と5)は10，(3と4)は12，(3と5)は15，(4と5)は20である。和が24となる組み合わせは，4＋20と12＋12である。よって，(4と5，2と4)，(2と4，4と5)，(3と4，3と4)の**3**通りである。

《1期・2教科型(未来創造)》

1　(2)　与式＝48＋28＝**76**

(5)　与式＝54＋6＝**60**

(6)　与式＝$2\frac{4}{12}-\frac{9}{12}=1\frac{16}{12}-\frac{9}{12}=$ $\mathbf{1\frac{7}{12}}$

(7)　与式＝$6\times\frac{3}{2}\times\frac{1}{15}=$ $\mathbf{\frac{3}{5}}$

(8)　与式＝2.4÷0.3＝**8**

(9)　与式＝64÷8－3×2＝8－6＝**2**

(10)　与式＝0.73×(98＋2)＝0.73×100＝**73**

2 (1) **【解き方】1kg＝1000gである。**

0.4kgは，1000×0.4＝**400**(g)である。

(2) みかんの個数はりんごの個数のちょうど3倍なので，24÷(3＋1)＝6より，りんごは6個である。みかんの個数は，6×3＝**18**(個)である。

(3) 14%＝0.14より，犬を飼っている生徒は，150×0.14＝**21**(人)である。

(4) 男子6人の平均点が5点より，男子の点数の合計は5×6＝30(点)である。同様にして，女子4人の平均点が7点より，女子の点数の合計は7×4＝28(点)である。つまり，10人の点数の合計は30＋28＝58(点)なので，平均点は58÷10＝**5.8**(点)である。

(5) **【解き方】姉と妹は1分間で80－60＝20(m)離れる。**

1.2km＝1200mより，姉は学校まで1200÷80＝15(分)かかる。姉が学校に着いたとき，妹は，学校まで20×15＝300(m)の地点にいるから，学校にはあと300÷60＝**5**(分)で着く。

(6) みのる君とはな子さんが受けとったおはじきのうち，$\frac{1}{2}+\frac{1}{3}=\frac{5}{6}$より，8＋14＝22(個)が，全体の$1-\frac{5}{6}=\frac{1}{6}$にあたる。よって，おはじきの全体の数は，$22\div\frac{1}{6}=$**132**(個)である。

(7) 右の図のようにしゃ線部分の半円を移動してみると，求める面積は半径が4cmの円の半分の面積に等しい。よって，求める面積は，4×4×3.14÷2＝**25.12**(cm²)である。

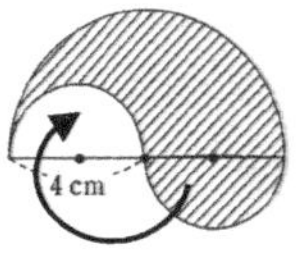

(8) 右の図で，正三角形を折り返したので，角ABC＝60°である。角ACBは，(180°－46°)÷2＝67°とわかるので，角㋐の大きさは，180°－(60°＋67°)＝**53°**である。

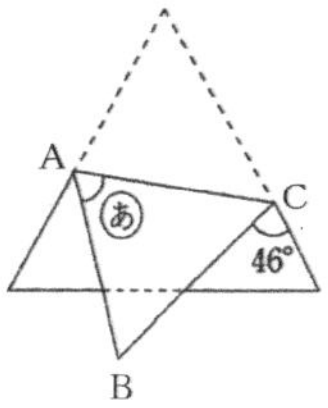

3 (1) **【解き方】直方体の容積は，(たて)×(横)×(高さ)で求める。**

図1より，水そうの容積は，20×45×30＝**27000**(cm³)である。

(2) 水そうの底面積は20×45＝900(cm²)なので，水面の高さは25200÷900＝**28**(cm)である。

(3) 金属の棒がおしのけた水の体積は，10×10×30＝3000(cm³)である。(2)で27000cm³の水そうに入っている水の量は25200cm³なので，こぼれる水の量は，25200＋3000－27000＝**1200**(cm³)である。

4 (1) **【解き方】表1より，牛乳200mLあたりにふくまれるたんぱく質は6.9gである。**

1000mLの牛乳にふくまれるたんぱく質は，$6.9\times\frac{1000}{200}=$**34.5**(g)である。

(2) 150mLの牛乳にふくまれる糖質は，$9.6\times\frac{150}{200}=7.2$(g)で，砂糖を5g混ぜたので，求める糖質の量は，7.2＋5＝**12.2**(g)である。

(3) **【解き方】表2より，1000mLのコーヒー牛乳にふくまれる脂質は，$2.4\times\frac{1000}{200}=12$(g)である。**

牛乳には，200mLあたり8.0gの脂質がふくまれていたから，コーヒー牛乳を作るのに使った牛乳の量は，$200\times\frac{12}{8.0}=$**300**(mL)である。

5 (1) 3階にいる人は，3階からはしごを2本登り，ア**5**階まで進める。1階にいる人は，8－1＝7より，はしごをイ**7**本登れば，8階に行くことができる。1階にいる人のカードの合計が7になれば，宝箱を手に入れることができるから，1回目に2のカードをひいた人は，2回目に7－2＝5よりウ**5**のカードを引けばよい。

(2) (1)より，2回のカードの合計が7になればよいから，カードの組み合わせは，(1回目，2回目)＝(2，5)，(3，4)，(4，3)，(5，2)の**4**通りである。

(3) (2)と同様に考えて，3回のカードの合計が7になればよいから，カードの組み合わせは，(1回目，2回目，3回目)＝(2，2，3)，(2，3，2)，(3，2，2)の**3**通りである。

《１期・適性検査型　検査Ⅰ　算数分野の解説》

課題１

⑴　５＋ア＋６が３の倍数になる，アにあてはまる数をさがす。すると，１，４，７が見つかる。６の倍数は，３の倍数のうち偶数である数だから，１の位が４で，作ることができる数はすべて偶数になるため，５＋７＋イ＋４が３の倍数になる，イにあてはまる数をさがせばよい。すると，２，５，８が見つかる。15の倍数は，３の倍数のうち５の倍数である数だから，ウ，エにあてはまる数の組み合わせについて，エが０のときと５のときとで分け，それぞれ，５＋７＋ウ＋４＋エが３の倍数になる場合を考える。エが０のとき，ウは２，５，８の３通り，エが５のとき，ウは０，３，６，９の４通りあるから，全部で３＋４＝７(通り)である。

⑵　$\frac{2}{7}$＝２÷７＝0.2857142857…となり，285714という６つの数字がこの順で繰《く》り返し出てくる。よって，２回目に８が表れるのは，285714が１回表れたあとの２番目の数なので，６＋２＝８より小数第８位である。

⑶　⑵より，2024÷６＝337余り２で，285714を337回繰り返したあとの２番目の数だから，小数第2024位の数は８である。また，小数第１位から小数第2024位までの数をたしたときの和は，285714の６つの数字の和が２＋８＋５＋７＋１＋４＝27であり，それを337回たしたあと２と８を順にたすので，小数2024位は，27×337＋２＋８＝9109である。

課題２

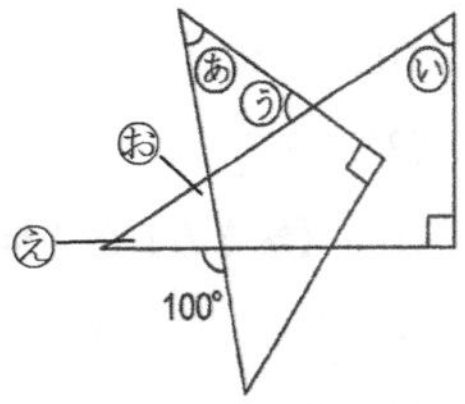

⑴　あの角のある三角定規は，直角二等辺三角形なので，角あは45°である。右の図で，いの角のある三角定規は，角の大きさが30°，60°，90°の直角三角形なので，角いは60°，角えは30°である。角え＋角お＝100°なので，角おは100°－30°＝70°であり，角あ＋角う＝180°－70°より，角う＝65°である。

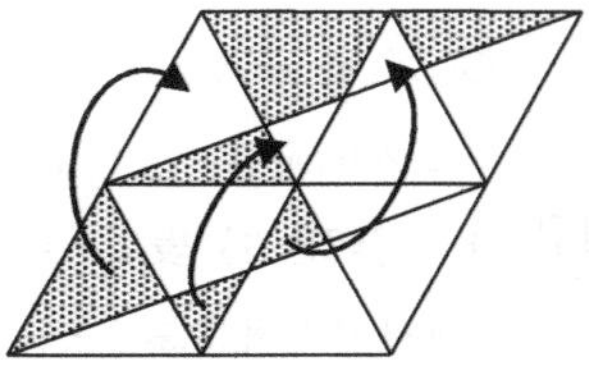

⑵　【図３】の中には，正三角形が８個の平行四辺形が１つ，正三角形を４つつなげた平行四辺形が４つ，正三角形を２つつなげた平行四辺形が８つ，合計で１＋４＋８＝13(個)の平行四辺形がある。【図４】の色がついた部分を，右の図のように，色のついた部分を移動させてみる。色のついた部分は，16㎠の正三角形２つと，16㎠の正三角形の底辺が半分で高さが等しい三角形１つになる。よって，求める面積は，16×２＋16÷２＝40(㎠)である。

⑶　図より，正六角形の個数は６の倍数ずつ増えていくので１周目は１個，２周目は１＋６×１＝７(個)，３周目は７＋６×２＝19(個)，４周目は19＋６×３＝37(個)，５周目は37＋６×４＝61(個)必要である。また，正五角形のほかに，正七角形，正八角形などでも，一つの点に角を集めたとき360°にはならないため，すきまなくしきつめることはできない。

2023 解答例
令和5年度

就実中学校

【1期・3教科型】【1期・適性検査型】

《1期・3教科型　国語》

一　問一．ⓐ器用　ⓑ支持　ⓒ機能　ⓓ寄生　　問二．A．エ　B．ア　C．オ　　問三．ウ　　問四．イ
問五．シンボル　　問六．本来鳥たちは森のなかの違った高さで採食する傾向があるが、混群に参加するとエナガ以外の鳥たちの採食する高さがエナガの高さに集中するようになるという影響。　　問七．(1)エ　(2)捕食者には聞き取りにくい警戒声を発することは利他的な行動ではないこと。　　問八．エナガの群れの構成員になることによって、捕食者から逃げることができ、その上、種としてもっとも弱い存在であるエナガから餌を横取りすることで効率よく採食できるから。　　問九．ウ

二　問一．ⓐしゅくず　ⓑくだ　ⓒ代謝　ⓓ特異　　問二．人間が社～ないもの　　問三．六〇兆個の細胞がかなでるシンフォニー　　問四．りっしんべん　　問五．イ　　問六．ウ　　問七．受容体　　問八．イ　　問九．化学物質よりも神経伝達の方が早く伝わり、外界からの刺激に対してすばやく行動でき、生存に有利だから。
問十．エ　　問十一．類は友をよぶ　　問十二．イ

三　問一．しびれ　　問二．後手　　問三．体／命　　問四．ヘビから身を守るために動かないで忍耐強く待つこと。

四　望遠鏡／保護者／意固地／好景気

《1期・3教科型　算数》

1　(1)①11　②$\frac{4}{9}$　　(2)3

2　(1)1500　(2)10　(3)0.25　(4)69　(5)39　(6)18　(7)8　(8)41.04

3　(1)1850　(2)28　※(3)11

4　(1)30，250　(2)15　※(3)5200

5　(1)275　(2)36　(3)360人，361人，362人，363人，364人

6　(1)10　(2)7，9，28　(3)12

※の考え方は解説を参照してください。

《1期・3教科型　理科》

1　(1)エ　(2)アンモナイト　(3)X　(4)い　(5)海底でつくられた化石を含む地層が地震などによって持ちあがったから（下線部は隆起したでもよい）

2　(1)受精卵　(2)多細胞生物…からだの構造を大きくすることができる　有性生殖…多様な特ちょうをもった子を残すことができる　(3)ア．花粉　イ．めしべ　(4)640　(5)エ

3　(1)ウ　(2)90　(3)26.5　(4)B　(5)水を蒸発させる

4　(1)オ　(2)コイル　(3)イ　(4)導線を巻く回数をふやす
(5)同じ重さのクリップを近づけ，何個ついたか調べる　(6)右図　(7)イ

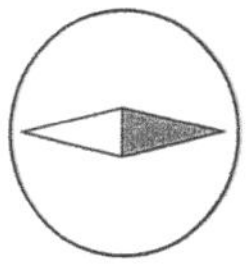

《１期・適性検査型　検査Ⅰ》

課題１　⑴90　⑵９，12　駅の数…２駅　⑶問ア．13：20までにお弁当を食べ終えることができない。　※問イ．３

課題２　⑴120　⑵線対称の図形…①，②，⑤，⑧　点対称の図形…②，④，⑥，⑧　※⑶３

課題３　⑴記号…エ　虫にとって良いこと…花の花粉やみつは虫のエサになる。　花にとって良いこと…花粉を他の花に運んでもらえる。　⑵①イ　②下グラフ　説明…氷がすべてとけるまでは０℃のまま変化せず，氷がすべてとけると温度が上がっていく。　⑶下図

※の例と説明は解説を参照してください。

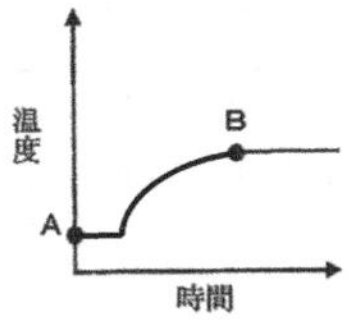

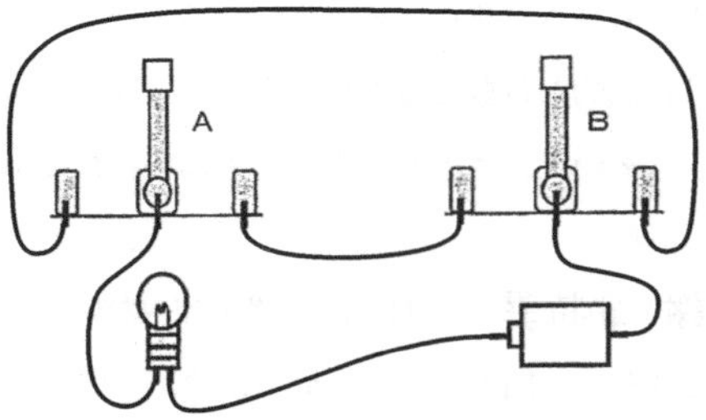

《１期・適性検査型　検査Ⅱ》

課題１　⑴ア．過／足　イ．日／月　⑵効果的だと思うこと。…(例文)毎日こづかい帳をつけること。／出費や残金が明確になることで、買い物のとき金の使い方に注意するようになるから。　⑶弁当やつまみ類を食べきれないほど買っていき、帰るときには残飯や容器を持ち帰らずに放置していく様子。　⑷駄品を衝動買いするのではなく、まずほんとうに必要かどうかをじっくり考えたうえで、良品だけを選んで買い、数少ない良品を上手に長く使い続けていくという心豊かな生活。

課題２　〈作文のポイント〉

・最初に自分の主張、立場を明確に決め、その内容に沿って書いていく。

・わかりやすい表現を心がける。自信のない表現や漢字は使わない。

さらにくわしい作文の書き方・作文例はこちら！→https://kyoei-syuppan.net/mobile/files/sakupo.html

課題３　⑴新聞の広告費の割合が減っていることから新聞の購読者が減っており，インターネットの広告費の割合が増えていることからその利用者が増えている。　⑵会って話をする　⑶木簡　⑷ウ　⑸手段…スマートフォン　長所…時間や場所を問わず，相手にメール等で情報を伝えることができる。　短所…文章表記や内容によっては誤解が生じることがある。

2023 算数解説 就実中学校

令和５年度

《１期・３教科型》

1 (1)① 与式＝２＋３×６÷２＝２＋18÷２＝２＋９＝**11**

② 与式$=\frac{11}{18}-(\frac{4}{24}+\frac{9}{24})\div 3\frac{1}{4}=\frac{11}{18}-\frac{13}{24}\div\frac{13}{4}=\frac{11}{18}-\frac{13}{24}\times\frac{4}{13}=\frac{11}{18}-\frac{1}{6}=\frac{11}{18}-\frac{3}{18}=\frac{8}{18}=\mathbf{\frac{4}{9}}$

(2) 与式より，$\frac{1}{2}+\frac{5}{6}\times\square=\frac{1}{2}\times 6$　　$\frac{5}{6}\times\square=3-\frac{1}{2}$　　$\square=2\frac{1}{2}\div\frac{5}{6}=\frac{5}{2}\times\frac{6}{5}=\mathbf{3}$

2 (1) **【解き方】仕入れ値を 100 として考える。**

仕入れ値の３割$=\frac{3}{10}$の利益を見こんで定価をつけたので，定価は，$100\times(1+\frac{3}{10})=130$

定価の２割引きは，$130\times(1-\frac{2}{10})=104$ だから，これで売ったときの利益は，104－100＝４

よって，４が 60 円にあたるので，仕入れ値は，$60\times\frac{100}{4}=$**1500**(円)

(2) 102，120，130，132，210，230，302，310，312，320 の **10** 通りある。

(3) 地図上の２㎝は，実際では２×25000＝50000(㎝)となる。１㎞＝1000ｍ＝(1000×100)㎝＝100000 ㎝だから，50000 ㎝$=\frac{50000}{100000}$㎞＝0.5㎞である。よって，求める面積は，0.5×0.5＝**0.25**(㎢)

(4) １人に対して配るあめを５－３＝２(個)増やすと，配るのに必要なあめは 15＋21＝36(個)増えるで，生徒の人数は，36÷２＝18(人)である。よって，あめは全部で３×18＋15＝**69**(個)ある。

(5) 18 の約数は１と 18，２と９，３と６だから，１＋18＋２＋９＋３＋６＝**39**

(6) **【解き方】右のように記号をおく。**

折って重なる角の大きさは等しいことを利用する。

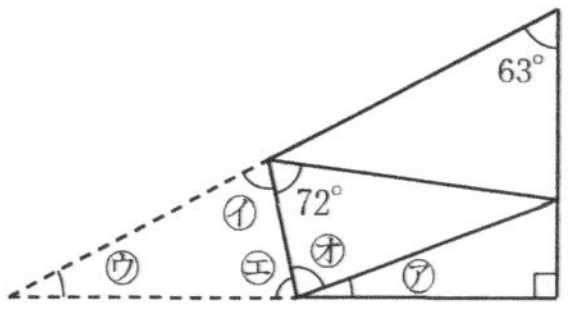

角㋑＝72°　　三角形の内角の和より，角㋒＝180°－90°－63°＝27°

角㋓＝180°－72°－27°＝81°

角㋔＝角㋓＝81°だから，角㋐＝180°－81°×２＝**18°**

(7) おもりを入れたあとのおもりと水の体積の和は，20×24×10＝4800(㎤)

おもりの体積は８×12×10＝960(㎤)だから，水の体積は，4800－960＝3840(㎤)

水そうの底面積は 20×24＝480(㎠)だから，おもりをいれる前の水面の高さは，3840÷480＝**８**(㎝)

(8) **【解き方】円すいの展開図は右図のようになる。**

糸は展開図上で太線のような直線となる。

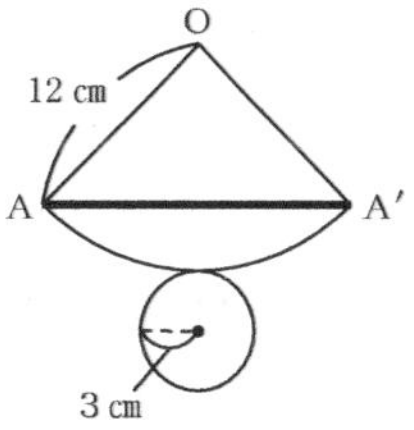

側面のおうぎ形の曲線部分の長さは底面の円周に等しく，３×２×3.14＝６×3.14(㎝)

半径が 12 ㎝の円周は 12×２×3.14＝24×3.14(㎝)だから，おうぎ形の中心角は，

$360°\times\frac{6\times3.14}{24\times3.14}=90°$ である。おうぎ形ＯＡＡ′の面積は $12\times12\times3.14\times\frac{90°}{360°}=113.04$(㎠)，

三角形ＯＡＡ′の面積は 12×12÷２＝72(㎠)だから，求める面積は，113.04－72＝**41.04**(㎠)

3 (1) **【解き方】容器に入っている水を，正面から見た面を底面とした高さが 10 ㎝の柱体として考える。底面を右図のように長方形と三角形にわける。**

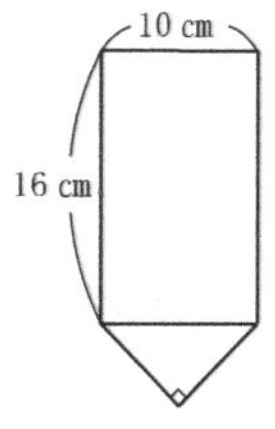

長方形の面積は，16×10＝160(㎠)

三角形は４つ合わせると１辺が 10 ㎝の正方形ができるので，面積は，10×10÷４＝25(㎠)

よって，底面積は 160＋25＝185(㎠)だから，求める体積は，185×10＝**1850**(㎤)

(2) **【解き方】図２を正面から見た図について，右のように作図する。**

色付き部分の面積は(1)で求めた底面積に等しく，185 ㎠である。

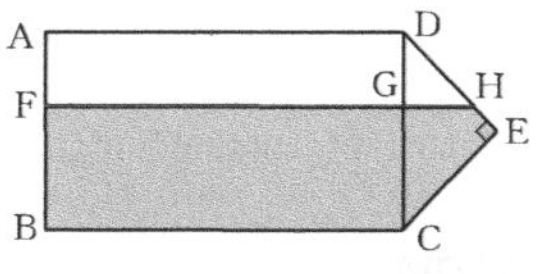

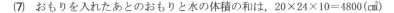

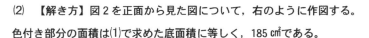

三角形ＧＤＨは直角三角形だから，ＧＨ＝ＧＤ＝10－６＝４(cm)

よって，(四角形ＣＥＨＧの面積)＝(三角形ＣＤＥの面積)－(三角形ＧＤＨの面積)＝25－４×４÷２＝17(㎠)

したがって，四角形ＦＢＣＧの面積は 185－17＝168(㎠)だから，(ア)の長さは，ＢＣ＝168÷６＝**28**(cm)

(3)　【解き方】図３を正面から見た図について，右のように作図する。

色付き部分の面積は(1)で求めた底面積に等しく，185 ㎠である。

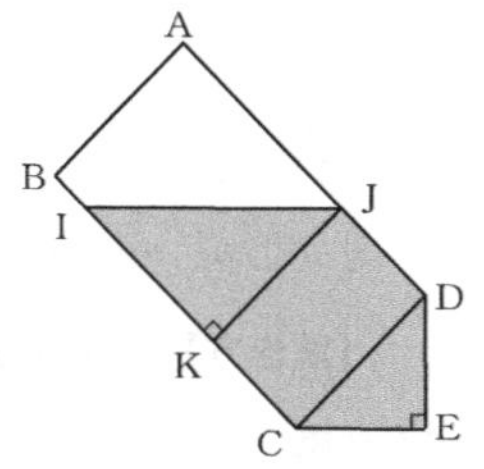

三角形ＫＩＪはＫＩ＝ＫＪ＝10 cmの直角三角形だから，面積は，10×10÷２＝50(㎠)

三角形ＣＤＥの面積は 25 ㎠だから，四角形ＪＫＣＤの面積は，185－50－25＝110(㎠)

よって，(イ)の長さは，ＪＤ＝110÷10＝**11**(cm)

4　(1)　Ｃさんは A さんより６＋４＝10(分)早くゴールした。

ＡさんとＣさんの同じ道のりを進むのにかかる時間の比は，速さの比である 200：300＝２：３の逆比の３：２となる。この比の数の差の３－２＝１が 10 分を表すから，Ａさんが走った時間は 10×３＝**30**(分)である。

Ｂさんが走った時間は 30－６＝24(分)なので，ＡさんとＢさんの速さの比は，同じ道のりを進むのにかかる時間の比である 30：24＝５：４の逆比の４：５となる。よって，Ｂさんの速さは，分速$(200\times\frac{5}{4})$m＝分速 **250**m

(2)　【解き方】Ａさんが走ったきょりを１として考える。

Ｂさんが走ったきょりは 2.5 である。ＡさんとＣさんが同じ時間で走った道のりの比は，速さの比に等しく２：３である。よって，Ｃさんが走ったきょりは$1\times\frac{3}{2}$＝1.5 である。

１＋2.5＋1.5＝５が 15 kmにあたるので，Ｃさんは$15\times\frac{1.5}{5}$＝4.5(km)，つまり，4500m走った。

よって，求める時間は，4500÷300＝**15**(分)

(3)　【解き方】ＡさんとＢさんがスタートしてからＣさんがゴールするまでの時間を⑤分として考える。

Ａさんは⑤×$\frac{2}{2+3}$＝②(分)，Ｃさんは⑤－②＝③(分)だけ走ったから，ＡさんとＣさんが走ったきょりの合計は，②×200＋③×300＝(1300)(m)　　また，Ｂさんが走ったきょりは⑤×250＝(1250)(m)

Ｂさんはあと 48 秒＝$\frac{48}{60}$分＝$\frac{4}{5}$分で$250\times\frac{4}{5}$＝200(m)進んでゴールできるから，(1300)－(1250)＝㊿は 200 にあたる。

よって，求めるきょりは，200×$\frac{(1300)}{㊿}$＝**5200**(m)

5　(1)　英語を除いた４教科を選んだ生徒の 44％＝$\frac{44}{100}$＝$\frac{11}{25}$が 121 人だから，求める人数は，121÷$\frac{11}{25}$＝**275**(人)

(2)　国語，社会，理科を選んだ生徒の人数は，275－121＝154(人)

また，国語，社会，理科を選んだ生徒の人数は，理科を選んだ生徒の人数の 1.5＋２＋１＝4.5(倍)より８人少ないから，理科を選んだ生徒の人数は，(154＋８)÷4.5＝**36**(人)

(3)　【解き方】英語を選んだ生徒の人数の割合は，23.5％以上 24.5％未満である。

英語の割合が 23.5％のとき，英語を除く４教科(275 人)の割合は 100－23.5＝76.5(％)だから，全校生徒は，275÷$\frac{76.5}{100}$＝359.4…となるので，全校生徒は 360 人以上である。

英語の割合が 24.5％のとき，英語を除く４教科の割合は 100－24.5＝75.5(％)だから，全校生徒は，275÷$\frac{75.5}{100}$＝364.2…となるので，全校生徒は 364 人以下である。

よって，考えられる全校生徒の人数は，**360 人**，**361 人**，**362 人**，**363 人**，**364 人**である。

6　(1)　**【解き方】重なっている部分は右図の色付き部分である。**

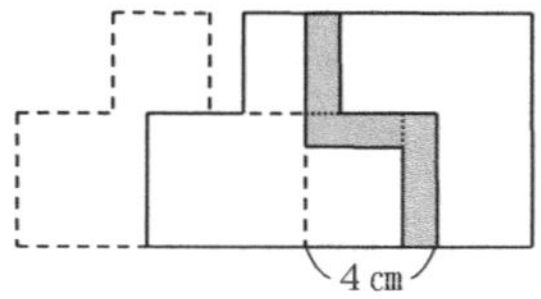

色付き部分はたて３cmで横１cmの長方形２つと，たて４cmで横１cmの長方形にわけられるので，求める面積は，(３×１)×２＋４×１＝10(㎠)

⑵　**【解き方】重なっている部分の面積が変化しないのは，図 i から図 ii の間である。**

図 i

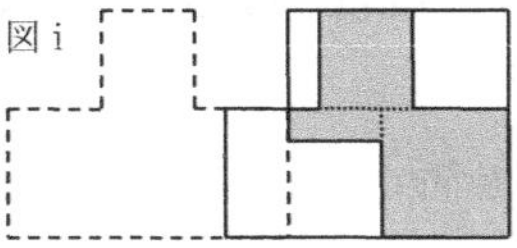

図 ii

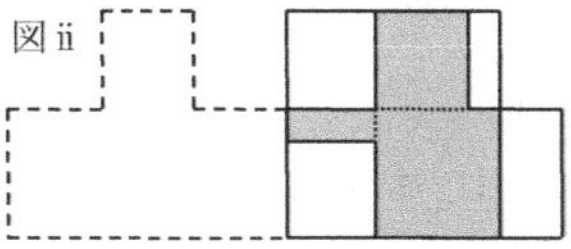

図 i は 7 cm，図 ii は 9 cm動かした図なので，
重なっている部分の面積が変化しないのは，
動かしたきょりが **7** cm以上 **9** cm以下のときである。
また，このときの重なっている部分は，１辺が３cmの正方形と，たて１cmで横３cmの長方形と，１辺が４cmの正方形に分けられるから，求める面積は，３×３＋１×３＋４×４＝**28**(cm²)

⑶　**【解き方】重なっている部分の面積が１回目に 19 cm²になるのは，動かしたきょりが 7 cm未満のときで，２回目に 19 cm²になるのは，動かしたきょりが 9 cmより大きいときである。動かしたきょりが 9 cmより大きいときについて，重なっている部分の面積求められるものを順に考えていく。**

図Ⅰ

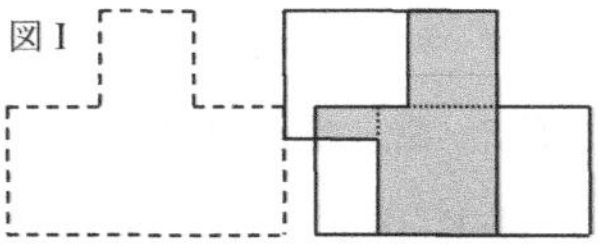

図Ⅱ

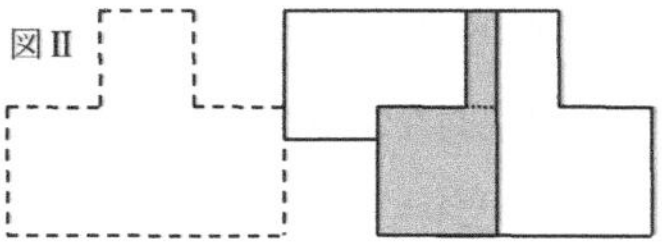

図Ⅰのとき，重なっている部分の面積は，３×３＋１×２＋４×４＝27(cm²)となるので，条件に合わない。よって，さらに図形Aを動かしていく。
図Ⅱのとき，重なっている部分の面積は，３×１＋４×４＝19(cm²)となるので，条件に合う。このときの動かしたきょりは，(７－４)＋９＝**12**(cm)

《１期・適性検査型　検査Ｉ　算数分野の解説》

課題１

⑴　45 ㎞の道のりを 30 分＝0.5 時間で進むので，求める速さは，時速(45÷0.5)㎞＝時速 90 ㎞

⑵　普通電車は 45 ㎞の道のりを 45÷50＝0.9(時間)，つまり，0.9×60＝54(分)で進む。

普通電車はＢ～Ｊの９駅でそれぞれ２分間停まるので，停車時間の合計は，２×９＝18(分)

よって，普通電車はA駅からK駅までに 54＋18＝72(分)，つまり，１時間 12 分かかるから，普通電車がK駅に到着する時刻は，午前８時＋１時間 12 分＝午前９時 12 分である。

快速電車はA駅からK駅までに，72－23＝49(分)かかる。快速電車は 45 ㎞の道のりを 45÷60＝0.75(時間)，つまり，0.75×60＝45(分)で進むから，停車時間の合計は，49－45＝４(分)

よって，快速電車がA駅とK駅以外で停車する駅の数は，４÷２＝２(駅)

⑶**問ア**　快速電車がU駅に着くのは 12 時 45 分で，お弁当を買って食べ終えるまでに，10＋30＝40(分)かかるから，お弁当を食べ終わった時刻は 12 時 45 分＋40 分＝12 時 85 分＝13 時 25 分となり，13 時 20 分に間に合わない。

問イ　U駅でお弁当を買う場合は，食べる時間も考えると 13 時 20 分－10 分－30 分＝12 時 40 分より早く着かなければならないので，特急に乗ることになる。このときの合計金額は，700＋500＝1200(円)

R駅でお弁当を買う場合，普通列車または快速列車に乗れば，合計金額は 380＋800＝1180(円)になるので，これが最も安くなる(Ｐ駅でお弁当を買う場合は最低でも 1280 円かかる)。

R駅でお弁当を買うのに 10 分かかるから，列車の選び方とお弁当を買う駅の組み合わせは，

「①Ｐ駅で普通１に乗ってR駅でお弁当を買い，R駅からは快速に乗ってU駅まで行く。」「②Ｐ駅で普通１に乗ってR駅でお弁当を買い，R駅からは普通２に乗ってU駅まで行く。」「③Ｐ駅で快速に乗ってR駅でお弁当を買い，R駅からは普通２に乗ってU駅まで行く。」の３通りある。

①のときは快速列車の中かU駅でお弁当を食べ，②③のときは普通２の列車の中でお弁当を食べることで，13 時 20 分までに会うことができる。

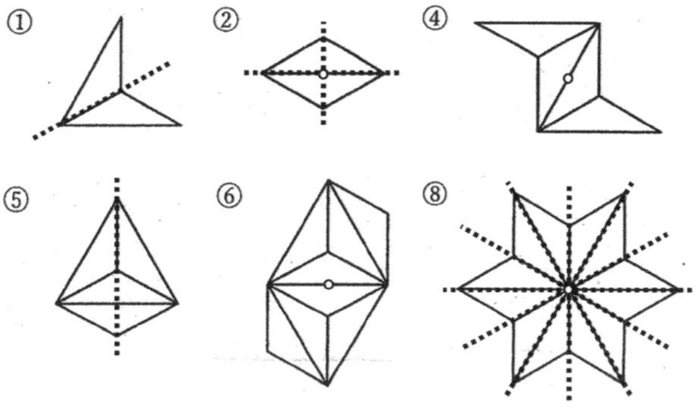

課題２

⑴　角㋐は３つ合わせると 360° になるので，

角㋐＝360° ÷３＝120°

⑵　①，②，⑤，⑧は，右図の破線を折り目にして折ると折り目の両側がぴったり重なり，

②，④，⑥，⑧は，右図の○を中心として 180° まわすと，もとの図形とぴったり重なる。

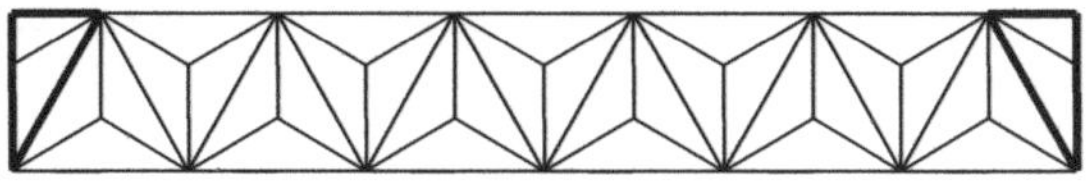

⑶　右図を１段として考えると図２は全部で 10 段あるから，１段の面積は 1170÷10＝117(㎠)である。

図の太線で囲まれた２つの三角形を合わせると，最も小さな二等辺三角形を３つ合わせてできる正三角形になる。よって，二等辺三角形を３つ合わせてできる正三角形が，１段に 13 個できるから，二等辺三角形は１段に３×13＝39(個)分ある。

したがって，二等辺三角形の面積は，117÷39＝３(㎠)

就実中学校

2022 解答例 令和４年度 【１期・３教科型】【１期・適性検査型】

《１期・３教科型　国語》

一　問一. ⓐ伝授　ⓑ提唱　ⓒ博識　ⓓ精度　ⓔ機会　　問二. A. イ　B. エ　C. ウ　　問三. エ
問四. 私がいわゆ　　問五. ア　　問六. 本来は、脳の働きを刺激し、新しいものを発想したり創造したりするために物質化された情報を整理するはずなのに、整理すること自体に満足して終わってしまうこと。　　問七. すぐれた検索エンジンを利用し、インターネット上で大量の情報を入手することが可能である現代において、個人による情報収集や整理などまったくおよばないということ。　　問八. 減少　　問九. ウ

二　問一. ⓐ評判　ⓑ心臓　ⓒ簡単　ⓓ省略　ⓔ発揮　　問二. A. エ　B. ア　　問三. イ　　問四. ウ
問五. ア　　問六. 教えてもらった、コーヒーを淹れる上で大切なことを守っているだけなのに、父にほめられたことに困惑したから。　　問七. 自己流でやるのではなく、人から教わった正しいやり方を忠実に守って、細かいところまで全部きっちりやるという基本を身につけることが大切だと考えているから。　　問八. イ　　問九. イ
問十. ※学校当局により問題削除　　問十一. エ

三　問一. 舌　　問二. たった 20 秒の時間のずれであっても「おわび」をする日本社会の時間の正確さに驚いたから。
問三. 自分の腹～する知恵

四　①コ　②ク　③イ　④オ　⑤ア

《１期・３教科型　算数》

1　(1)① 1　② $2\frac{3}{4}$　(2) 6

2　(1)250　(2)30　(3)947　(4) 9　(5)150　(6)69　(7) 9　(8)828

3　(1)720　(2)20　※(3)84

4　(1)42　(2)59　※(3)54

5　(1)375　(2)335　(3)315

6　(1)285000　(2)100　(3)600

※の考え方は解説を参照してください。

《１期・３教科型　理科》

1　(1)①細胞　②鏡〔別解〕反射鏡　(2)エ　(3)大きい方の名前…オオカナダモ　理由…オオカナダモの方が低倍率で観察されているから。　(4)①線香が激しくもえる。　②光合成　③ストローでふきこんだ息に，光合成に必要な二酸化炭素が入っていたため。

2　(1)積乱雲／かみなり雲／入道雲 のうち１つ　(2)①下がる　②小さく　③水滴〔別解〕氷　(3)フタを開けたことでペットボトル内にかかる圧力が小さくなり，中の空気の温度も下がる。温度が下がることで，飽和水蒸気量の値が小さくなり，余分な水蒸気が水滴となったものが白くくもって見えた。　(4)C

3　(1)牛などの家畜が出す，ゲップやはいせつ物。　(2)石灰石にうすい塩酸をまぜる。（下線部は貝がらでもよい）
(3)11.25　(4)2.5　(5)2.5

4 (1)1　(2)3.2　(3)2　(4)2.8　(5)1.6　(6)8　(7)はじめは，たて方向が秒速８ｍ，よこ方向が秒速５ｍのため，地面に戻ってきたときの横の長さは(6)より，８ｍです。地面に戻ってきたあとはね返るので，たて方向の速さが秒速４ｍとなる。よって，表２から 0.6ｍの高さになる時間は 0.2 秒と 0.6 秒となり，ボールに当たる時間は 1.6＋0.2＝1.8 秒，1.6＋0.6＝2.2 秒となる。よって横方向の長さは５×1.8＝９ｍ，５×2.2＝11ｍとなる。
／9，11

《１期・適性検査型　検査Ⅰ》

課題１ (1)240　(2)18　(3)17
(4)右図のうち１つ／6

	A	B	
みのるさん	バナナ	チョコソース	
はな子さん	いちご	生クリーム	チョコソース

	A	B	
みのるさん	いちご	はちみつ	
はな子さん	バナナ	はちみつ	チョコソース

	A	B	
みのるさん	バナナ	チョコソース	
はな子さん	いちご	はちみつ	チョコソース

	A	B	
みのるさん	いちご	チョコソース	
はな子さん	バナナ	生クリーム	チョコソース

	A	B	
みのるさん	いちご	生クリーム	
はな子さん	バナナ	生クリーム	チョコソース

	A	B	
みのるさん	いちご	チョコソース	
はな子さん	バナナ	はちみつ	チョコソース

課題２ (1)図１…２　図２…３
(2)図４…４　15 個の円の並べ方…（8，7），（6，5，4），（5，4，3，2，1）
円周…５　※(3)(あ)＝210　(い)＝120　78.5

課題３ (1)水が水蒸気になるときに体積が増えるから。　(2)天気…晴れ　説明…撮影した空の写真に方眼を書き込み，その方眼の数で雲の割合を調べる。／まず，写真のおもさを量る。次に，雲の部分を切り取ったもののおもさを量る。最後に，２つのおもさを比べる。　(3)すべり下りる部分の角度が大きいほど明るくなると考えられる。ウは基準に対して角度が小さいため，暗くなる。／基準は階段部分１つに対してすべり下りる部分が１つである。ウは階段部分１つに対してすべり下りる部分が２つ連続していて，角度が基準よりも小さいため暗くなる。　などから１つ

※の説明は解説を参照してください。

《１期・適性検査型　検査Ⅱ》

課題１ (1)演奏会が成功したのは彼のおかげだ。　(2)(例文)必要であると思うこと…日常の会話を多く持つこと。／なにげない会話を重ねることでお互いのことを知り、理解を深めることができるから。　(3)動物が一定以上に仲間の数を増やせなかったこと。(下線部は類人猿でもよい)　(4)(例文)幸福は、一人だけではなく、家族やコミュニティなどの多くの人間関係のなかで、互いに迷惑をかけたりかけられたりしながら、信頼関係を結んでいくことを通して感じられる。

課題２ 〈作文のポイント〉
・最初に自分の主張、立場を明確に決め、その内容に沿って書いていく。
・わかりやすい表現を心がける。自信のない表現や漢字は使わない。
さらにくわしい作文の書き方・作文例はこちら！→
https://kyoei-syuppan.net/mobile/files/sakupo.html

課題３ (1)海からの強い風を受けることができる　(2)地熱／水力／バイオマス　などから２つ　(3)ア　(4)石炭や石油を外国から船で輸入している　(5)(例文)エコ活動…買い物の時はレジ袋を使用せず，マイバッグを持参する。理由…無駄な資源の消費を抑えるため。

《１期・３教科型》

1 (1)① 与式$=\{6+(24-6)\div 9\}\div 8=(6+18\div 9)\div 8=(6+2)\div 8=8\div 8=1$

② 与式$=2\frac{1}{6}+(1\frac{1}{4}-\frac{4}{5}\times\frac{5}{6})=2\frac{1}{6}+(1\frac{1}{4}-\frac{2}{3})=2\frac{2}{12}+1\frac{3}{12}-\frac{8}{12}=2\frac{17}{12}-\frac{8}{12}=2\frac{9}{12}=2\frac{3}{4}$

(2) 与式より，$4\frac{1}{2}-\square\div\frac{8}{5}=2\times\frac{3}{8}$　$\square\div\frac{8}{5}=4\frac{1}{2}-\frac{3}{4}$　$\square\div\frac{8}{5}=\frac{18}{4}-\frac{3}{4}$　$\square=\frac{15}{4}\times\frac{8}{5}=6$

2 (1) 時速 45 km＝秒速$\frac{45\times 1000}{60\times 60}$m＝秒速$\frac{25}{2}$mだから，20 秒で$\frac{25}{2}\times 20=250$(m)進む。

(2) **【解き方】右のような面積図で考える。斜線の長方形の面積が男子の合計点，太線の長方形の面積が女子の合計点を表している。**

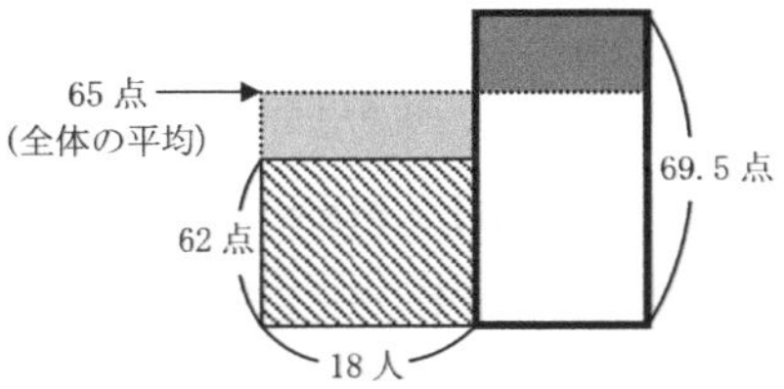

うすいグレーとこいグレーの長方形は面積が等しく，縦の長さの比が，(65－62)：(69.5－65)＝２：３だから，横の長さの比は３：２である。よって，こいグレーの横の長さは $18\times\frac{2}{3}=12$ だから，女子の人数は 12 人で，クラスの人数は，18＋12＝30(人)

(3) **【解き方】７で割ると２余り９で割ると２余る数は，７と９の最小公倍数である 63 の倍数に，２を足した数である。**

３桁の数のうち最も大きい 63 の倍数は，1000÷63＝15 余り 55 より，63×15＝945 である。

よって，求める数は，945＋２＝947

(4) **【解き方】５円玉２枚で 10 円玉１枚分の金額を作れるので，１枚の 10 円玉を５円玉に両替《りょうがえ》して，５円玉が全部で２＋２＝４(枚)あると考えることができる。**

５円玉の使う枚数は０～４枚の５通り，50 円玉の使う枚数は０～１枚の２通りだから，全部で５×２＝10(通り)の金額を作ることができる。この中にはすべて０枚の０円もふくまれるから，支払うことができる金額は，

10－１＝９(通り)

(5) **【解き方】竹の棒の中央から水にぬれているところの８cm下までの長さは，竹の棒全体の$\frac{1}{2}-\frac{2}{5}=\frac{1}{10}$にあたる。**

竹の棒の$\frac{1}{10}$が８＋７＝15(cm)だから，竹の棒の長さは，$15\div\frac{1}{10}=150$(cm)

(6) 三角形ＡＢＣはＡＢ＝ＢＣの二等辺三角形だから，角ＢＣＡ＝角ＢＡＣ＝23°

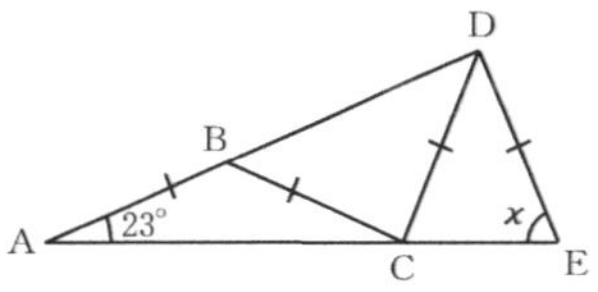

三角形の１つの外角は，これととなり合わない２つの内角の和に等しいから，

三角形ＡＢＣにおいて，角ＣＢＤ＝角ＢＡＣ＋角ＢＣＡ＝23°＋23°＝46°

三角形ＣＢＤはＢＣ＝ＣＤの二等辺三角形だから，角ＣＤＢ＝角ＣＢＤ＝46°

三角形ＡＣＤにおいて，外角の性質より，角ＤＣＥ＝角ＤＡＣ＋角ＣＤＡ＝23°＋46°＝69°

三角形ＤＣＥはＣＤ＝ＤＥの二等辺三角形だから，角x＝角ＤＣＥ＝69°

(7) **【解き方】図２を利用して水が入っていない部分の容積を求める。**

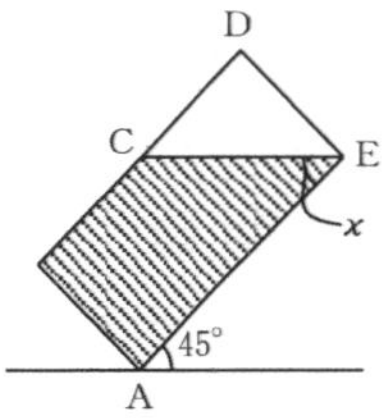

図２に右のように作図する。水が入っていない部分の容積は，三角形ＤＣＥを底面とする高さが５cmの三角柱の体積と等しい。

水面と床は平行で平行線の錯角は等しいから，角x＝45°　　これより，角ＤＥＣ＝90°－45°＝45°だから，三角形ＤＣＥは直角二等辺三角形なので，ＤＣ＝ＤＥ＝６cm

三角形ＤＣＥの面積は，６×６÷２＝18(cm²)　　したがって，水が入っていない部分の容積は，18×５＝90(cm³)

容器をもとにもどすと，水が入っていない部分の高さは 90÷(５×６)＝３(cm)になるから，水面の高さは，

12－3＝9(cm)

(8)　**【解き方】柱体の側面積は，(底面の周の長さ)×(高さ)で求められる。**

底面は半径 10 cmの半円だから，底面２つ分の面積は，10×10×3.14÷２×２＝314(cm²)

底面の周の長さは，10×２×3.14÷２＋10×２＝51.4(cm)　　したがって，側面積は，51.4×10＝514(cm²)

よって，表面積は，314＋514＝828(cm²)

$\boxed{3}$　(1)　みのる君がクリスマスカードを忘れていることに気づいたのは，出発してから 1080÷60＝18(分後)である。

このときまでに母親は 18－12＝６(分)進んだから，求める道のりは，120×６＝720(m)

(2)　**【解き方】みのる君が引き返してから母親に会うまで，２人は１分ごとに 60＋120＝180(m)近づく。**

みのる君が引き返したとき，みのる君と母親は 1080－720＝360(m)はなれているから，360÷180＝２(分後)に出会う。よって，求める時間は，18＋２＝20(分後)

(3)　**【解き方】1.8 km＝1800mだから，はな子さんは出発してから 1800÷60＝30(分)で祖母の家に到着する。したがって，みのる君はクリスマスカードを受け取ってから，30－20＝10(分)で祖母の家まで行かなければならない。**

みのる君がクリスマスカードを受け取った地点は，祖母の家から，1800－1080＋60×２＝840(m)はなれている。

よって，求める速さは，毎分$\frac{840}{10}$m＝毎分 84m

$\boxed{4}$　(1)　**【解き方】Ａ国の銅メダルの個数を３個減らして考える。**

Ａ国の銅メダルの個数を３個減らすと，合計が 117－３＝114(個)になり，金，銀，銅のメダルの個数の比が７：６：６になる。よって，金メダルの個数は，$114\times\frac{7}{7+6+6}$＝42(個)

(2)　**【解き方】Ｂ国の銅メダルの個数を$\boxed{2}$とすると，金メダルの個数は，$\boxed{2}$×２－４＝$\boxed{4}$－４(個)，銀メダルの個数は，$\boxed{2}$×1.5＝$\boxed{3}$(個)，メダルの個数の合計は，($\boxed{4}$－４)＋$\boxed{3}$＋$\boxed{2}$＝$\boxed{9}$－４(個)と表せる。**

メダルの個数の合計は，$\boxed{2}$×４＋３＝$\boxed{8}$＋３(個)と表せる。したがって，$\boxed{9}$－４(個)と$\boxed{8}$＋３(個)が等しいから，$\boxed{9}$－$\boxed{8}$＝$\boxed{1}$は４＋３＝７(個)にあたる。よって，Ｂ国のメダルの個数の合計は，７×８＋３＝59(個)

(3)　**【解き方】Ｃ国の銀メダルの個数を③，Ｄ国の銅メダルの個数を②とする(①は整数とする)と，Ｃ国の金メダルの個数は②×２－３＝④－３(個)，Ｄ国の金メダルの個数は③－４(個)と表せる。(1)，(2)をふまえないとＣ国とＤ国の金メダルの個数が決まらないので，(1)，(2)をふくめて個数をまとめると，右表のようになる。**

順位	国	金メダルの個数	銀メダルの個数	銅《どう》メダルの個数	合計(個数)
1位	Ａ国	42	36	39	117
2位	Ｂ国	24	21	14	59
3位	Ｃ国	④－３	③	15	
4位	Ｄ国	③－４	7	②	
5位	Ｅ国	11	9	9	29

①＝７個だと，Ｃ国の金メダルの個数が７×４－３＝25(個)になり，Ｂ国より多くなるので，条件に合わない。

①＝５個だと，Ｄ国の金メダルの個数が５×３－４＝11(個)でＥ国と同数になり，Ｄ国のメダルの合計数が，11＋７＋５×２＝28(個)になりＥ国より少なくなるので，条件に合わない。

よって，①＝６個であり，Ｃ国のメダルの合計の個数は，６×４－３＋６×３＋15＝54(個)

$\boxed{5}$　(1)　**【解き方】図１より，棒の長さと地面にできる影の長さの比は，つねに16：20＝４：５になる。棒の先端をＯとし，直線ＯＣを延長して右のように作図する。**

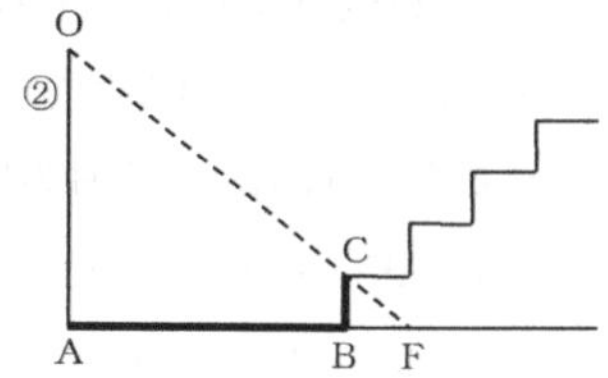

ＯＡ：ＡＦ＝４：５だから，ＡＦ＝ＯＡ×$\frac{5}{4}$＝320×$\frac{5}{4}$＝400(cm)

ＣＢ：ＢＦも４：５になるから，ＢＦ＝ＣＢ×$\frac{5}{4}$＝20×$\frac{5}{4}$＝25(cm)

よって，ＡＢ＝400－25＝375(cm)

⑵　**【解き方】⑴と同様に右のように作図すると，ＯＡ：ＡＨ＝ＤＧ：ＧＨ＝４：５となる。**

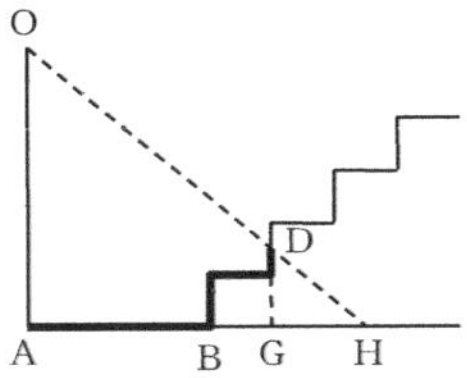

$\mathrm{AH}=\mathrm{OA}\times\frac{5}{4}=400$(cm)，$\mathrm{GH}=\mathrm{DG}\times\frac{5}{4}=(12+20)\times\frac{5}{4}=40$(cm)，

ＢＧ＝25 cmだから，ＡＢ＝400－40－25＝335(cm)

⑶　**【解き方】⑴と同様に右のように作図すると，ＯＡ：ＡＪ＝ＥＩ：ＩＪ＝４：５となる。**

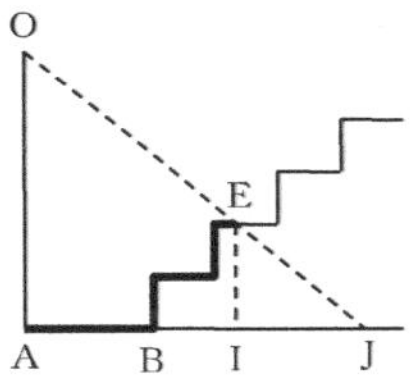

$\mathrm{AJ}=\mathrm{OA}\times\frac{5}{4}=400$(cm)，$\mathrm{IJ}=\mathrm{EI}\times\frac{5}{4}=20\times2\times\frac{5}{4}=50$(cm)，

ＢＩ＝25＋10＝35(cm)だから，ＡＢ＝400－50－35＝315(cm)

6　⑴　**【解き方】ＡとＢがすべて定価で売れたときの売り上げは，仕入れ値の１＋0.3＝1.3(倍)である。**

ＡとＢがすべて定価で売れたときの売り上げは，650×150＋780×350＝370500(円)

よって，仕入れ値は，370500÷1.3＝285000(円)

⑵　**【解き方】つるかめ算を利用する。**

Ｂを300個売ったとすると，売り上げは780×300＝234000(円)となり，１日目の売り上げよりも234000－221000＝13000(円)高くなる。Ｂ１個をＡ１個におきかえると，売り上げは780－650＝130(円)低くなるから，１日目に売ったＡの個数は，13000÷130＝100(個)

⑶　**【解き方】ＡとＢの１個あたりの売り値の比と，売った個数の比をかけ合わせれば，売り上げの比が求められる。**

ＡとＢの１個あたりの売り値の比は，１：1.2＝５：６…㋐

１日目に売った個数は，Ａが100個，Ｂが300－100＝200(個)だから，２日目に売ったＡとＢの個数の比は，

(150－100)：(350－200)＝１：３…㋑

㋐，㋑より，２日目のＡとＢの売り上げの比は，(５×１)：(６×３)＝５：18

次に２日目の売り上げの合計を求める。２日間の売り上げの合計は，(仕入れ値)＋(利益)＝285000＋74000＝359000(円)だから，２日目の売り上げの合計は，359000－221000＝138000(円)

よって，２日目のＡの売り上げは，$138000\times\frac{5}{5+18}=30000$(円)だから，２日目のＡの１個あたりの売り値は，

30000÷50＝600(円)

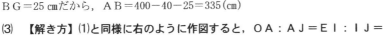

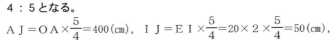

《１期・適性検査型　検査Ⅰ　算数分野の解説》

課題１

⑴　みのるさんのレシピについて，薄《はく》力粉 300ｇをすべて使うと４枚分を 300÷150＝２(回)作ることができるから，使う牛乳の量は，120×２＝240(cc)

⑵　みのるさんのレシピははな子さんのレシピと比べると，卵を$\frac{2}{1}$＝２(倍)，グラニュー糖を$\frac{30}{20}$＝$\frac{3}{2}$(倍)，薄力粉を$\frac{150}{100}$＝$\frac{3}{2}$(倍)，ベーキングパウダーを$\frac{8}{4}$＝２(倍)，牛乳を$\frac{120}{100}$＝$\frac{6}{5}$(倍)使用している。よって，みのるさんのレシピの材料ではな子さんのレシピを使用すると，牛乳の割合が一番少ないので，牛乳の量だけ考えればよい。

用意した牛乳は 120×５＝600(cc)だから，はな子さんのレシピだと，３枚分を 600÷100＝６(回)作れるので，求める枚数は，３×６＝18(枚)

⑶　つるかめ算を用いる。1500ｇの薄力粉をすべてみのるさんが使うと，パンケーキは$\frac{1500}{150}$×４＝40(枚)作ることができ，実際よりも 43－40＝３(枚)少ない。ここから，150 と 100 の最小公倍数である 300ｇの薄力粉をみのるさんからはな子に渡すと，作れるパンケーキの枚数は 300÷100－300÷150＝１(枚)増えるから，はな子さんは 300×３＝900(ｇ)，みのるさんは 1500－900＝600(ｇ)の薄力粉を使った。

みのるさんは４枚分を 600÷150＝４(回)作るから，卵は２×４＝８(個)使う。

はな子さんは３枚分を 900÷100＝９(回)作るから，卵は１×９＝９(個)使う。

よって，求める個数は，８＋９＝17(個)

⑷　①～③の条件に気を付けると，解答例のように６通りの組み合わせが考えられる。

課題２

⑴　１マスにかかれている曲線部分の長さは，円周$\frac{1}{4}$個分だから，図１の外周の長さは円周$\frac{1}{4}$×８＝２(個)分，図２の外周の長さは円周$\frac{1}{4}$×12＝３(個)分である。

⑵　図４の外周は円周$\frac{1}{4}$×16＝４(個)分である。

15 個の円について，２段に分けるときは，１段あたりの平均が 15÷２＝7.5(個)になるから，（８，７）

３段に分けるときは，１段あたりの平均が 15÷３＝５(個)になるから，（６，５，４）

４段に分けるときは，１段あたりの平均が 15÷４＝3.75(個)になるが，そのような並べ方はない。

５段に分けるときは，１段あたりの平均が 15÷５＝３(個)になるから，（５，４，３，２，１）

６段以上に分けるような並べ方はない。

図１～図４の各図形について，２列ごとの太線部分の長さはすべて円周１個分になっていることから，各図形の外周の長さは，その図形の１段目の円の個数分の円周の長さに等しいとわかる。

よって，最も短い外周の長さは，（５，４，３，２，１）のときの円周５個分である。

⑶　中心Ｐが動いたのは，右図の太線部分である。三角形ＡＢＣは１辺が６㎝の正三角形だから，角あ＝角え＝360°－90°－60°＝210°，角い＝角う＝180°－60°＝120°　　また，角お＝90°

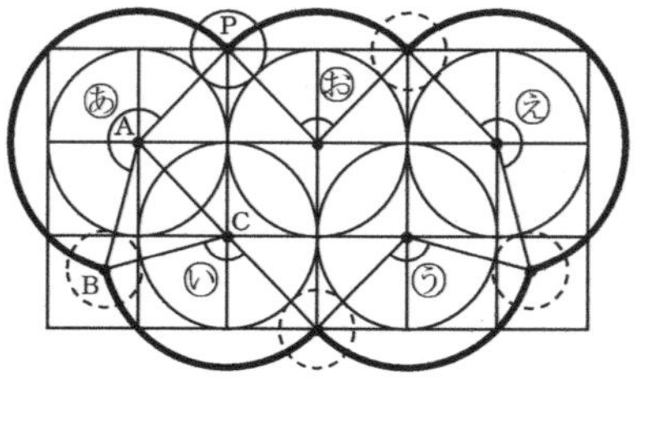

よって，求める長さは，半径がＡＰ＝６㎝で，中心角の和が 210°×２＋120°×２＋90°＝750°となる５つのおうぎ形の曲線部分の和だから，６×２×3.14×$\frac{750°}{360°}$＝25×3.14＝78.5(㎝)

就実中学校

2021 解答例 令和3年度 【1期・3教科型】【1期・適性検査型】

《1期・3教科型　国語》

一 問一．ⓐ接点　ⓑ派手　ⓒ面積　ⓓ景観　ⓔ意図　問二．A．エ　B．イ　問三．ア
問四．なんと～な自然　問五．明るく開けた場所には、暗い木かげに下草が生えているのとは違って、日射しを好む様々な植物が生え、それらを食物とする昆虫やその昆虫を食べる動物が集まってくること。　問六．純自然〔別解〕原生林　問七．ウ　問八．人間の手が加わって変化した自然が再生しようとすると、人間がその完成をさまたげようとし、両者がせめぎ合うことによって維持されている点。　問九．エ

二 問一．ⓐいただき　ⓑ厳　ⓒふる　ⓓ複雑　問二．ア　問三．石山さんと～自分の地図　問四．エ
問五．縮小〔別解〕収縮　問六．ウ　問七．わからないことを探究しわかるようになる努力をする喜びを味わう　問八．高度に情報化され、身の回りに情報があふれ過ぎているため、見返りを求めて査定するようになり、夢の働きは効果を持たなくなってしまうから。　問九．ア

三 問一．ア，オ　問二．弱さゆえに集団性を強め、その過程で仲間が考えていることを想像することによって多様化したから。　問三．ウ　問四．変化を望まず、多様化しにくい強い生き物。

四 ①オ　②ウ　③カ　④イ　⑤コ　⑥ケ

《1期・3教科型　算数》

1 (1)①28　②$\frac{1}{35}$　(2)$2\frac{17}{27}$

2 (1)132　(2)75　(3)15　(4)9　(5)36　(6)8　(7)18　(8)459.36

3 (1)ア．6　イ．2　(2)17　(3)④，⑥

4 (1)①(あ)　②60　(2)560　(3)630

5 (1)175　(2)40　※(3)24

6 (1)700　※(2)1700

※の考え方は解説を参照してください。

《1期・3教科型　理科》

1 (1)ア．胃　イ．小腸　ウ．大腸　(2)小腸〔別解〕柔毛　(3)肝ぞう　(4)溶液の名前…ヨウ素液／青むらさき
(5)イ　(6)ウ

2 (1)プレート同士がぶつかってできたゆがみが元に戻る　(2)断層　(3)32
(4)①6　②10，46，52　③右グラフ　④37

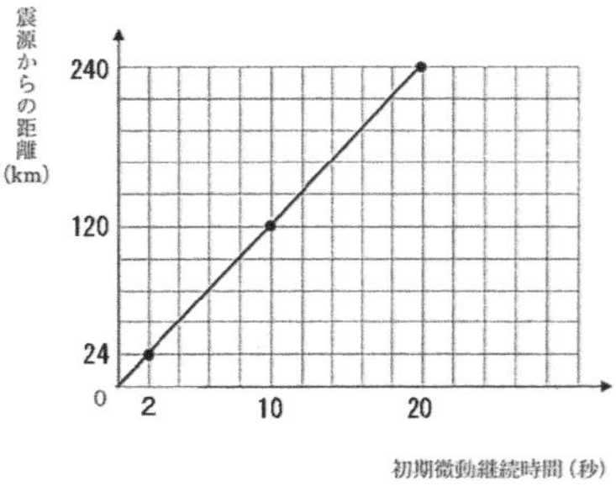

3 (1)16　(2)A．イ　B．エ　(3)3　(4)22／おもりの場合，10%の割合で増加したので，20 kgから10%増加し22 kgとなる。　(5)エレベーターが出発するときは，ばねが下に引っ張られているが，その後エレベーターの速さが変わらなくなると，下向きの力が無くなり，振動する。

4 (1)手であおぐようにしてにおいをかぐ。　(2)空気よりも軽い／水に溶けやすい　(3)発生した水が加熱部分に流れ込み，試験管が割れるのを防ぐため。　(4)32　(5)3

《１期・適性検査型　検査Ⅰ》

課題１　⑴20　⑵木…46　チューリップ…1755　⑶①10，38
②６種類　11時30分　E→Ⓕ→Ⓘ→Ⓙ→Ⓜ→Ⓛ→M→Ⓝ→A〔別解〕E→Ⓕ→Ⓘ→Ⓙ→M→Ⓛ→Ⓜ→Ⓝ→A

課題２　⑴50　⑵$\frac{1}{2}$，$\frac{1}{2}$，$\frac{1}{16}$　⑶考え方の間違っているところの説明…306÷10＝30 余り６であるので，１辺が10 cmの正方形で並べていくと，横のすき間が６cmできて，１辺が 10 cmの正方形だけでは，かべにタイルをすき間なく並べることはできない。　正しい答え…10 cmのタイル．600　６cmのタイル．33　２cmのタイル．３

課題３　⑴①ウ　②水槽…Ａ　説明…池の水には小さな生物がすんでおり，メダカはその小さな生物を食べて生きているから。　⑵食塩は，水の温度を変えても溶ける量がほとんど変わらないため，水溶液を冷やしても取り出すことができないため。　⑶違い…レールは温度が上がると体積が増加する。そのため，寒い日と暑い日とでは，暑い日の方がレール同士のつなぎ目の間隔は小さくなる。　工夫…測定する音の近くに水の入った容器を用意し，水の振動から音の大きさを測る。／測定する音の近くに小さな粒が入った袋を用意し，粒の動き方から音の大きさを測る。などから１つ

《１期・適性検査型　検査Ⅱ》

課題１　⑴(Ａ)機／転　(Ｂ)永／不　⑵人類が生き延びられるようにどうやって地球環境をつくり変え、利用していくかを考えるための知恵の一つ。　⑶(例文)日本(日本人)の良さの例･･･折り紙／紙一枚で様々なものを作ることができ、言葉が通じなくてもいっしょに楽しめるところ。　⑷あらゆる文化を混ぜあわせるのではなく、磨き抜いた自分たちの文化の特徴を世界につなげることによって、世界を多様で豊かなものにしていくこと。

課題２　〈作文のポイント〉

・最初に自分の主張、立場を明確に決め、その内容に沿って書いていく。
・わかりやすい表現を心がける。自信のない表現や漢字は使わない。
さらにくわしい作文の書き方・作文例はこちら！→

https://kyoei-syuppan.net/mobile/files/sakupo.html

課題３　⑴第二次世界大戦があったこと（下線部は太平洋戦争／空しゅうでもよい）　⑵(Ｂ)東京都では夜間人口より昼間人口が多い　(Ｃ)東京都では３県からの通勤・通学者が多いこと　⑶(Ｄ)東京都　(Ｅ)富山県　(Ｆ)記事の確実性が高いが，インターネットは情報量が多く最適な情報をみつけにくいこと。

2021 算数解説 令和3年度 ▶ 就実中学校

《1期・3教科型》

1 (1)① 与式$=82-6\times(5+4)=82-6\times9=82-54=28$

② 与式$=(\frac{1}{3}-\frac{1}{5})\div(\frac{4}{6}-\frac{1}{6})-(\frac{14}{84}-\frac{9}{84})\times4=(\frac{5}{15}-\frac{3}{15})\div\frac{3}{6}-\frac{5}{84}\times4=\frac{2}{15}\times2-\frac{5}{21}=\frac{28}{105}-\frac{25}{105}=\frac{3}{105}=\frac{1}{35}$

(2) 与式より，$(3-\square)\div\frac{5}{12}=1-\frac{1}{9}$　$3-\square=\frac{8}{9}\times\frac{5}{12}$　$\square=3-\frac{10}{27}=2\frac{17}{27}$

2 (1) 5ユーロは6ドル＝(6×110)円＝660円だから，1ユーロは660÷5＝132(円)である。

(2) **【解き方】半円の中心をOとして，右のように作図すると，**

角AOB＝$180°\times\frac{4}{6}=120°$，角COD＝$180°\times\frac{1}{6}=30°$となる。

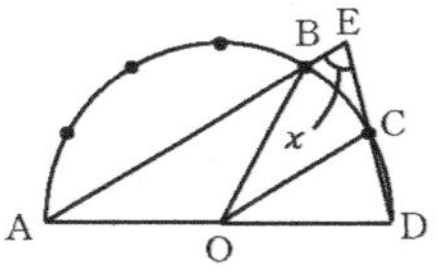

三角形OABはOA＝OBの二等辺三角形だから，角OAB＝(180°－120°)÷2＝30°

三角形OCDはOC＝ODの二等辺三角形だから，角ODC＝(180°－30°)÷2＝75°

よって，三角形ADEの内角の和は180°だから，角x＝180°－30°－75°＝75°

(3) 260円の値引きをした後の金額は，$2000+2000\times\frac{40}{100}=2000+800=2800$(円)だから，値引きをする前は，2800＋260＝3060(円)である。よって，定価より3600－3060＝540(円)安いから，定価の$\frac{540}{3600}\times100=15$(%)引きで売ろうとした。

(4) **【解き方】含《ふく》まれる食塩の量に注目する。**

16%の食塩水400gに含まれる食塩の量は，$400\times\frac{16}{100}=64$(g)

ここから，食塩水を100g捨てて水を100g加え，かき混ぜると，含まれる食塩の量は，かき混ぜる前の$\frac{400-100}{400}=\frac{3}{4}$になるから，$64\times\frac{3}{4}=48$(g)になる。ここからさらに食塩水を100g捨てて水を100g加えると，含まれる食塩の量は$48\times\frac{3}{4}=36$(g)になるから，求める濃度《のうど》は，$\frac{36}{400}\times100=9$(%)

(5) **【解き方】Aさん，Bさんが1日にする仕事の量をそれぞれ，3，2とする。**

2人が10日間仕事をすると，仕事の量の合計は(3＋2)×10＝50となり，これが全体の$\frac{1}{3}$なので，仕事全体の量は，$50\div\frac{1}{3}=150$である。Aさんが休んだ10日間は，Bさんだけで2×10＝20の仕事をした。

ここまでで，残りの仕事の量は，150－50－20＝80だから，2人であと80÷(3＋2)＝16(日)仕事をすればよい。

よって，この仕事は最初の日から数えて，10＋10＋16＝36(日間)で仕上がる。

(6) **【解き方】ABを直径とする半円の面積の2倍と三角形ABCの面積を足して，BCを直径とする半円の面積をひけばよい。つまり，**

(㋐<u>ABを直径とする円</u>の面積)＋8㎠－(㋑<u>BCを直径とする半円</u>の面積)で求められる。

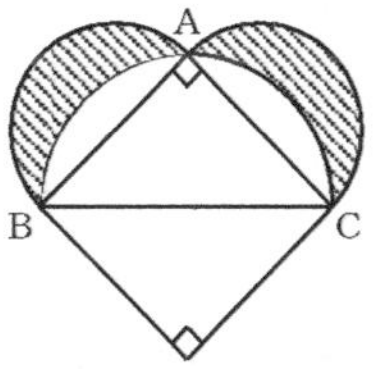

三角形ABCと合同な直角二等辺三角形を右図のように合わせると，正方形ができる。

この正方形の面積は8×2＝16(㎠)だから，16＝4×4より，AB＝4㎝であり，㋐の半径は4÷2＝2(㎝)となる。

また，BC×BC÷2＝16だから，BC×BC＝16×2＝32であり，㋑の(半径)×(半径)の値《あたい》は，

$(BC\times\frac{1}{2})\times(BC\times\frac{1}{2})=BC\times BC\times\frac{1}{4}=32\times\frac{1}{4}=8$となる。

したがって，求める面積は，2×2×3.14＋8－8×3.14÷2＝4×3.14＋8－4×3.14＝8(㎠)

(7) **【解き方】はじめにA，Bに入っていた水の量をそれぞれ②，④とする。**

ここから，Aに水を2L加え，Bから6Lの水を取り出すと，Aの水の量は②＋2L，Bの水の量は④－6Lとなる。AとBの水の量の比は2：3だから，Bの水の量は，$(②+2L)\times\frac{3}{2}=②\times\frac{3}{2}+2L\times\frac{3}{2}=③+3L$とも表せる。よって，④－6Lと③＋3Lが同じ量だから，④－③＝①は3＋6＝9(L)にあたる。

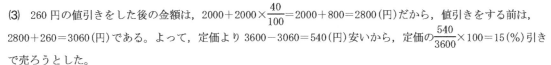

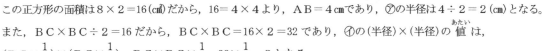

したがって，はじめにAに入っていた水の量は，$9\times\frac{②}{①}=18$(L)

(8)　くりぬいた面を底面とすると，底面積は，8×8－2×2×3.14＝64－12.56＝51.44(㎠)

側面積は，(側面の周の長さ)×(高さ)で求められるので，(8×4)×8＝256(㎠)

くりぬいたことでできた内側の曲面の面積は，底面の半径が2㎝，高さが8㎝の円柱の側面積に等しく，

(2×2×3.14)×8＝32×3.14＝100.48(㎠)

よって，求める表面積は，51.44×2＋256＋100.48＝459.36(㎠)

3　(1)　向かい合う面の数の和は7だから，上の面が1の目のときは，下の面は7－1＝ア6の目になる。

次に2の目を正面に向けると，後ろの面が7－2＝5の目になるから，3の目の位置が左の面になるか右の面になるかで，イ2種類あることがわかる(4の目は残りの面となる)。

(2)　**【解き方】上に書かれている面を考えるのは大変なので，転がしていく際，下の面がどの目になるのかを考える。**

(あ)の位置においたときの面の目の数は，右図のようになる。(あ)から(い)へ矢印のように転がすと，下の面の目の数は6→2→4→1→5となる。よって，上の面の目の数は1→5→3→6→2となるから，求める数は，1＋5＋3＋6＋2＝17

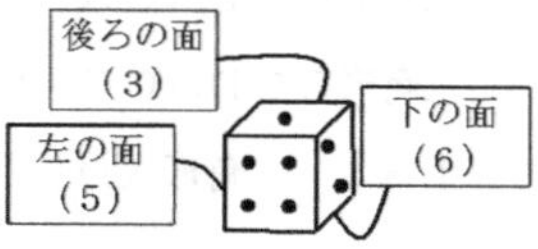

(3)　立方体の展開図は右図のA～Kの11種類ですべてなので，覚えておくとよい。A～Fのように，4つの面が1列に並び，その上下に1面ずつがくっついている形が基本的な形である。立方体の展開図では面を90°ずつ回転移動させることができるので，Eの左《ひだり》端《はし》の面を上に回転移動させるとGになる。Gの一番下の面を右に回転移動させていくと，HとIができる。

JとKは覚えやすい形なので，そのまま覚えるとよい。

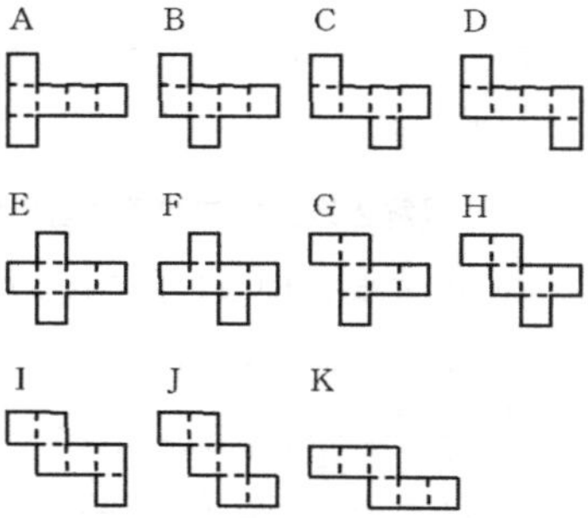

③，⑤，⑧はA～Kの形ではないので，サイコロの展開図ではない。

①は2と3の目が向かい合うので，条件に合わない。②，⑦は4を正面，5を上の面にして組み立てると，1が左の面になるので条件に合わない。

④，⑥は右図ⅰ，ⅱのように目をかけば【図1】と同じサイコロになる(目の向きは考えない)。

図ⅰ

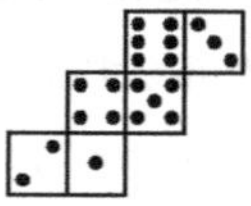

図ⅱ

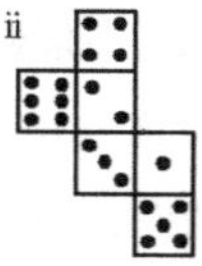

4　(1)①　グラフから，右図のことがわかる。

②　㋛より，Aは28分でPQ間を1往復，つまり，840×2＝1680(m)進んだから，求める速さは，分速(1680÷28)m＝分速60m

(2)　**【解き方】Bの速さ→(ア)の値→(ア)のときにBがいる位置，の順で求める。**

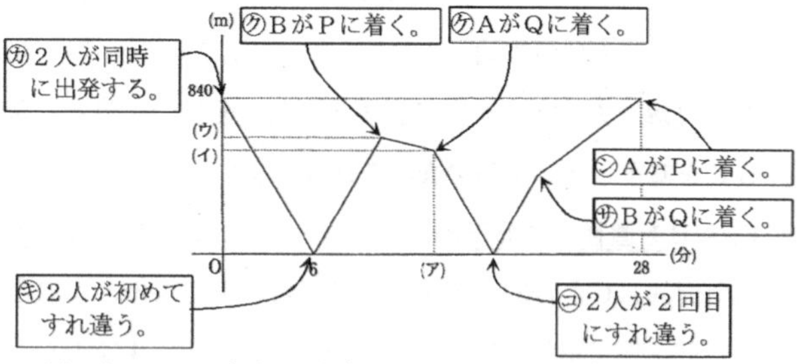

㋖より，2人の速さの和は分速(840÷6)＝分速140mだから，Bの速さは分速(140－60)m＝分速80m

㋘より，AはQに着くまでに840m進むから，(ア)の値は，840÷60＝14(分)

(ア)のとき，Bは80×14＝1120(m)進んでいるから，Pから1120－840＝280(m)進んだ位置，つまり，Qから840－280＝560(m)進んだ位置にいる。よって，(イ)は560mである。

(3)　㋗より，BはPに着くまでに840÷80＝10.5(分)進んだから，このときAはPから60×10.5＝630(m)進んだ位置にいる。よって，(ウ)は630mである。

5 (1) **【解き方】２年生の参加した人数を⑩とすると，１年生の参加した人数は⑩×0.8＋10 人＝⑧＋10 人となる。**

合わせて 325 人なので，⑩＋⑧＝⑱は 325－10＝315(人)にあたる。

よって，２年生の参加した人数は，$315\times\frac{⑩}{⑱}=175$(人)

(2) **【解き方】２つのコーナーのどちらも見学しなかった生徒の人数がもっとも多くなるのは，歴史コーナーを見学した 107 人が全員科学コーナーも見学した場合である。**

このとき，どちらも見学しなかった人数は，科学コーナーを見学しなかった人数に等しく，175－135＝40(人)

(3) **【解き方】必ずどちらかには行ったのだから，全員が水族館だけに行った場合の入場料の合計を求め，実際の金額との差から，両方行った生徒の人数を求める(つるかめ算の応用)。**

１年生の参加した人数は，325－175＝150(人)である。150 人全員が水族館だけに行った場合，入場料の合計は 500×150＝75000(円)であり，実際より 100200－75000＝25200(円)低い。

両方に行った生徒と博物館だけに行った生徒の人数の比は１：1.5＝２：３だから，水族館だけに行った生徒２＋３＝５(人)を，両方に行った生徒２人と博物館だけに行った生徒３人に置きかえると，入場料の合計が 720×２＋(720－500)×３＝2100(円)高くなる。したがって，この置きかえを 25200÷2100＝12(回)行うと入場料の合計が 100200 円になるから，両方に行った生徒の人数は，２×12＝24(人)

6 **【解き方】影の問題は，次のように考える。①電球(光源)から各頂点へ直線をひく。②同じ形の図形を利用して，影を構成する線の長さ，比を求める。**

(1) **【解き方】電球の位置をＰとして，図ｉのように【図１】を真上から見た図について，Ｐから各頂点に直線をひき，影に色をぬる。このとき，ＰＢについて，【図１】から見たときの図は，右図ⅱのようになる。**

図ｉ

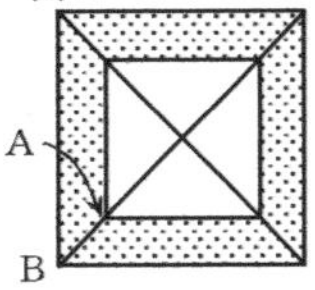

図ⅱ

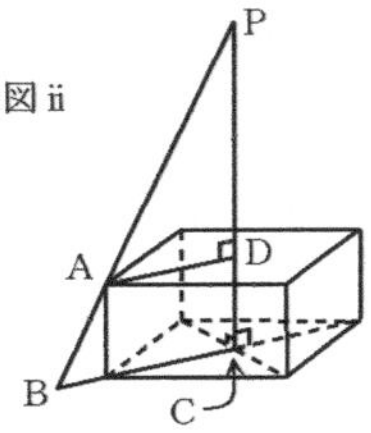

図ⅱの三角形ＰＡＤと三角形ＰＢＣは同じ形の三角形だから，ＡＤ：ＢＣ＝ＰＤ：ＰＣ＝(40－10)：40＝３：４

これより，図ｉの内側の正方形と外側の正方形の１辺の長さの比は３：４とわかるので，外側の正方形の１辺の長さは，$30\times\frac{4}{3}=40$(㎝)となる。よって，求める面積は，40×40－30×30＝1600－900＝700(㎠)

(2) **【解き方】(1)をふまえる。【図２】を正面から見て，左側にできる影は(1)のときと同じである。右側にできる影の比を考える。**

【図２】について，右図ⅲのように作図する。図ⅲの三角形ＰＥＧと三角形ＰＦＣは同じ形だから，ＥＧ：ＦＣ＝ＰＧ：ＰＣ＝(40－10－10)：40＝１：２である。これより，影は右図ⅳの色付き部分となり，ＦＨ＝15×２＝30(㎝)，ＦＩ＝30×２＝60(㎝)とわかる。

図ⅲ

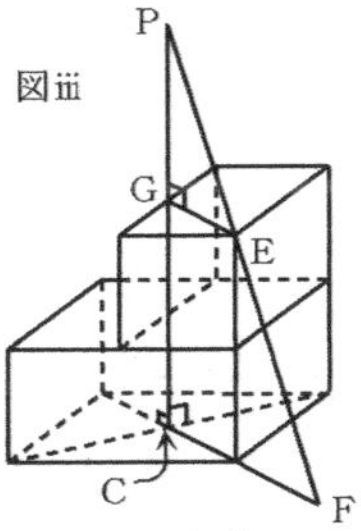

図ⅳ

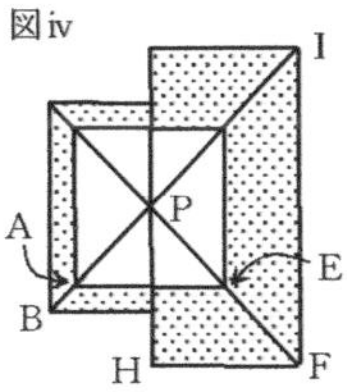

Ｐより左側にできる影の面積は，(1)で求めた面積の半分だから，700÷２＝350(㎠)

Ｐより右側にできる影の面積は，縦ＦＩ＝60 ㎝，横ＦＨ＝30 ㎝の長方形の面積から，縦 30 ㎝，横 15 ㎝の長方形の面積をひけばよいので，60×30－30×15＝1800－450＝1350(㎠)

したがって，求める面積は，350＋1350＝1700(㎠)

《１期・適性検査型　検査Ⅰ　算数分野の解説》

課題１　⑴　みのるさんは合計 240＋160＝400(m)の道のりを 400÷40＝10(分)で進むから，ジェットコースターに乗る時間も合わせて，Dに着くまでに 10＋10＝20(分)かかる。

はな子さんは，AからBまで 160÷40＝４(分)で進むので，BからDまでの 320m を 20－４＝16(分)で進めばよい。よって，求める速さは，分速(320÷16)m＝分速 20m

⑵　木と木の間隔《かんかく》は全部で 360÷８＝45(か所)あるから，木は全部で 45＋１＝46(本)ある。

木と木の間にはチューリップが 20 ㎝＝0.2m間隔で植えられているので，木と木の間隔１か所に対して，木とチューリップ，チューリップとチューリップの間隔の合計は８÷0.2＝40(か所)あるから，チューリップは 40＋１－２＝39(本)ある(両端《りょうたん》は木なので)。したがって，チューリップは全部で 39×45＝1755(本)ある。

⑶①　EからJを通ってAへ行くときの最短ルートは，E→F→I→J→M(K)→N→Aである。

このとき，移動時間の合計は，(240＋100＋100＋80＋160＋40)÷40＝18(分)

Jの滞在時間は 20 分なので，求める時間は，10 時＋18 分＋20 分＝10 時 38 分

②　移動時間と滞在時間の合計が 11 時 30 分－10 時＝１時間 30 分＝90 分以内になればよい。

①で考えた最短ルートを通り，通ったJ以外の４か所のアトラクションも体験したとすると，移動時間と滞在時間の合計は，18＋20＋10×４＝78(分)となる。

あと 90－78＝12(分)で他のアトラクションによることができるかを考える。GとJ以外の滞在時間は 10 分だから，G以外で新たにアトラクションによることで増える移動時間が 12－10＝２(分)以内になればよい。

E→F→I→J→M→N→Aのルートで行く場合であれば，MからLのアトラクションによると，増える移動時間が(40＋40)÷40＝２(分)だから，よることができる。

これ以外によることができるアトラクションはないので，E→F→I→J→M→L→M→N→Aと進むことで最大６種類のアトラクションを体験することができ，このときAに着く時間は 11 時 30 分ちょうどである。

また，アトラクションはF，I，J，M，L，Nを１回ずつ体験するから，２回通ったMのうち，体験したのは１回のみである(どちらで体験してもAに着く時間は変わらない)。

課題２　⑴　正方形(ひし形)の面積は，(対角線の長さ)×(対角線の長さ)÷２で求めることができ，AC＝BD＝５×２＝10(㎝)だから，求める面積は，10×10÷２＝50(㎠)

⑵　⑴をふまえる。正方形①の１辺の長さを１とすると，正方形①の面積は１×１＝１となる。

正方形②の対角線の長さは１となるので，正方形②の面積は $1\times1\div2=\frac{1}{2}$ となる。

よって，正方形②の面積は正方形①の面積の $\frac{1}{2}$ 倍になる。

同様にして，正方形③の面積は正方形②の面積の $\frac{1}{2}$ 倍，正方形④の面積は正方形③の面積の $\frac{1}{2}$ 倍，…となるから，正方形⑤の面積は，$1\times\frac{1}{2}\times\frac{1}{2}\times\frac{1}{2}\times\frac{1}{2}=\frac{1}{16}$ と表せる。

したがって，正方形⑤の面積は，正方形①の面積の $\frac{1}{16}$ 倍になる。

⑶　10 ㎝のタイル→６㎝のタイル→２㎝のタイルの順にできるだけ多く並べていく。

10 ㎝のタイルは，200÷10＝20(枚)ですき間なく縦に１列並べることができる。10 ㎝のタイルは横にできるだけ多く並べると，306÷10＝30 余り６より，横に 30 枚並べることができ，あと６㎝だけ余る。よって，10 ㎝のタイルを縦に 20 枚，横に 30 枚の全部で 20×30＝600(枚)並べると，縦が 200 ㎝，横が６㎝の長方形の分だけ余る。

ここから，６㎝のタイルは１枚で横にちょうど並べることができるので，200÷６＝33 余り２より，縦に 33 枚並べると，縦が２㎝，横が６㎝の長方形の分だけ余る。ここから，２㎝のタイルは１枚で縦にちょうど並べることができるので，横に６÷２＝３(枚)並べることで，すき間がなくなる。

以上より，正しい答えは，10 ㎝のタイルが 600 枚，６㎝のタイルが 33 枚，２㎝のタイルが３枚である。

■ ご使用にあたってのお願い・ご注意

（1）問題文等の非掲載

著作権上の都合により，問題文や図表などの一部を掲載できない場合があります。

誠に申し訳ございませんが，ご了承くださいますようお願いいたします。

（2）過去問における時事性

過去問題集は，学習指導要領の改訂や社会状況の変化，新たな発見などにより，現在とは異なる表記や解説になっている場合があります。過去問の特性上，出題当時のままで出版していますので，あらかじめご了承ください。

（3）配点

学校等から配点が公表されている場合は，記載しています。公表されていない場合は，記載していません。

独自の予想配点は，出題者の意図と異なる場合があり，お客様が学習するうえで誤った判断をしてしまう恐れがあるため記載していません。

（4）無断複製等の禁止

購入された個人のお客様が，ご家庭でご自身またはご家族の学習のためにコピーをすることは可能ですが，それ以外の目的でコピー，スキャン，転載（ブログ，ＳＮＳなどでの公開を含みます）などをすることは法律により禁止されています。学校や学習塾などで，児童生徒のためにコピーをして使用することも法律により禁止されています。

ご不明な点や，違法な疑いのある行為を確認された場合は，弊社までご連絡ください。

（5）けがに注意

この問題集は針を外して使用します。針を外すときは，けがをしないように注意してください。また，表紙カバーや問題用紙の端で手指を傷つけないように十分注意してください。

（6）正誤

制作には万全を期しておりますが，万が一誤りなどがございましたら，弊社までご連絡ください。

なお，誤りが判明した場合は，弊社ウェブサイトの「ご購入者様のページ」に掲載しておりますので，そちらもご確認ください。

■ お問い合わせ

解答例，解説，印刷，製本など，問題集発行におけるすべての責任は弊社にあります。

ご不明な点がございましたら，弊社ウェブサイトの「お問い合わせ」フォームよりご連絡ください。迅速に対応いたしますが，営業日の都合で回答に数日を要する場合があります。

ご入力いただいたメールアドレス宛に自動返信メールをお送りしています。自動返信メールが届かない場合は，「よくある質問」の「メールの問い合わせに対し返信がありません。」の項目をご確認ください。

また弊社営業日（平日）は，午前９時から午後５時まで，電話でのお問い合わせも受け付けています。

2025春

株式会社教英出版

〒422-8054　静岡県静岡市駿河区南安倍３丁目12-28

TEL　054-288-2131　　FAX　054-288-2133

URL　https://kyoei-syuppan.net/

MAIL　siteform@kyoei-syuppan.net

神奈川県

- ①［県立］相模原中等教育学校／平塚中等教育学校
- ②［市立］南高等学校附属中学校
- ③［市立］横浜サイエンスフロンティア高等学校附属中学校
- ④［市立］川崎高等学校附属中学校
- ✿⑤聖光学院中学校
- ✿⑥浅野中学校
- ⑦洗足学園中学校
- ⑧法政大学第二中学校
- ⑨逗子開成中学校（1次）
- ⑩逗子開成中学校（2·3次）
- ⑪神奈川大学附属中学校（第1回）
- ⑫神奈川大学附属中学校（第2·3回）
- ⑬栄光学園中学校
- ⑭フェリス女学院中学校

新潟県

- ①［県立］村上中等教育学校／柏崎翔洋中等教育学校／燕中等教育学校／津南中等教育学校／直江津中等教育学校／佐渡中等教育学校
- ②［市立］高志中等教育学校
- ③新潟第一中学校
- ④新潟明訓中学校

石川県

- ①［県立］金沢錦丘中学校
- ②星稜中学校

福井県

- ①［県立］高志中学校

山梨県

- ①山梨英和中学校
- ②山梨学院中学校
- ③駿台甲府中学校

長野県

- ①［県立］屋代高等学校附属中学校／諏訪清陵高等学校附属中学校
- ②［市立］長野中学校

岐阜県

- ①岐阜東中学校
- ②鶯谷中学校
- ③岐阜聖徳学園大学附属中学校

静岡県

- ①［国立］静岡大学教育学部附属中学校（静岡·島田·浜松）
- ②［県立］清水南高等学校中等部／［県立］浜松西高等学校中等部／［市立］沼津高等学校中等部
- ③不二聖心女子学院中学校
- ④日本大学三島中学校
- ⑤加藤学園暁秀中学校
- ⑥星陵中学校
- ⑦東海大学付属静岡翔洋高等学校中等部
- ⑧静岡サレジオ中学校
- ⑨静岡英和女学院中学校
- ⑩静岡雙葉中学校
- ⑪静岡聖光学院中学校
- ⑫静岡学園中学校
- ⑬静岡大成中学校
- ⑭城南静岡中学校
- ⑮静岡北中学校
- ⑯常葉大学附属常葉中学校／常葉大学附属橘中学校／常葉大学附属菊川中学校
- ⑰藤枝明誠中学校
- ⑱浜松開誠館中学校
- ⑲静岡県西遠女子学園中学校
- ⑳浜松日体中学校
- ㉑浜松学芸中学校

愛知県

- ①［国立］愛知教育大学附属名古屋中学校
- ②愛知淑徳中学校
- ③名古屋経済大学市邨中学校／名古屋経済大学高蔵中学校
- ④金城学院中学校
- ⑤椙山女学園中学校
- ⑥東海中学校
- ⑦南山中学校男子部
- ⑧南山中学校女子部
- ⑨聖霊中学校
- ⑩滝中学校
- ⑪名古屋中学校
- ⑫大成中学校
- ⑬愛知中学校
- ⑭星城中学校
- ⑮名古屋葵大学中学校（名古屋女子大学中学校）
- ⑯愛知工業大学名電中学校
- ⑰海陽中等教育学校（特別給費生）
- ⑱海陽中等教育学校（I·II）
- ⑲中部大学春日丘中学校
- 新刊⑳名古屋国際中学校

三重県

- ①［国立］三重大学教育学部附属中学校
- ②暁中学校
- ③海星中学校
- ④四日市メリノール学院中学校
- ⑤高田中学校
- ⑥セントヨゼフ女子学園中学校
- ⑦三重中学校
- ⑧皇學館中学校
- ⑨鈴鹿中等教育学校
- ⑩津田学園中学校

滋賀県

- ①［国立］滋賀大学教育学部附属中学校
- ②［県立］河瀬中学校／守山中学校／水口東中学校

京都府

- ①［国立］京都教育大学附属桃山中学校
- ②［府立］洛北高等学校附属中学校
- ③［府立］園部高等学校附属中学校
- ④［府立］福知山高等学校附属中学校
- ⑤［府立］南陽高等学校附属中学校
- ⑥［市立］西京高等学校附属中学校
- ⑦同志社中学校
- ⑧洛星中学校
- ⑨洛南高等学校附属中学校
- ⑩立命館中学校
- ⑪同志社国際中学校
- ⑫同志社女子中学校（前期日程）
- ⑬同志社女子中学校（後期日程）

大阪府

- ①［国立］大阪教育大学附属天王寺中学校
- ②［国立］大阪教育大学附属平野中学校
- ③［国立］大阪教育大学附属池田中学校

④[府立]富田林中学校
⑤[府立]咲くやこの花中学校
⑥[府立]水都国際中学校
⑦清風中学校
⑧高槻中学校（A日程）
⑨高槻中学校（B日程）
⑩明星中学校
⑪大阪女学院中学校
⑫大谷中学校
⑬四天王寺中学校
⑭帝塚山学院中学校
⑮大阪国際中学校
⑯大阪桐蔭中学校
⑰開明中学校
⑱関西大学第一中学校
⑲近畿大学附属中学校
⑳金蘭千里中学校
㉑金光八尾中学校
㉒清風南海中学校
㉓帝塚山学院泉ヶ丘中学校
㉔同志社香里中学校
㉕初芝立命館中学校
㉖関西大学中等部
㉗大阪星光学院中学校

兵庫県

①[国立]神戸大学附属中等教育学校
②[県立]兵庫県立大学附属中学校
③雲雀丘学園中学校
④関西学院中学部
⑤神戸女学院中学部
⑥甲陽学院中学校
⑦甲南中学校
⑧甲南女子中学校
⑨灘中学校
⑩親和中学校
⑪神戸海星女子学院中学校
⑫滝川中学校
⑬啓明学院中学校
⑭三田学園中学校
⑮淳心学院中学校
⑯仁川学院中学校
⑰六甲学院中学校
⑱須磨学園中学校(第1回入試)
⑲須磨学園中学校(第2回入試)
⑳須磨学園中学校(第3回入試)
㉑白陵中学校
㉒夙川中学校

奈良県

①[国立]奈良女子大学附属中等教育学校
②[国立]奈良教育大学附属中学校
③[県立]
- 国際中学校
- 青翔中学校

④[市立]一条高等学校附属中学校
⑤帝塚山中学校
⑥東大寺学園中学校
⑦奈良学園中学校
⑧西大和学園中学校

和歌山県

①[県立]
- 古佐田丘中学校
- 向陽中学校
- 桐蔭中学校
- 日高高等学校附属中学校
- 田辺中学校

②智辯学園和歌山中学校
③近畿大学附属和歌山中学校
④開智中学校

岡山県

①[県立]岡山操山中学校
②[県立]倉敷天城中学校
③[県立]岡山大安寺中等教育学校
④[県立]津山中学校
⑤岡山中学校
⑥清心中学校
⑦岡山白陵中学校
⑧金光学園中学校
⑨就実中学校
⑩岡山理科大学附属中学校
⑪山陽学園中学校

広島県

①[国立]広島大学附属中学校
②[国立]広島大学附属福山中学校
③[県立]広島中学校
④[県立]三次中学校
⑤[県立]広島叡智学園中学校
⑥[市立]広島中等教育学校
⑦[市立]福山中学校
⑧広島学院中学校
⑨広島女学院中学校
⑩修道中学校
⑪崇徳中学校
⑫比治山女子中学校
⑬福山暁の星女子中学校
⑭安田女子中学校
⑮広島なぎさ中学校
⑯広島城北中学校
⑰近畿大学附属広島中学校福山校
⑱盈進中学校
⑲如水館中学校
⑳ノートルダム清心中学校
㉑銀河学院中学校
㉒近畿大学附属広島中学校東広島校
㉓AICJ中学校
㉔広島国際学院中学校
㉕広島修道大学ひろしま協創中学校

山口県

①[県立]
- 下関中等教育学校
- 高森みどり中学校

②野田学園中学校

徳島県

①[県立]
- 富岡東中学校
- 川島中学校
- 城ノ内中等教育学校

②徳島文理中学校

香川県

①大手前丸亀中学校
②香川誠陵中学校

愛媛県

①[県立]
- 今治東中等教育学校
- 松山西中等教育学校

②愛光中学校
③済美平成中等教育学校
④新田青雲中等教育学校

高知県

①[県立]
- 安芸中学校
- 高知国際中学校
- 中村中学校

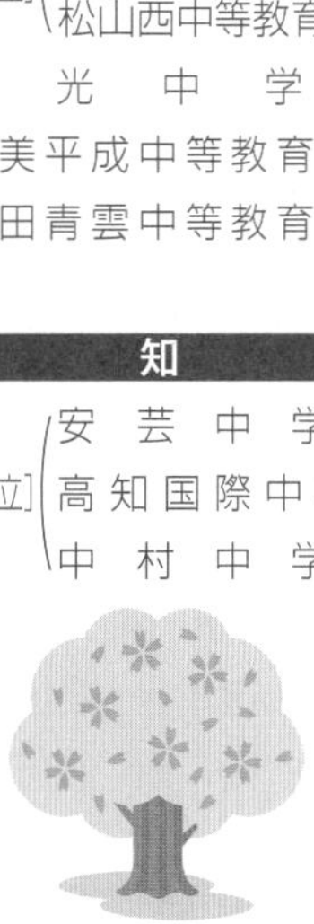

福岡県

①［国立］福岡教育大学附属中学校（福岡・小倉・久留米）
②［県立］
- 育徳館中学校
- 門司学園中学校
- 宗像中学校
- 嘉穂高等学校附属中学校
- 輝翔館中等教育学校

③西南学院中学校
④上智福岡中学校
⑤福岡女学院中学校
⑥福岡雙葉中学校
⑦照曜館中学校
⑧筑紫女学園中学校
⑨敬愛中学校
⑩久留米大学附設中学校
⑪飯塚日新館中学校
⑫明治学園中学校
⑬小倉日新館中学校
⑭久留米信愛中学校
⑮中村学園女子中学校
⑯福岡大学附属大濠中学校
⑰筑陽学園中学校
⑱九州国際大学付属中学校
⑲博多女子中学校
⑳東福岡自彊館中学校
㉑八女学院中学校

佐賀県

①［県立］
- 香楠中学校
- 致遠館中学校
- 唐津東中学校
- 武雄青陵中学校

②弘学館中学校
③東明館中学校
④佐賀清和中学校
⑤成穎中学校
⑥早稲田佐賀中学校

長崎県

①［県立］
- 長崎東中学校
- 佐世保北中学校
- 諫早高等学校附属中学校

②青雲中学校
③長崎南山中学校
④長崎日本大学中学校
⑤海星中学校

熊本県

①［県立］
- 玉名高等学校附属中学校
- 宇土中学校
- 八代中学校

②真和中学校
③九州学院中学校
④ルーテル学院中学校
⑤熊本信愛女学院中学校
⑥熊本マリスト学園中学校
⑦熊本学園大学付属中学校

大分県

①［県立］大分豊府中学校
②岩田中学校

宮崎県

①［県立］五ヶ瀬中等教育学校
②［県立］
- 宮崎西高等学校附属中学校
- 都城泉ヶ丘高等学校附属中学校

③宮崎日本大学中学校
④日向学院中学校
⑤宮崎第一中学校

鹿児島県

①［県立］楠隼中学校
②［市立］鹿児島玉龍中学校
③鹿児島修学館中学校
④ラ・サール中学校
⑤志學館中等部

沖縄県

①［県立］
- 与勝緑が丘中学校
- 開邦中学校
- 球陽中学校
- 名護高等学校附属桜中学校

もっと過去問シリーズ

北海道

北嶺中学校
7年分（算数・理科・社会）

静岡県

静岡大学教育学部附属中学校
（静岡・島田・浜松）
10年分（算数）

愛知県

愛知淑徳中学校
7年分（算数・理科・社会）
東海中学校
7年分（算数・理科・社会）
南山中学校男子部
7年分（算数・理科・社会）
南山中学校女子部
7年分（算数・理科・社会）
滝中学校
7年分（算数・理科・社会）
名古屋中学校
7年分（算数・理科・社会）

岡山県

岡山白陵中学校
7年分（算数・理科）

広島県

広島大学附属中学校
7年分（算数・理科・社会）
広島大学附属福山中学校
7年分（算数・理科・社会）
広島学院中学校
7年分（算数・理科・社会）
広島女学院中学校
7年分（算数・理科・社会）
修道中学校
7年分（算数・理科・社会）
ノートルダム清心中学校
7年分（算数・理科・社会）

愛媛県

愛光中学校
7年分（算数・理科・社会）

福岡県

福岡教育大学附属中学校
（福岡・小倉・久留米）
7年分（算数・理科・社会）
西南学院中学校
7年分（算数・理科・社会）
久留米大学附設中学校
7年分（算数・理科・社会）
福岡大学附属大濠中学校
7年分（算数・理科・社会）

佐賀県

早稲田佐賀中学校
7年分（算数・理科・社会）

長崎県

青雲中学校
7年分（算数・理科・社会）

鹿児島県

ラ・サール中学校
7年分（算数・理科・社会）

※もっと過去問シリーズは
国語の収録はありません。

教英出版
〒422-8054
静岡県静岡市駿河区南安倍3丁目12−28
TEL 054-288-2131
FAX 054-288-2133
詳しくは教英出版で検索
教英出版　検索
URL https://kyoei-syuppan.net/

R6　1期・3教科型（特進ハイグレード）

国語

就実中学校

◎答えはすべて解答用紙に記入しなさい。
◎記号で答えられるものは、すべて記号で答えなさい。
◎句読点「、」や「。」などの記号も一字に数えます。

（60分）

一　次の文章を読んで、あとの問いに答えなさい。

人間が話す言語がいったいどれくらいあるのか、その数を正確に計算することは非常に難しいことですが、ある言語学者のⓐトウケイによれば、これまでに存在した言語は全部で約七〇〇〇種類くらいで、現在の地球上で使われているものだけに限れば、だいたい三〇〇〇種類くらいの言語があるとされます（これには異説もたくさんあります）。しかしこれらの言語を表記するための文字となると、その数はぐっと少なくて、だいたい四〇〇種類くらいと推定されています。

なおこの四〇〇種類というのは、「ヒエログリフ」という名で知られる古代エジプトの象形文字や、*粘土板《ねんどばん》に刻まれたメソポタミアの*楔形《くさびがた》文字などの古代文字、あるいは*契丹《きったん》族が中国北部に建てた遼《りょう》王朝（九一六—一一二五年）で使われた「契丹文字」、メキシコから中米にかけて六世紀以降に栄えたマヤ文明で使われた「マヤ文字」のように、まだⓍ完全には解読されていない文字も勘定《かんじょう》の中に入っています。つまり［　Ⓨ　］に存在した、あらゆる文字の総数が、だいたい四〇〇くらいだと推定されるわけです。

このように文字の種類が言語の数にくらべて十分の一くらいしかないということには、もちろん理由があります。

理由の一つは、「みずからを表記するための文字をもたない言語」があるからです。世界中のどんな言語であれ、「音声のみあって文字をもたない言語」はあっても、その逆の場合、つまり「文字だけあって音声をもたない言語」というものは存在しません。文字をもたない言語が使われているところでは、いわゆる「無文字社会」が形成されます。

文字をもたない、あるいは文字を使わない人々や社会について、これまでともすれば「未開で遅《おく》れた状態」と考えられてきました。しかしそれは、文字をもっている世界から対岸を眺《なが》めた時の、①一種の差別と偏見《へんけん》に基《もと》づく考え方といわねばなりません。文字をもたない世界には、②文字をもっている世界とはまったく質を異にするコミュニケーションの方式があって、文字は必ずしも「文明的な世界」と「*野蛮《やばん》な状態」を分ける指標とはなりません。

無文字社会で文明を発達させたもっとも［A］で有名な例は、かつて南米大陸で華々《はなばな》しくさかえたインカ文明でしょう。ペルー南部のクスコ盆地《ぼんち》を中心に、十五世紀から十六世紀初めまで栄えた③インカ帝国《ていこく》の文化は、きわめて華麗《かれい》かつ高度に展開されたものでした。しかしインカの人々は文字をまったく使いませんでした。彼《かれ》らは文字の代わりに「結縄《けつじょう》」（縄《なわ》を結ぶことでさまざまなことを記録する方法）を使って、多くの記録を残しました。

インカの人たちは文字だけでなく、鉄で道具を作ることも知らず、基本的には新石器段階の物質文化を維持《いじ》していました。また車という道具もそこでは作られませんでした。しかしそれでも道路の建設や*飛脚《ひきゃく》制度などはかなり発達していましたし、鉄は知られていなかったものの、金属の*冶金《やきん》術は広くおこなわれ、青銅器は装飾器《そうしょくき》のみならず、工具や農具など生産活動のための道具がたくさんⓑセイゾウされました。インカの文明の質は決して低くはなく、それどころかきわめて高いもので、その成果として精巧《せいこう》な*石工術を用いた壮大《そうだい》な神殿《しんでん》や宮殿などが、今もクスコ市およびその周辺にたくさん残っています。

そのほかにも、「無文字社会」で高度な文化を展開した例として、日本の先住民族であるアイヌ民族の文化があります。

アイヌ民族の人々は北海道を中心として、素朴《そぼく》な中に力強さをひめた文化を長期にわたって花咲《さ》かせてきました。その言語（アイヌ語）は第二次世界大戦終結まで樺太《からふと》（サハリン）南部や、国後《くなしり》・択捉《えとろふ》などいわゆる「*北方領土」でも［B］に話されていましたが、そこでは文字がまったく使われませんでした。しかしそれでも、「ユーカラ」と呼ばれる美しい長編*叙事《じょじ》詩が口伝えでⓒデンショウされてきましたし、狩猟《しゅりょう》採集生活に根づいた素朴で力強い文化がそこでは展開されてきました。ずっとのちに染織《せんしょく》工芸家である芹沢銈介《せりざわけいすけ》氏（一八九五—一九八四年）などが作品の中に取りこみ、［C］に洗練されたアイヌ民芸は、いまも多くの人々に感動を与えつづけています。

現在のアイヌ語は北海道に少数の話し手がいるだけで、日常生活ではほとんど使用されていません。しかし近年、アイヌ文化の保存と復興の機運が高まるなかで、言語の復興運動が展開されていて、わずかながらも新たな話し手が育ちつつあるそうです。そしてその言語は明治時代以降、文献《ぶんけん》による記録を残すため、ローマ字やカタカナなどで表記されるようになり、さらにより正確に表記できるようにと、たとえば「ト」に半濁点《はんだくてん》をつけたカタカナを作るなど、種々《しゅじゅ》の工夫がなされています。

文字の種類が言語にくらべて格段に少ないという事実の背景には、上に述べたような無文字社会の存在がありますが、それよりもむしろ、より大きな理由として、ひとつの文字が複数の言語を記録するのに使われるというⓓゲンショウがあります。

たとえば西ヨーロッパに位置する国々では、英語をはじめとしてフランス語、ドイツ語、オランダ語、イタリア語それにスペイン語などが使われ、それはもちろんそれぞれ異なった言語ですが、しかしそれらを表記するための文字は、日本で「アルファベット」、あるいは「ローマ字」と呼んでいるラテン文字ただ一種類だけです。

同じように、ロシア語やウクライナ語、それにブルガリア語など、スラブ語系統に属する言語はいずれも「キリル文字」という文字で表記されています。これはもともと古代ブルガリア語（古代教会スラブ語）の表記に使われた文字で、九世紀にギリシアの*伝道僧《でんどうそう》キリロス（別名コンスタンティノス）とメトディオスの兄弟が、*ギリシア正教を布教するため*福音書《ふくいんしょ》を翻訳《ほんやく》した時に、キリロスがギリシア文字の大文字の形に基《もと》づいて作った文字で、だから「キリル文字」と呼ばれているのですが、今では上にあげた言語のほかにセルビア語、マケドニア語などの表記にも使われます。

日本人の言語生活に欠かせない漢字は、いうまでもなく中国で生まれた文字でした。しかし今では漢字は中国語以外に日本語や韓国《かんこく》語を書くのに使われ、以前はベトナムでも言語の表記に使われていました。

言語の数にくらべて文字の種類が格段に少なくなっているのは、このような理由によるわけです。

（阿辻哲次《あつじてつじ》「漢字のはなし」岩波ジュニア新書）

〔語注〕
*象形文字…ものの形から生まれた文字。
*メソポタミア…チグリス川とユーフラテス川の間の平野。世界最古の文明が発祥《はっしょう》した地である。
*楔形文字《くさびがたもじ》…紀元前三〇〇〇年以前にシュメール人によって発明された古代文字。
*契丹族《きったんぞく》…現在のモンゴル、中国東北部、極東ロシアに相当する地域に四世紀ごろから居住していた北東アジアの遊牧民。
*野蛮《やばん》…文化の開けていないこと。未開なこと。
*飛脚《ひきゃく》…急を要する荷物を配達する人。
*冶金術《やきんじゅつ》…鉱石その他の原料から有用な金属を採取・加工して、種々の目的に応じた実用可能な金属材料をつくること。
*石工術…石材を加工したりそれで何かを組みたてたりする技術。
*北方領土…北海道本島の東の沖合《おきあ》いに位置する歯舞群島《はぼまいぐんとう》・色丹島《しこたん》・国後島《くなしり》・択捉島《えとろふ》を指す。
*叙事詩《じょじ》…神話・伝説・英雄《えいゆう》の功績《こうせき》などを物語る長い詩。
*伝道僧…宗教の教義を伝達し広める僧。
*ギリシア正教…キリスト教を信仰《しんこう》する組織の一つ。
*福音書…イエス＝キリストの教えや言行を内容とする書物。

問一　――ⓐ～ⓓのカタカナを漢字に直しなさい。

問二　――Ⓧ「完全」と熟語の組み立てが同じものを次の中から一つ選びなさい。

ア　習字　　イ　豊富　　ウ　往復　　エ　曲線　　オ　実行

問三　Ⓨ に入る「いつでもどこでも」という意味を持つ四字熟語を答えなさい。

問四　A ～ C に当てはまる最も適当な語をそれぞれ次の中から選びなさい。ただし、同じ記号を二回以上使ってはいけません。

ア　日常的　　イ　原則的　　ウ　実用的　　エ　芸術的　　オ　代表的

問五　――①「一種の差別と偏見《へんけん》に基づく考え方といわねばなりません」と筆者が言うのはなぜか。本文中の言葉を使って八十字以内で答えなさい。

問六　――②「文字をもっている世界とはまったく質を異にするコミュニケーションの方式」とあるが、具体的にはどのような「コミュニケーションの方式」があるか。本文中から一語でぬき出しなさい。

問七　――③「インカ帝国《ていこく》の文化は、きわめて華麗《かれい》かつ高度に展開されたものでした」とあるが、これとは対照的に「インカ帝国の文化」を表現した言葉を本文中から十字以内でぬき出しなさい。

問八　――「これらの言語を～推定されています」とあるが、「文字」の種類が「言語」にくらべて「ぐっと少な」いのはなぜか。本文全体をふまえて七十字以内で答えなさい。

問九　この文章を読んだ子どもたち五人の感想の中で、筆者の考えを正しく理解しているものを次の中から一つ選びなさい。

ア　Aさん「文字の数が言語にくらべて十分の一しかないなんて知らなかった。やっぱり文字をもっているってことは高度な文明ってことになるんじゃないかな。」

イ　Bさん「それは違《ちが》うと思うよ。筆者は無文字社会であっても、文字以外のものを使ってコミュニケーションをとっていたって言ってるし。むしろ、文字以外の道具でコミュニケーションをとっている文化の方が優《すぐ》れている気がするな。」

ウ　Cさん「どちらが優れているかとか、価値があるかとか、そういう問題ではないよ。文字を持っているかどうかは文化の優劣《ゆうれつ》を決める基準にはならないんだから。」

エ　Dさん「それにしても、同じ文字を使う言語が何種類も存在するってすごいことだよね。日本にいるとそんな風に考える機会がないから驚《おどろ》いたよ。ヨーロッパでよく見られる傾向《けいこう》なんだね。」

オ　Eさん「たしかにそうだね。日本語の場合、中国で生まれた漢字が使われているけれど、ひらがなやカタカナは日本でしか使っていないしね。」

二　次の文章を読んで、あとの問いに答えなさい。

お詫び
著作権上の都合により、文章は掲載しておりません。
ご不便をおかけし、誠に申し訳ございません。
教英出版

お詫び
著作権上の都合により、文章は掲載しておりません。
ご不便をおかけし、誠に申し訳ございません。
教英出版

（稲葉振一郎《いなばしんいちろう》「これからのロボット倫理学《りんりがく》」）

〔語注〕＊戯曲《ぎきょく》…演劇における脚本《きゃくほん》や台本。
＊コマンド…命令や指令。コンピューターで処理装置に指示する特定の文字列。
＊アップロード…プログラムやデータをネットワーク上に送ること。
＊サイバースペース…ネットワーク上に成立する仮想の空間。
＊ＳＦ…科学的な空想にもとづいた創作物語。
＊バーチャルリアリティ…コンピュータ上の仮想空間を現実のように体験できるしくみ。
＊ＯＳ…パソコンの基本機能を使用するための、最も基本的なソフトウェア。
＊ラジコン…ラジオコントロールのこと。車や飛行機の模型を無線操縦で動かす玩具《がんぐ》の商標名。

問一　══ⓐ～ⓓのカタカナを漢字に直しなさい。

問二　［Ａ］～［Ｃ］に当てはまる最も適当な語をそれぞれ次の中から選びなさい。

ア　だから　　イ　もしくは　　ウ　しかし　　エ　つまり　　オ　では

問三　――①「私たちが追い求めてきたロボットのイメージ」と関係の深いものを、本文中の――(1)～(7)からすべて選びなさい。

問四　――②「ＳＦに描《えが》かれたファンタジーや想像力の世界に、現実のほうが先行している」とはどういうことか。最も適当なものを次の中から選びなさい。

ア　かつてのＳＦではスタンドアローンの世界しか描かれていなかったが、現在は互《たが》いにネットワークにつながっているものが主流であるということ。

イ　実体を持たない「ボット」がネットワーク上で半自動的に命令をこなしている現実は、かつて描かれた想像力の世界を超《こ》えたものだということ。

ウ　ロボットが実体を持たなくなり、仕組まれた命令通り自律的に動き回っている現実は、かつては想像されることさえなかったものだということ。

エ　インターネットが発達し、誰《だれ》もがネットワーク上の仮想現実空間に親しんでいる現状は、かつてＳＦに描かれた世界以上に発展しているということ。

問五　――③「こうなると」とあるが、どういうことか。それを説明した次の一文の［Ⅰ］・［Ⅱ］に当てはまる言葉を本文中からそれぞれぬき出しなさい。ただし、［Ⅰ］は八字、［Ⅱ］は十二字で答えること。

個々のパソコンが［Ⅰ］の状態ではなく、［Ⅱ］こと。

問六　――④「そういうふうに」とあるが、この言葉が指す内容が最もよくわかる一文を探し、最初の十字をぬき出しなさい。

問七　――⑤「今は違《ちが》う」とあるが、どのような点が違うのか。最も適当なものを次の中から選びなさい。

ア　個々のパソコン同士が情報を連結してつながり合うことで、ひとつの大きなネットワークを形成しているという点。

イ　個々のパソコンは閉じているが、それぞれがネットワークに常時接続して自分の判断で仕事を実行しているという点。

ウ　個々のパソコンは自己完結した機械となり、それぞれがネットワークの一部分を構成するものになっているという点。

エ　個々のパソコンはあらかじめ仕組まれた命令を勝手に実行し、自動的にプログラムを更新《こうしん》しているという点。

問八　――⑥「今後、人型ロボットが～持たないのではないか」とあるが、筆者がそのように考えたのはなぜか。本文中の言葉を使って八十字以内で答えなさい。

問九　本文の内容として最も適当なものを次の中から選びなさい。

ア　「ボット」の技術を応用することで、それぞれが脳を持ち、自動的に動き回って仕事をする無人兵器が実用化され始めた。

イ　現在のネットワークのつながり方は、常時接続した状態で情報を連結しているという点で、人間同士の会話と同じである。

ウ　具体的なボディを持ったロボットが、巨大《きょだい》なネットワークに接続され、仮想現実空間で自由自在に活動するようになってきた。

エ　脳のかわりとなるコンピューターを持たず、ネットワークにつながることによって自律的に働くロボットが登場している。

三　次の文章を読んで、あとの問いに答えなさい。

コスモスといえば秋に色彩《しきさい》を添《そ》えてくれる花だが、宇宙を指す言葉でもある。どちらも「秩序《ちつじょ》」「①調和」を意味するギリシャ語がもとになっている。花のコスモスは、整然と並ぶ花びらの美しさからその名がついたという。

花びらだけでなく野原いちめんに群生する様子にも、どこか調和を感じることがある。〈秋桜《こすもす》見てをり吾《われ》も揺《ゆ》れてをり〉茂木房子《もてぎふさこ》。草花のなか、あるいは木々のなかにいて、自分がその一部になったかのように思えるのは幸せな瞬間《しゅんかん》である。

宇宙をコスモスと呼んだのは、古代ギリシャの哲学《てつがく》者*ピタゴラスだという。この宇宙には秩序があり、調和が取れていると考えたためだ。ちなみに反対語は、カオスすなわち*混沌《こんとん》である。

さて②人間はコスモスではなくカオスを自然にもたらしているようだ。最近よく聞く「人新世」という言葉は、人間が自然を大きくつくりかえているさまを表現している。自然界で③分解されないプラスチックが生態系を壊《こわ》し、温室効果ガスが海水面を上昇《じょうしょう》させる。

17世紀の思想家*パスカルが人間のことを「考える葦《あし》である」と述べたのは、自然のなかで最も弱い植物のような存在だというのが前提になっている。しかし人類が環境破壊《はかい》の暴力を振《ふ》るっている以上、④「葦」は身分の*詐称《さしょう》かもしれない。「考える」ほうはどうか。

自然からはみ出してしまった人間ではあるが、それでも人間をやめることはできない。調和するにはどうすればいいか、自分に何ができるのか、考え続けるしかない。

（朝日新聞「天声人語」令和四年九月二十七日）

〔語注〕＊ピタゴラス…古代ギリシャの数学者・哲学者（紀元前五八二年‐紀元前四九六年）。
＊混沌…入りまじって区別がつかず、はっきりしないさま。
＊パスカル…フランスの哲学者（一六二三年‐一六六二年）。
＊詐称…氏名・職業・年齢《ねんれい》などをいつわって人をだますこと。

問一　――①「調和」と同じ意味を持つカタカナ語を次の中から一つ選びなさい。

ア　ニュートラル　　イ　ユニバーサル　　ウ　サスティナブル　　エ　ハーモニー　　オ　コンテンツ

問二　――②「人間はコスモスではなくカオスを自然にもたらしている」とあるが、人間が「自然にもたらしている」カオスとは何か。本文中から五字以内でぬき出しなさい。

問三　――③「分解」と反対の意味を持つ語を漢字二字で答えなさい。

問四　――④「『葦』は身分の詐称かもしれない」と筆者が言うのはなぜか。本文中の言葉を使って六十字以内で答えなさい。

四　次の①～④のカタカナを漢字に直しなさい。

①
A　この作品は私にとってカイシンの出来だ。
B　彼《かれ》はカイシンして悪事をやめた。

②
A　火曜日は楽しみにしているシュウカン誌の発売日だ。
B　一時間の散歩を毎日のシュウカンにしている。

③
A　授業の前にはキリツして号令をかける。
B　キリツ正しい集団だとほめられた。

④
A　かぜを引かないようヨウジンする。
B　政府のヨウジンが会議に集まる。

算　数

（60分）

1 (1) 次の計算をしなさい。

① $84\div(42-14\times2)$

② $\dfrac{7}{10}-\left(\dfrac{3}{5}+0.15\right)\div4\dfrac{1}{2}$

(2) 次の□にあてはまる数を求めなさい。

$\left(\square\times\dfrac{5}{8}-\dfrac{1}{6}\right)\div\dfrac{1}{8}=2$

2 次の□にあてはまる数を求めなさい。

(1) 1ドルは150円で，1ユーロは160円です。このとき，60ユーロは□ドルです。

(2) 縦6 cm，横8 cm，高さ15 cmの直方体を同じ向きにすき間なく並べてできる立方体のうち，最も小さい立方体の1辺の長さは□cmです。

(3) 原価が2200円の商品があります。原価の□%の利益を見込んで定価をつけ，定価の8%引きで売ると売り値が2530円になります。ただし，消費税は考えないものとします。

(4) ある仕事を，大人1人，高校生1人，中学生1人の3人ですると50分かかります。同じ仕事を大人1人と高校生1人でする場合は60分，大人1人と中学生1人でする場合は75分かかります。この仕事を大人1人ですると□分かかります。

(5) 右の図の，四角形ABCDは正方形です。角㋐の大きさは□°です。

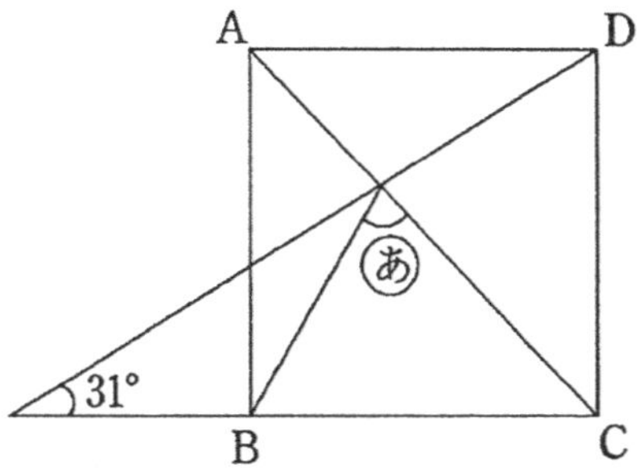

(6) あるクラス全員で20点満点のテストを行ったところ，最高点と最低点の差は14点でした。最高点をとった1人を除いて平均点を計算すると12.0点になり，最低点をとった1人を除いて平均点を計算すると12.5点になりました。このクラスの人数は□人です。

(7) 何脚《きゃく》かの長いすに子どもが座ります。長いす1脚に6人ずつ座ると12人が座れなくなり，長いす1脚に8人ずつ座ると2人座る長いすが1脚できて2脚余ります。長いすは全部で□脚です。

(8) 右の図は，1辺の長さが8 cmの正方形と円を組み合わせた図形です。しゃ線部分の面積は□cm^2です。ただし，円周率は3.14とします。

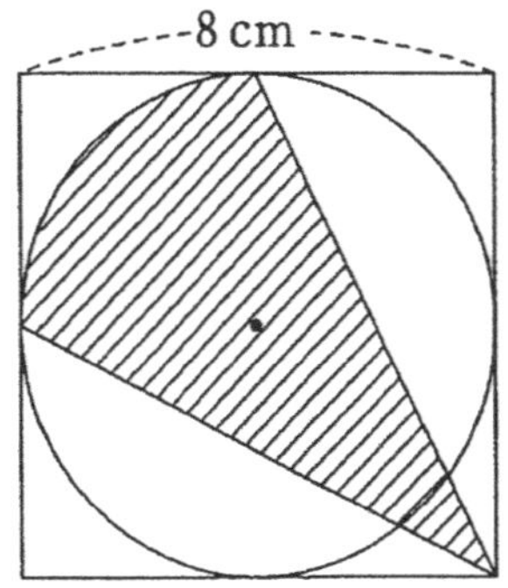

（問題は次のページに続きます。）

3 【図1】のように，直方体の水そうが，側面と平行で底面に垂直な高さが 5 cm と 10 cm の 2 枚の長方形のしきり板によって 3 つの部分に分かれています。また，水そうの B の場所には穴があります。穴を閉じて，A の場所にじゃ口から一定の割合で水そうが満水になるまで水を入れます。毎秒 50 cm^3 の割合で水を入れたところ，時間と A の場所の水面の高さの関係を表したグラフは【図2】のようになりました。次の問いに答えなさい。ただし，しきりの厚《あつ》さは考えないものとします。

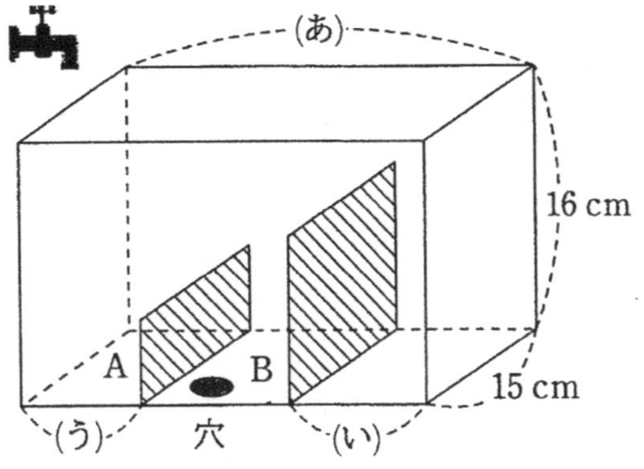

【図1】

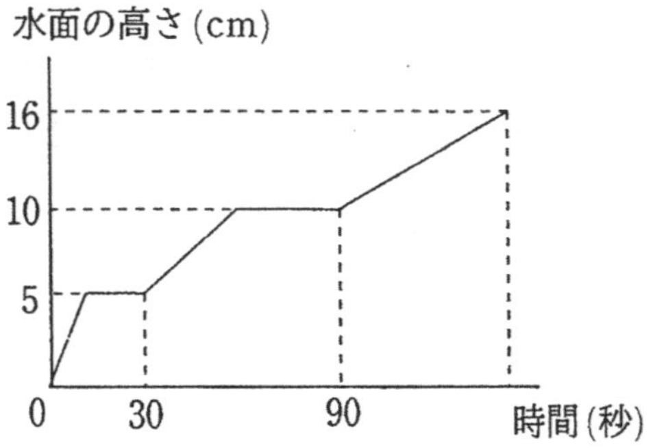

【図2】

(1) (あ) の長さは何 cm ですか。

(2) (い) の長さは何 cm ですか。

(3) 水そうの水が満水になったところで水を入れるのをやめて，次に穴から毎秒 100 cm^3 の割合で水をぬきました。水をぬき始めてから 51 秒後に穴から水が流れなくなりました。このとき (う) の長さは何 cm ですか。
（解答らんには，考え方も書きなさい。）

4 5 % の食塩水 A と 15 % の食塩水 B があります。食塩水 A を 60 g と食塩水 B を 40 g を混ぜ合わせて，食塩水 C を作りました。次の問いに答えなさい。

(1) 食塩水 C の濃度は何%ですか。

(2) 食塩水 A と食塩水 C を同じ量だけ取り出して混ぜ合わせました。そこに，食塩水 B を加えて 13 %の食塩水を 100 g 作りました。混ぜ合わせた食塩水 C は何 g ですか。

(3) いくらかの量の食塩水 A と食塩水 B を取り出して混ぜ合わせて 12 % の食塩水を作ろうとしたところ，取り出した食塩水 A の量が予定より 50 g 多かったため 11 % の食塩水ができました。11 % の食塩水は何 g できましたか。

（問題は次のページに続きます。）

5　文化祭で中学生にアメを配ります。用意していたアメを生徒全員に配ろうと考えていますが，不足しそうなので次のように配ろうと思います。

中学１年生と２年生の生徒に一人５個ずつ，３年生の生徒に一人７個ずつ配る場合と中学１年生の生徒に一人５個ずつ，２年生と３年生の生徒に一人６個ずつ配る場合は，どちらもアメが33個余ります。

(1)　中学２年生の人数は，中学３年生の人数と比べて□。

□にあてはまる語句を次の(ア)～(ウ)の中から選び，記号で答えなさい。

(ア)　多い　　(イ)　少ない　　(ウ)　等しい

(2)　中学１年生，中学２年生，中学３年生の全員に一人６個ずつ配るとアメが22個不足します。中学１年生は何人ですか。

(3)　(2)のとき，はじめに用意していたアメと同じ個数のクッキーを，中学３年生には配らずに中学１年生と２年生の生徒に一人９個ずつ配ると，クッキーが28個不足します。用意していたクッキーの個数と中学２年生の人数を求めなさい。
（解答らんには，考え方も書きなさい。）

6　S中学では，毎年200名の生徒全員が選挙で立候補者に投票して２名の委員を選びます。生徒全員が一人１票を必ず立候補者のうちの誰かに投票します。得票数の上位２名を当選とします。立候補者も投票できるものとして，次の問いに答えなさい。

(1)　昨年は，A，B，C，D，Eの５名が立候補しました。下の表は，立候補者の得票数を表したものです。Dの得票数はAの得票数の1.5倍より３票多いです。AとDの得票数を求めなさい。

	A	B	C	D	E	合計
得票数		42	51		19	200

(2)　選挙では，開票の途《と》中で，得票数によって当選が確定する場合があります。次の＜当選の条件＞にあてはまる場合は当選が確定します。

＜当選の条件＞当選する人数が２名の場合

立候補者の中で得票数の上位３名だけが残りの票をわけあうと考えます。
その上位３名の中で確実に２番目以内となる得票数のときです。

今年の選挙では，F，G，H，I，J，Kの６名が立候補しました。
＜当選の条件＞を読んで，今年の選挙で当選が確定するためには，最低何票必要ですか。

(3)　200票のうちの130票を開票したとき，各立候補者の得票数は下の表のようになりました。(2)を参考にしてFの当選が確定するためには，あと何票必要ですか。

	F	G	H	I	J	K	合計
得票数	27	16	24	19	28	16	130

（問題はこれで終わりです。）

理　科

(50分)

1　みのるとはな子が就実中学校の窓から見えた月について会話をしています。

みのる：月は夜だけでなく，昼間でも見えることがあるんだね。

はな子：そうだね。そういえば3時間前と比べて見える位置が変化しているよ。

みのる：たしかに3時間前と今の位置を比べると，少し(　ア　)に移動したようだね。太陽の見える位置も時刻によって(　イ　)から(　ウ　)の方角へ変わるから，それと同じなのかな。そういえば，A 1週間前のこの時間にもこの窓から月が見えたけど今の位置とは違うような気がする。

はな子：そうそう。あの時もここから月が見えたね。月の位置って変化するんだね。

みのる：太陽は位置が変わってもいつも丸く見えて，月はいろいろな形があるよね。B 日によって月の形が変わって見えるけど，C 月の模様はだいたい同じだね。

はな子：2022 年 11 月 8 日は皆既《かいき》月食だったから時間の経過とともに月の形が変わって見えたよ。

みのる：月食は月が地球の影《かげ》になって欠けて見える現象だよね。皆既月食は月が完全にかくれることを言うね。

はな子：皆既月食になるのは，どんなときかな？

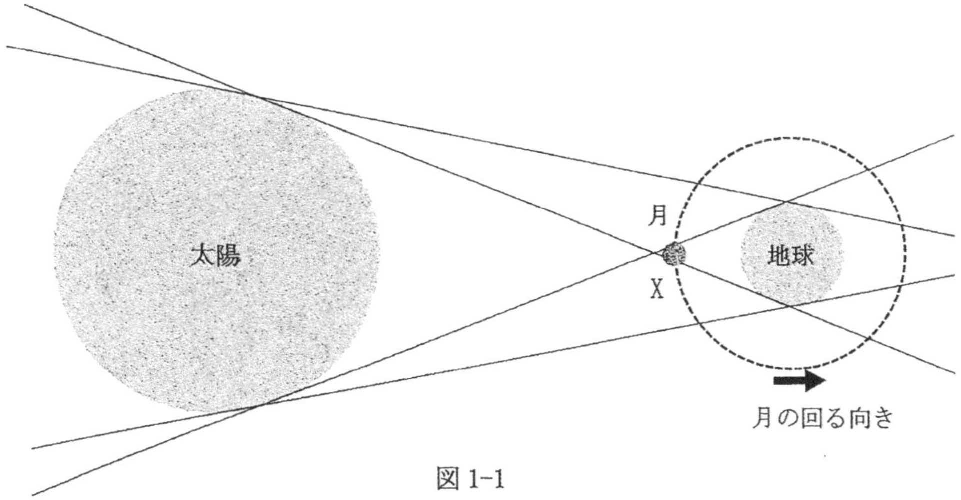

図 1-1

(1)　会話文中の(　ア　)～(　ウ　)に入る方角を「東」「西」「南」「北」の漢字一文字でそれぞれ答えなさい。

(2)　月の表面にはたくさんのくぼみがあります。これを何と呼びますか。また，このくぼみができたと考えられている理由を答えなさい。

(3)　下線部Aについて，当てはまるものを次のア～エから1つ選び記号で答えなさい。

ア　1週間前は，今より東側に同じ形の月が見えた。

イ　1週間前は，今より東側にちがう形の月が見えた。

ウ　1週間前は，今より西側に同じ形の月が見えた。

エ　1週間前は，今より西側にちがう形の月が見えた。

(4)　下線部Bについて，図 1-1 は太陽と月と地球の位置関係をモデル化したものです。図中の X の位置に月があった場合，地球から見た月の形はどれですか。次のア～オから1つ選び記号で答えなさい。また，その月の名前を答えなさい。ただし，黒い部分は影を表しています。

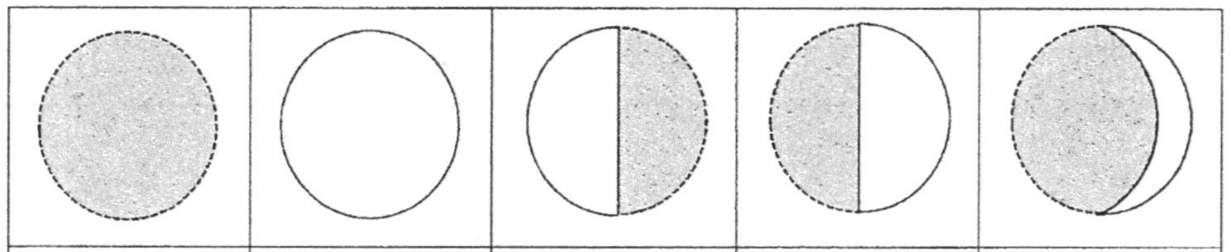

ア	イ	ウ	エ	オ

(5)　下線部Cについて，月の模様が同じに見えるのは，月の自転と公転にかかる時間や向きにある関係が成立しているためです。自転とは月が軸《じく》を中心として回転することで，公転とは月が地球を中心に回ることです。月は一日あたり 13° 自転しているとすると，月が地球の周りを一周するのに必要な日数は何日になりますか。小数第2位を四捨五入して，小数第1位まで答えなさい。ただし，公転する道すじは円とします。

(6)　皆既月食になるのはどんなときですか。「太陽」「月」「地球」の言葉を使って，位置関係が分かるように説明しなさい。

(問題は次のページに続きます。)

2　岡山県にはアゲハやモンシロチョウなど多くの種類のチョウが生息しています。チョウは種類によってえさとなる植物が異なるものもあり，その土地の環《かん》境とも密接なつながりがあります。

図 2-1

チョウは，$_A$卵→幼虫→さなぎ→成虫の順に育ちますが，その間にアリ，クモ，アシナガバチ，鳥などの動物に食べられることもあります。そのため，$_B$身を守るために有利な見た目の特ちょうを持っているチョウもいます。例えば，キマダラルリツバメというチョウは，はねの先が頭とは反対側に細く伸び（図 2-1 左下部分，尾状突起《びじょうとっき》），その根元はオレンジ色をして頭に見せかけています。このことで天敵となる鳥から実際の頭を守っているといわれています。

（1）　アゲハについて述べた次の文の（ ① ）～（ ③ ）に当てはまる語をア～エからそれぞれ1つ選び記号で答えなさい。

> アゲハはほとんどの場合，卵を（ ① ）に産みます。産みつけられてすぐの卵は（ ② ）色で，（ ③ ）形をしています。

① ア 土の中　イ 水の中　ウ 葉　エ 花
② ア 黄　イ 白　ウ 茶　エ 黒
③ ア 縦長い　イ しずく　ウ ラグビーボール　エ 球

（2）　チョウの成虫と同じからだのつくりをしているものを次のア～カからすべて選び記号で答えなさい。

ア　ダンゴムシ　イ　トノサマバッタ　ウ　カブトムシ
エ　ミジンコ　オ　オニグモ　カ　ナナホシテントウ

（3）　下線部Aはチョウの育つ順番を示しています。トンボの育つ順番を同じような書き方で表しなさい。

（4）　下線部Bのような昆《こん》虫の名前をあげ，その特ちょうがどのように役立っているか説明しなさい。

（5）　アゲハの一生を調査しました。卵からかえったばかりの幼虫を１齢《れい》幼虫と呼びます。幼虫が皮をぬいで（脱《だっ》皮）２齢幼虫になり，何度か脱皮をくりかえして成長し，さなぎから成虫になります。表 2-1 は同時期に生まれた卵について，各発育段階における死亡個体数・死亡率をまとめたものです。

表 2-1　アゲハの一生

	生存個体数	死亡個体数	死亡率（%）	主な死亡要因
卵	400	208	52.0	寄生バチ
1 齢幼虫	192	74	（ a ）	アリ，クモ
2 齢幼虫	118	45	38.1	アリ，クモ
3 齢幼虫	73	（ b ）	47.9	アシナガバチ
4 齢幼虫	38	18	47.4	アシナガバチ，鳥
5 齢幼虫	20	10	50.0	アシナガバチ，鳥
さなぎ	10	8	80.0	寄生バチ
成虫	2	2	100.0	

①　表中の（ a ），（ b ）に当てはまる数値を答えなさい。ただし，（ a ）は小数第２位を四捨五入して，小数第１位まで答えなさい。また，（ b ）は整数で答えなさい。

②　アリやハチはチョウと同じように下線部Aの順で育ちますが，チョウとは異なり卵や幼虫の段階での死亡率は低いです。なぜこのようなちがいが生じるのか理由を説明しなさい。

（問題は次のページに続きます。）

3　水溶液《ようえき》の性質を調べるために水酸化ナトリウムと塩酸を用いて次の準備・実験を行いました。水酸化ナトリウム（固体）を水にとかすと，水酸化ナトリウム水溶液となります。その水溶液はアルカリ性を示し，塩酸と同様に金属をとかす性質をもちます。

≪準備１≫水酸化ナトリウム 8.0g を水にとかして 400mL にしたものをＡ液とする。
また，ある濃《こ》さの塩酸 100mL を用意した。これをＢ液とする。

≪準備２≫ビーカー６個にＢ液を 10mL ずつ入れた。
これらにＡ液を 10mL，20mL，…，60mL 加えたものを作った。

【実験１】Ａ液とＢ液それぞれにアルミニウムを入れると共通する気体が発生した。
Ａ液 20mL にアルミニウムをとかしたときに発生した気体の体積を調べ，結果をまとめると図 3-1 のようになった。

【実験２】準備２で作ったビーカー６個に BTB 溶液を加えて，色の変化を確認した。

【実験３】準備２で作ったＡ液とＢ液を混ぜ合わせた水溶液を加熱し水分を蒸発させ，それぞれ残った固体の重さを調べた。その結果をまとめると図 3-2 になることがわかった。

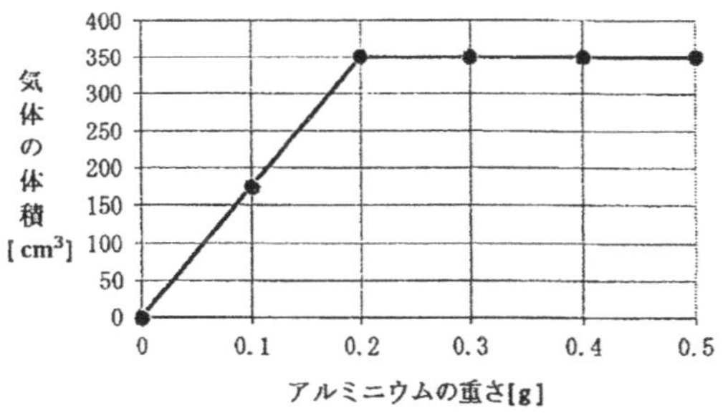

図 3-1

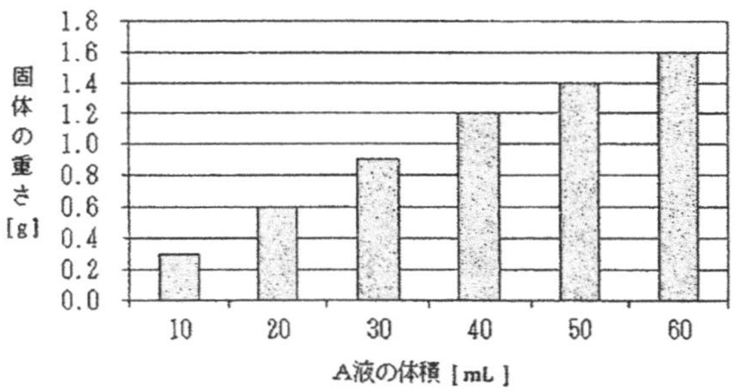

図 3-2

（１）　塩酸について正しいものを次のア～ウから１つ選び記号で答えなさい。

ア　蒸発皿に取って弱火で加熱し，しばらく放置すると，白い固体が残る。

イ　蒸発させると，つんとしたにおいがする。

ウ　ガラス棒で塩酸を赤色のリトマス紙につけると，青色に変化する。

（２）　アルカリ性の水溶液を次のア～エから１つ選び記号で答えなさい。

ア　お酢《す》　　イ　食塩水　　ウ　炭酸水　　エ　アンモニア水

（３）　【実験１】について，Ａ液が 80mL のとき，アルミニウムは最大で何ｇとけるか答えなさい。

（４）　【実験１】について，Ａ液 100mL にアルミニウムを 0.60g 加えたとき，気体は何 cm^3 発生しますか。

（５）　【実験２】で色の変化を確認したところ，Ｂ液にＡ液 40mL を加えたときは緑色になりました。さらにＡ液の量を増やして混ぜ合わせた液に BTB 溶液を加えると何色になりますか。

（６）　Ａ液とＢ液を混ぜ合わせると食塩が生じました。図 3-2 において，加えたＡ液が 10mL～40mL の場合と，50mL と 60mL の場合で，残る固体の重さの変化の仕方が異なります。その理由を答えなさい。

（７）　≪準備１≫で用意した液体とは異なる濃さの，水酸化ナトリウム水溶液（Ｃ液）と塩酸（Ｄ液）を用意しました。次に，Ｃ液とＤ液を色々な体積で混ぜ合わせました。これら４個のビーカーを①～④とします。それぞれのビーカーに金属を 0.40g ずつ入れると，ビーカー①～③は金属がとけて泡《あわ》を出し始めましたが，ビーカー④は泡が全く出ませんでした。その後，ビーカー①～③のとけていない金属の重さをそれぞれ測定したところ下の表 3-1 の結果になりました。表 3-1 中の（　　）に当てはまる数字を整数で答えなさい。

表 3-1　実験結果

	Ｃ液の体積［mL］	Ｄ液の体積［mL］	とけていない金属の重さ［g］
ビーカー ①	25	10	0.30
ビーカー ②	40	10	0.15
ビーカー ③	50	10	0.05
ビーカー ④	（　　）	10	0.40

（問題は次のページに続きます。）

4　先生とみのるさんが物の温まり方について会話をしています。

先生　：熱は高い温度から低い温度に移動する性質があるのは習ったよね。

みのる：冬の屋外では熱いお茶が冷めていくことからその性質がわかりました。

先生　：現象が理解できているね。このように物の間で熱として移動するエネルギーのことを「熱量」というんだ。カロリーって聞いたことはあるかな？
1ｇの水の温度が1℃だけ上がるときに水が受け取る熱量のことを
1カロリーというんだよ。

みのる：カロリーって熱量の単位だったんですね。逆に1ｇの水の温度が1℃だけ下がるときに水が放出する熱量も1カロリーということですか？

先生　：正解！高温の水と低温の水を混ぜ合わせると最後はある温度になるよね。混ぜ合わせてからある温度に変わるまでに，高温の水が放出した熱量と低温の水が受け取る熱量は同じってことがわかるね。(図 4-1)

みのる：$_{A}$じゃあ，水と他の物でも同じようになるはずですね。

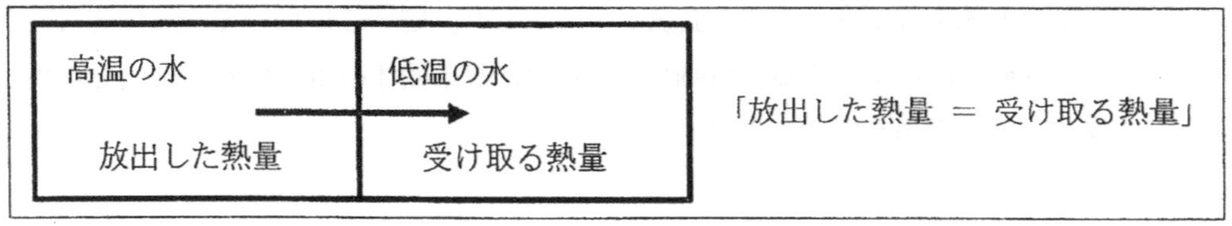

図 4-1

（1）　次の問いに答えなさい。

①　1ｇの水が20℃から40℃に変わるまでに受け取る熱量は何カロリーですか。

②　150gの水が30℃から40℃に変わるまでに受け取る熱量は①の何倍になりますか。

（2）　熱の移動の仕方には大きく分けて次の3種類があります。

伝《でん》導《どう》：熱そのものが物の中を移動して伝わる。
対《たい》流《りゅう》：熱が物といっしょに移動する。
放《ほう》射《しゃ》：熱を伝える物はないが，熱が遠くへ移動する。

次の熱の移動の仕方は，「伝導」「対流」「放射」のどれか答えなさい。

①　クーラーを部屋の上部に取り付け部屋を冷やす。

②　ガラスのコップに冷たい氷水を入れると，コップが冷たくなった。

下線部Aについて，次のような実験をしました。20℃と80℃に温めたアルミニウムの球と銅の球を用意しました。

球1個分の重さを測定するとアルミニウムの球は27g，銅の球は63gでした。ただし，熱は，アルミニウム・銅と水の温度変化のみに使われたとします。

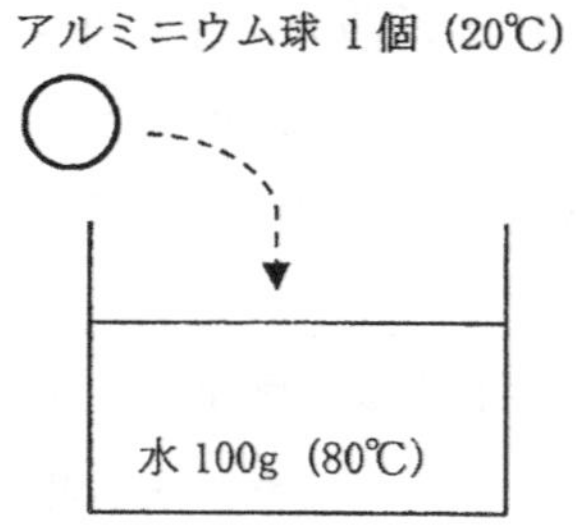

図 4-2

【実験1】	80℃の水 100g の中に，20℃のアルミニウムの球を1個入れたところ，水の温度は77℃になった。(図 4-2)
【実験2】	20℃の水 100g の中に，80℃のアルミニウムの球を1個入れたところ，水の温度は23℃になった。
【実験3】	80℃の水 100g の中に，20℃の銅の球を2個入れたところ，水の温度は74℃になった。
【実験4】	20℃の水 100g の中に，80℃の銅の球を2個入れたところ，水の温度はある温度になった。

（3）　【実験1】で，アルミニウムの球が水から受け取った熱量は何カロリーですか。

（4）　【実験3】で，銅の球1ｇあたりの温度を1℃上げるのに必要な熱量は何カロリーですか。小数第3位を四捨五入して，小数第2位まで答えなさい。

（5）　【実験4】のある温度とは何 ℃ですか。整数で答えなさい。

（6）　【実験1】～【実験4】により，物の温度変化について次のことがわかりました。
（　　）に当てはまるものを次のア～エから1つ選び記号で答えなさい。

「 同じ重さで比べると， 銅の球はアルミニウムの球より（　　）。 」

ア　温まりにくく，冷めにくい

イ　温まりにくく，冷めやすい

ウ　温まりやすく，冷めにくい

エ　温まりやすく，冷めやすい

(問題はこのページで終わりです。)

就実中学校

R6 1期・3教科型（特進ハイグレード）

国語解答用紙

一

問一 ⓐ ⓑ ⓒ ⓓ

問二

問三

問四 A B C

問五 80

問六

問七

問八 70

問九

問一．２点×４
問二．２点
問三．２点
問四．２点×３
問五．７点
問六．３点
問七．３点
問八．６点
問九．３点

二

問一 ⓐ ⓑ ⓒ ⓓ

問二 A B C

問三

問四

問五 Ⅰ Ⅱ

問六

問七

問八 80

問九

問一．２点×４
問二．２点×３
問三．３点
問四．３点
問五．３点×２
問六．２点
問七．３点
問八．６点
問九．３点

三

問一

問二

問三

問四 60

問一．２点
問二．２点
問三．２点
問四．６点

四

① A B

② A B

③ A B

④ A B

完答２点×４

受験番号

※100点満点

R6　１期・３教科型（特進ハイグレード）

就実中学校

算数解答用紙

1

⑴３点×２　⑵４点

⑴	①		②	
⑵				

2

⑴⑵３点×２　⑶〜⑻４点×６

⑴	ドル	⑵	cm
⑶	%	⑷	分
⑸	°	⑹	人
⑺	脚	⑻	cm^2

3

⑴４点　⑵５点　⑶６点

⑴	cm	⑵	cm
⑶	［考え方］　cm		

4

⑴４点　⑵５点　⑶６点

⑴	%	⑵	g
⑶	g		

5

⑴４点　⑵５点　⑶７点

⑴		⑵	人
⑶	個　人		

6

⑴２点×２　⑵５点　⑶５点

⑴	A		D	
⑵	票	⑶	票	

受　験　番　号

※100点満点

就実中学校

理科　解答用紙

(1)２点×３
(2)くぼみ…２点
理由…３点
(3)２点
(4)記号…２点
月の名前…３点
(5)３点
(6)４点

1					
(1)	ア	イ	ウ		
(2)	くぼみ		理由		
(3)		(4)		月の名前	(5)　　日
(6)					

(1)２点×３
(2)３点
(3)４点
(4)４点
(5)①２点×２
②４点

2					
(1)	①	②	③	(2)	
(3)					
(4)	昆虫の名前	説明			
(5)	①	a	②	理由	
		b			

(1)３点
(2)３点
(3)４点
(4)４点
(5)２点
(6)５点
(7)４点

3					
(1)		(2)		(3)	g
(4)	cm³	(5)	色		
(6)					
(7)	mL				

(1)３点×２
(2)２点×２
(3)４点
(4)４点
(5)４点
(6)３点

4				
(1)	①　　カロリー	②　　倍		
(2)	①	②		
(3)	カロリー	(4)	カロリー	
(5)	℃	(6)		

受験番号

※100点満点

R6　1期・2教科型（特進アドバンス）

国語

就実中学校

◎答えはすべて解答用紙に記入しなさい。
◎記号で答えられるものは、すべて記号で答えなさい。
◎句読点「、」や「。」などの記号も一字に数えます。

（50分）

一　次の文章を読んで、あとの問いに答えなさい。

個性を重視する欧米《おうべい》では、子どもたちはこう言われて育つ。「あなたの他の人と違《ちが》うところはどこなの？」

これに対して、日本の子どもたちはこう言われる。「　A　」

日本では、他の人と同じであることが必要以上に求められるのである。

あるいは、①*新渡戸稲造《にとべいなぞう》の『武士道』の中で、アメリカ人の新渡戸稲造の妻が驚《おどろ》いたエピソードが出てくる。

暑い日、日本人の女性二人が道ばたで出会う。一人は日傘《ひがさ》をさしている。もう一人は日傘を持っていない。すると、日傘をさしていた女性は炎天《えんてん》の下で、日傘をⓐトじたのである。

自分だけ、涼《すず》しい思いをするのは悪い、という日本人にはごく当たり前の感覚だが、アメリカ人の新渡戸稲造の妻には、それが不思議だったという。

傘が大きければ、二人で日傘の下に入れば合理的である。たとえ、一人しか入れなかったとしても二人で暑い思いをするよりは、日傘をさしている人だけでも日蔭《ひかげ》に入った方が効率的だ。しかし、二人で暑さを分かちあう、それが日本人なのである。

自分の意見を押《お》し殺しても集団に同調しようとする。しかし一方で協調性を重んじ、集団で力を合わせて行動をすることに長《た》けている。

こうした日本人の気質は、水田稲作《いなさく》によって育《はぐく》まれてきたと指摘《してき》されている。

②イネを作るときには、集団作業が不可欠である。

すべての田んぼは水路でつながっているから、自分の田んぼだけ勝手に水を引くことはできない。水路を引き、水路を管理することも共同で行わなければならないのだ。そして、自分の都合のいいように勝手なことをすることは、自分の田んぼだけに水を引く意味の「　X　」と言われて批判されてきた。

さらにイネの栽培《さいばい》も手がかかるので一人ではできない。特に田植えは多大な労働力を必要とする。みんなで並んで揃《そろ》って田植えをする必要がある。そのため、村中総出で協力しあって作業をしてきた。

力を合わせなければ行うことができない。こうした稲作の特徴《とくちょう》が協調性や集団行動を重んじる日本人の国民性の基《もと》にあると考えられているのである。

日本人特有の気質の大きな要因は「稲作」にあると指摘されている。しかし、他人を思いやり、協力し合う日本人の協調性を作り上げてきたのは、稲作ばかりではないだろう。

③米は日本人にとって重要な食糧《しょくりょう》ではあったが、日本を見渡《みわた》せば水がなく田んぼを拓《ひら》くことのできない地域もたくさんあったのである。

私は日本人の気質を*醸成《じょうせい》してきたものとして、稲作と共に、度重《たびかさ》なる災害があったのだと思う。

日本は世界でも稀《まれ》に見る天災の多い国である。日本人は長い歴史の中で幾《いく》たびもの自然災害に*遭遇《そうぐう》し、それを乗り越《こ》えてきた。

科学技術が発達した二一世紀の現在であっても、私たちは災害を避《さ》けることはできない。

毎年のように日本のどこかで水害があり、毎年のように日本のどこかで地震《じしん》の被害《ひがい》がある。防災技術の進んだ現在でもこれだけの被害があるのだから、防災ⓑセツビや予測技術がなかった昔の日本であれば④なおさらだろう。

長い歴史の中で、日本人にとって災害を乗り越えるのに必要なことは何だったのだろう。それこそが、力を合わせ、助け合うという協調性だったのではないだろうか。

東日本大震災《しんさい》のときに、日本人はパニックを起こすことなく、秩序《ちつじょ》を保ちながら長い行列を作った。そして、被災者どうしが思いやり、助け合いながら、ⓒコンナンを乗り越えたのである。その冷静沈着《ちんちゃく》で品格ある日本人の態度と行動は、世界から賞賛された。

⑥災害のときに、もっとも大切なことは助け合うことである。人は一人では生きていけない。ましてや災害の非常時には⑤なおさらである。短期的には、自分さえ良ければと利己的に振《ふ》る舞《ま》うことが有利かも知れない。しかし、大きな災害を乗り越えるためには、助け合うことが欠かせない。

くりかえされる自然災害の中で助け合うことのできる人は助かり、助け合うことのできる村は永続していったのだろう。そして、世界が賞賛するような、協力し合って災害を乗り越える日本人が作られたのである。

もちろん、水田をⓓ復興し、イネを作るためにも力を合わせなければならない。

日本の人たちは、水害で田んぼが沈《しず》んでも、冷害でイネが枯《か》れても、地震で田んぼがひび割れても、けっしてイネを作ることを諦《あきら》めなかった。どんなに打ちのめされても、どんなにつらい思いをしても、変わることなく次の年には種子をまき、イネの苗《なえ》を植えたのである。

励《はげ》まし合い、助け合いながら、日本人は災害を乗り越えイネを作り続けてきた。

おそらくは度重なる災害が、日本人の協調性をさらに磨《みが》き上げた。そして、その協調性によって、日本人は力を合わせて稲作を行ってきたのではないだろうかと思えるのである。

（稲垣栄洋《いながきひでひろ》「イネという不思議な植物」）

（注）＊新渡戸稲造《にとべいなぞう》＝日本の政治家。「日本最初の国際人」として多方面で活躍《かつやく》した人。
＊醸成《じょうせい》＝雰囲気《ふんいき》や考え方などを作り出すこと。　＊遭遇《そうぐう》＝思いがけず、めぐり合うこと。

問一　――ⓐ〜ⓓのカタカナを漢字に直し、漢字は読みをひらがなで答えなさい。

問二　「［A］」に当てはまる会話として最も適当なものを次の中から選びなさい。
ア　なぜ他の人とちがうようにできないの？　イ　どうして他の人と同じようにできないの？
ウ　どうしていつも他の人と同じなの？　エ　なぜ他の人と同じようにするの？

問三　――①「新渡戸稲造〜エピソード」について説明した次の文の（1）〜（3）に当てはまる言葉を、本文中からそれぞれ漢字二字でぬき出しなさい。

（　1　）的かつ（　2　）的に物事を考えるアメリカ人にとっては、二人の日本人女性が自分の気持ちをおさえても相手に（　3　）する行動は理解しがたい不思議なものに感じられたという、アメリカと日本の考え方のちがいを表す話である。

問四　――②「イネを作るときには、集団作業が不可欠である」とあるが、その集団作業が具体的に書かれている一文を二つさがし、最初の五字をそれぞれぬき出しなさい。

問五　「［X］」に入る四字熟語「我（　）引（　）」を（　）に漢字を一字ずつ入れて完成させなさい。

問六　――③「米は日本人〜のである。」の本文中での働きを説明したものとして、最も適当なものを次の中から選びなさい。
ア　日本人の性質を形成したのは、稲作《いなさく》だけではないということの理由を述べて、他の要因につなげる働き。
イ　日本の農業において例外的な地域を取り上げることで、稲作とは何かをさらにくわしく説明する働き。
ウ　日本文化における米の重要性を述べ、日本人の性質の根本的な部分に稲作が関わることを強調する働き。
エ　日本の自然環境《かんきょう》の中で稲作地が限定されることを述べることで、米が貴重なものであることを示す働き。

問七　――④「なおさらだろう」、⑤「なおさらである」の具体的な内容を「〜ということ。」に続くように、本文中から④は五字で、⑤は十三字でぬき出しなさい。

問八　――⑥「短期的には、〜知れない。」とあるが、長期的な視野で考えるならば何が重要なのか。本文中から五字以上七字以内でぬき出しなさい。

問九　筆者が文中で述べている「日本人の気質」とは何か。本文中から三字でぬき出しなさい。

問十　本文の内容に合うものを次の中から一つ選びなさい。
ア　幾度《いくど》となく自然災害を乗り越《こ》えてきた日本人だからこそ、東日本大震災《しんさい》の時の行列に耐《た》えられたといえる。
イ　毎年集団で稲作を行うことによって地域に連帯感が生まれ、災害時にも協力して配給を行うことができた。
ウ　協力の精神を持つ日本人が自然による被害《ひがい》に耐えても稲作をし続けたことで現在の日本があるといえる。
エ　個性を重視するアメリカの教育をまねた日本人は、個人で災害を防ぐことに重きを置くようになった。

［二］　次の文章を読んで、あとの問いに答えなさい。

卓球《たっきゅう》道場に所属《しょぞく》する「若菜《わかな》」は、道場の勝ち抜《ぬ》き戦に勝って中国行きを手にする。しかし、太一《たいち》くん（同級生の男子で道場の仲間）や周囲の人々が、自分ではなく「シーラ（＝アユ）」の中国行きを本当は望んでいたことを知り、中国行きをモモばあ（道場主でシーラの祖母）に断ろうと道場に向かう場面である。

あたしは家に帰ると、卓球道場に急いだ。
太一くんにもシーラにも会いたくないけど、一刻もはやく、中国行きを断りたかった。モモばあが、いるといいけど……。
ドアをあけると、カコンッと音がした。
「シーラ……」
めずらしい。シーラが一人で、サーブの練習をしている。
「あ、若菜！はやいナリね！」
顔をあげて、声をはずませていうシーラから、思わず［A］をそらした。
シーラなんて、もう友だちじゃない。
そう思った自分に①おどろき、悲しかった。
「ねぇ、ラリーしよっ」
シーラにいわれて、あたしは無言で卓球台の前に立った。
カコン、コン、カコン、コン……。
最初は、軽く打ち合った。
カン、カン、カン、カン。
だんだんと、球のスピードが速くなる。

あたしにとって、シーラはいつも特別だった。自由奔放《ほんぽう》で、卓球《たっきゅう》が上手で、あたしなんか、とてもかなわない……。シーラみたいに、なりたいと思っていた。

でも今は……。

シーラに、負けたくないっ！

パシュッ！

思い切り打った球が、ノーバウンドでシーラの手を直撃《ちょくげき》した。

「いたっ」

シーラの声で、②ハッと目がさめた。

あたしは体を折りⓐマゲて、卓球台に手をついた。朝からずっとがまんしてきた感情が、一気にふきだしてくる。もう、どうしていいかわからない。

「若菜《わかな》、だいじょーぶ？」

球が当たったのは自分なのに、シーラは走ってきて、あたしの目をのぞきこんだ。

スィッと、すいこまれそうになるほど、大きな目。

あたしは、シーラの目が好きだった。

ぱっちりとすんだ目は、魚めがねみたいに、世界をまぁるく映しだす。

世の中に、絶対なんてないのだと、あたしにいった。いつもビクビクしていたちっぽけなあたしに、可能性は無限だと、教えてくれた。

③あたしは一歩さがると、シーラを見つめた。

「シーラ、あたしと勝負して」

「え？」

シーラが、［B］をかしげる。

「しないなら、シーラとは絶交だから！」

目をまるくしているシーラをふりきって、あたしは卓球道場を飛び出した。夢中で走ると、息で目の前がくもった。

空から、白いものがチラチラと舞《ま》いおりてきた。

雪だ。

あたしは、てのひらにそれを受け止めて、ふわりと消えていくようすをながめた。

「若菜ちゃん」

気がつくと「＊タマチ」の前だった。店先のワゴンを片づけていた卓己《たくみ》さんが、声をかけてきた。

「中国行き、決まったんだって？すごいなぁ」

卓己さんは、うれしそうにⓑワラっている。

あたし、ヘンだ。やさしい言葉をかけられると、すぐに涙《なみだ》がでてくる。

「どうしたの？大丈夫《だいじょうぶ》？」

卓己さんが、眉《まゆ》をよせて心配そうな顔をした。

「寒いから、中に入ったら？紅茶でも飲まない？」

あたしは、上着も着ないまま飛びだしてきたことに気がついた。

「……はい」

奥《おく》の卓球台の横にある、パイプ椅子《いす》に座《すわ》った。卓己さんは、ミルクをたっぷり入れた紅茶を持ってきてくれた。ふわっと、甘《あま》いバニラのような香《かお》りがする。

「こんな日は、お店がひまでね」

両手でマグカップをⓒツツむと、じんわりとぬくもりが伝わってきた。太った猫《ねこ》が、のっそりと近づいてくる。ふわふわした真っ白い毛は雪のようで、あたしをなぐさめるように、体をこすりつけてきた。

凍《こお》りついていた心が、ことりと音を立ててとけ始めた。

「……みんなほんとうは、シーラに、中国へいってほしいんです」

すべり落ちるように、言葉がでてきた。

「そんなことないよ。若菜ちゃんは、がんばったんだもん」

卓己さんは、一口紅茶をすすった。

「ぼくさ、学生のとき、ずっと卓球をやってたんだ」

「卓己さんも？」

「ああ。でも、高校のとき、すごくうまいヤツがいてね。どうしても勝つことができなかった。それで、自分の限界を感じて、やめちゃったんだ」

「やめちゃった……んですか？」

あたしは、自分もやめたほうがいいといわれたようで、息をのんだ。
「でも、今思うと、なんでやめたんだろうって後悔《こうかい》している。別に、勝てなくてもよかったんだよ。好きだったんだから」
好き、だから？
「なんつーかさ、人生、やりたいことをできる期間って、意外と短いんだ。たとえばほら……、雪がとけるくらい、一瞬《いっしゅん》だったりする。だから、やれるときに、やっておいたほうがいい。後悔しないようにね」
たった十一年しか生きていないのに、人生なんていわれても、ピンとこない。
でも④卓己《たくみ》さんのいうことは、ストンと心に落ちていった。
「今は、趣味《しゅみ》で卓球《たっきゅう》をやってるけどね。でも、あんなふうに夢中になって、がむしゃらにやることは、もうないんだろうな。みんなが、うらやましいよ」
紅茶から立ち上る湯気《ゆげ》の向こうにいる卓己さんは、遠い世界の人みたいだった。
「にゃあ」という猫《ねこ》の鳴き声に、ハッとした。あたしはお礼をいって、もう一度卓球道場にもどった。
中に入ると、もう数人きていた。とまどうような視線で、あたしを見ている。奥《おく》では、シーラが一心不乱に素《す》ぶりをしていた。
「藤沢若菜《ふじさわわかな》、ちょっとこい」
モモばあに呼ばれて、あたしは事務所にいった。
ドアをしめると、モモばあはゆっくりとふりむいた。なんだかちょっと、年ⓓオいてしまったように見える。
「アユが、挑戦状《ちょうせんじょう》を書いた」
「シーラが……!?」
あたしと勝負して、とはいったけど、ほんとうに決闘《けっとう》を申し入れたときいて、おどろいた。
「試合は、二週間後だ」
「二週間後？」
「ああ、アユがはじめて、わたしに『教えてほしい』といったんだよ」
⑤モモばあの目が、きらりと光った。
「やっぱり、アユを本気にさせたね」
――アユを本気にさせるのは、あんたかもしれないね。
以前モモばあは、そういった。
そのときは、あたしみたいに下手《へた》で才能もない人間に、何をいってるんだろうと思っていた……。
モモばあは、全日本チャンピオンだったのに、志《こころざし》半《なか》ばで引退してしまった。でも、シーラを無理やり選手にすることは、決してしなかった。自分の道は、自分で決めるべきだという、信念があったからだ。
「あの子が、自分で人生を切り開こうとしているなら、わたしは協力してやろうと思う。本来なら、わたしが教えるべきではないのだが……、もしよければ」
いつもの、命令口調のモモばあじゃない。孫を心の底から思っている、おばあさんの姿だ。このときを、根気よく待ち続けていたのかもしれない。
⑥あたしは何もいうことができず、だまってうなずいた。
「ありがとうよ」
モモばあは、静かに目頭《めがしら》をおさえた。
「でもあたし……、負けませんから！」
きっぱりいうと、
「あたり前だ」
にやっとわらったモモばあは、やっといつもの顔にもどった。

（工藤純子《くどうじゅんこ》「ピンポン空へ」）

（注）＊タマチ＝卓球専門店。「卓己」さんはその店の人。

問一 ══ⓐ～ⓓのカタカナを漢字に直しなさい。

問二 [A]・[B]に入る身体の部位を表す語を、それぞれ漢字一字で答えなさい。

問三 ――①「おどろき、悲しかった」のはなぜか。本文中の言葉を使って五十字以内で答えなさい。

問四 ――②「ハッと目がさめた」とあるが、このときの「若菜」について説明したものとして最も適当なものを次の中から選びなさい。

ア シーラとラリーを続けるうちに、シーラの卓球の技術に感心して、中国行きをゆずらなければならないと考えた。
イ シーラとラリーを続けているうちに、シーラにはかなわないと思う気持ちが突然《とつぜん》あふれ、自己嫌悪《じこけんお》におちいった。
ウ シーラとラリーを続ける中で、今までのシーラにあこがれていた気持ちがふき飛び、憎《にく》しみへと変わっていった。
エ シーラとラリーを続けているときに、シーラへの競争心がわき上がり、おさえていた自分の本音に気が付いた。

問五 ——③「あたしは一歩さがると、シーラを見つめた」とあるが、「若菜《わかな》」のどのような態度を表現しているのか。その説明として最も適当なものを次の中から選びなさい。

ア あえて実際の距離《きょり》をとることで、今までのシーラとの関係を見直して、シーラから精神的に自立することを決意した態度。

イ 一歩下がってシーラを見つめることで、今の二人の状況《じょうきょう》を冷静に観察し、今後自分の進むべき方向を見つけようとする態度。

ウ 自分の可能性を伸《の》ばすために、シーラから離れることを決め、その思いを一歩下がることでシーラに伝えようとする態度。

エ 自分と勝負をしてほしいという気持ちが本気であることをシーラに伝えるために、一歩下がり姿勢を正した改まった態度。

問六 ——④「卓己《たくみ》さんのいうこと」とあるが、「卓己さん」が「若菜」に一番伝えたいことを本文中の言葉を使って四十字以内で答えなさい。

問七 ——⑤「モモばあの目が、きらりと光った」とあるが、このときの「モモばあ」の気持ちとして最も適当なものを次の中から選びなさい。

ア アユ（＝シーラ）に期待しながらもやる気を見せない彼女《かのじょ》に対し失望していたが、今では見直す気持ちが生まれている。

イ アユ（＝シーラ）が卓球《たっきゅう》に本気で取り組む姿勢を見せたことに対して、自分の予想した通りになったと満足している。

ウ アユ（＝シーラ）の突然《とつぜん》の変化にとまどいながらも、自分の指導で必ず成長させなければと責任を感じ、意気込《こ》んでいる。

エ アユ（＝シーラ）は自分を超《こ》える能力の持ち主だと感じつつも、積極的に取り組まない彼女にもどかしさを感じている。

問八 ——⑥「あたしは何もいうことができず、だまってうなずいた」とあるが、その理由として最も適当なものを次の中から選びなさい。

ア 普段《ふだん》は厳しいモモばあの、孫娘の将来を心配しつつ才能に期待するという愛情に満ちた様子に気づいたから。

イ 普段は命令の多いモモばあが、孫娘には遠慮《えんりょ》をして特別な扱《あつか》いをしていることに気がついて失望したから。

ウ 普段は優しいモモばあが、自分の過去にこだわって、孫娘への指導をためらっていることがわかったから。

エ 普段はこわいモモばあの、孫娘の行動に一喜一憂《いちゆう》し、指導を求められて喜びを隠《かく》せない様子を感じたから。

問九 本文の内容や表現について述べたものとして**適当でない**ものを次の中から一つ選びなさい。

ア 短い会話を重ねていくことで、場面に臨場感《りんじょうかん》を持たせ、物語をテンポよく順調に展開させている。

イ 主人公の目線を通した場面描写《びょうしゃ》によって、変化していく主人公の様子がリアルに描《えが》かれている。

ウ 登場人物の個性豊かな様子が会話などを通して描かれ、読者に親近感を持たせる描写になっている。

エ 現在から過去へ時間をさかのぼる形をとることで、登場人物の心情を様々な角度から表現している。

三 ①～⑤は部首をつけると別の漢字になる。共通してつく部首名をア～カの中からそれぞれ選びなさい。（ただし、同じ記号を二回以上使ってはいけません。）

① 二・主・木
② 反・刀・貴
③ 余・完・章
④ 火・多・少
⑤ 先・毎・由

ア さんずい
イ こざとへん
ウ しんにょう（しんにゅう）
エ うかんむり
オ にんべん
カ のぎへん

四 ①～⑤の文中の——を敬語に直したものをア～オの中からそれぞれ選びなさい。（ただし、同じ記号を二回以上使ってはいけません。）

① 明日、先生が家庭訪問に来る。
② 部長、この仕事は私がする。
③ 私が社長に会う。
④ お客様が食べる。
⑤ 父が、そのように言う。

ア めしあがる
イ いらっしゃる
ウ お目にかかる
エ いたします
オ 申しています

算　　数

（50分）

1　次の計算をしなさい。

(1)　$120-24$

(2)　$63.3+16.8$

(3)　$54-36\div 6$

(4)　$\dfrac{2}{3}+\dfrac{1}{4}-\dfrac{1}{6}$

(5)　$6\div\dfrac{2}{3}\div 15$

(6)　$(16+48)\div 8-3\times 2$

(7)　$0.73\times 98+0.73\times 2$

(8)　$\left(3.2-\dfrac{4}{5}\right)\div 0.9$

2　次の□にあてはまる数を書き入れなさい。

(1)　縮尺500分の1の地図で12 cmの長さは，実際には□mです。

(2)　中学1年生150人のうち，犬を飼っている生徒の人数は中学1年生全体の14％でした。犬を飼っている生徒は□人です。

(3)　みかんとりんごがあわせて26個あります。みかんの個数はりんごの個数の3倍より2個少ないです。みかんは□個あります。

(4)　妹が分速60 mで家を出発しました。その12分後に，姉が家を分速140 mで出発し，妹を追いかけました。姉は家を出発してから□分後に，妹に追いつきます。

(5)　あるクラスの生徒の人数は30人です。クラス全員に100点満点のテストを行った結果，男子の平均点が85点，女子の平均点が82点，クラス全体の平均点が83.4点でした。このクラスの男子の人数は□人です。

(6)　みのる君とはな子さんは，おはじきを2人で余りなく分けました。みのる君は全体の$\dfrac{1}{2}$より8個多く受け取り，はな子さんは全体の$\dfrac{1}{3}$より14個多く受け取りました。みのる君の受け取ったおはじきは□個です。

(7)　右の図は，半径4 cmの円と半径2 cmの半円を組み合わせた図形です。しゃ線部分の面積は□cm^2です。ただし，円周率は3.14とします。

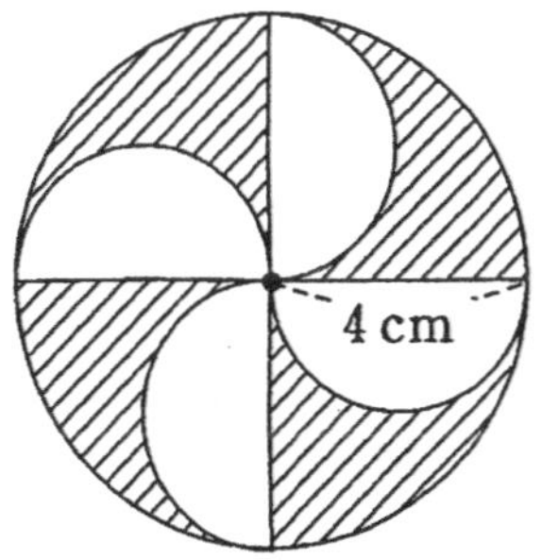

(8)　右の図のように正三角形を折り返しました。角㋐の大きさは□°です。

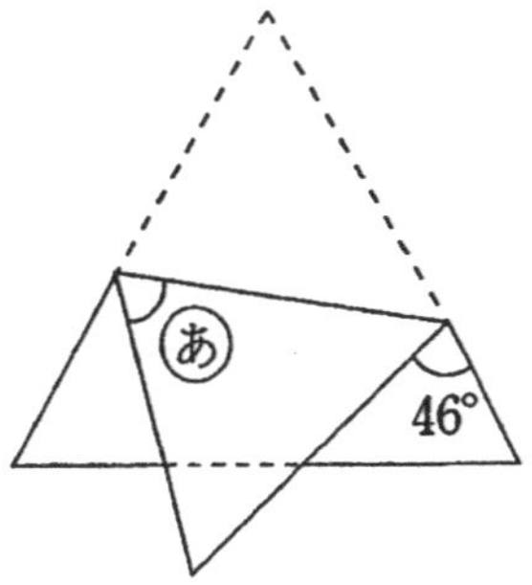

（問題は次のページに続きます。）

3 【表1】は，1パック1000 mLの牛乳パックに印刷されている200 mLあたりの栄養成分をまとめたものです。
次の問いに答えなさい。

【表1】牛乳

栄養成分（200mLあたり）	
たんぱく質	6.9 g
脂質《ししつ》	8.0 g
糖質	10.0 g

(1) 1パック1000 mLの牛乳にふくまれるたんぱく質は何gですか。

(2) 牛乳とコーヒーと砂糖を混ぜて1000 mLのコーヒー牛乳を作ったところ，【表2】のような栄養成分になりました。

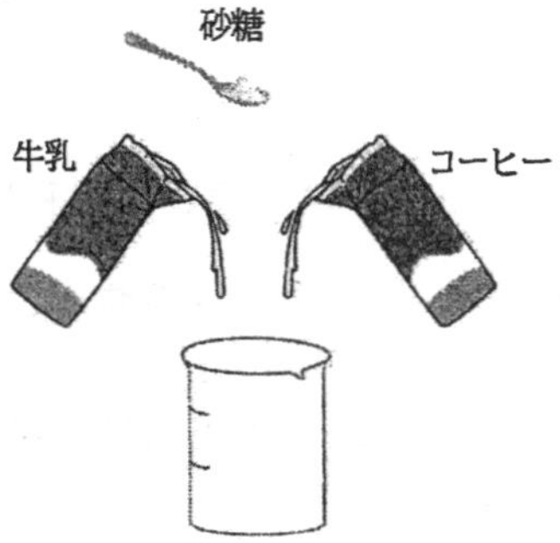

① 1000 mLのコーヒー牛乳を作るのに牛乳を何mL使いましたか。ただし，牛乳とコーヒーと砂糖のうち，脂質をふくんでいるのは牛乳だけです。

【表2】コーヒー牛乳

栄養成分（200mLあたり）	
たんぱく質	2.3 g
脂質	2.4 g
糖質	17.2 g

② 1000 mLのコーヒー牛乳を作るのに砂糖を何g使いましたか。ただし，牛乳とコーヒーと砂糖のうち，糖質をふくんでいるのは牛乳と砂糖だけです。また，砂糖1gは糖質1gとして考えなさい。

4 【図1】のような底面がたて20 cm，横45 cmの長方形で，高さが40 cmの直方体の形をした水そうと【図2】のような底面が1辺10 cmの正方形で，高さが50 cmの直方体の形をした金属の棒があります。次の問いに答えなさい。

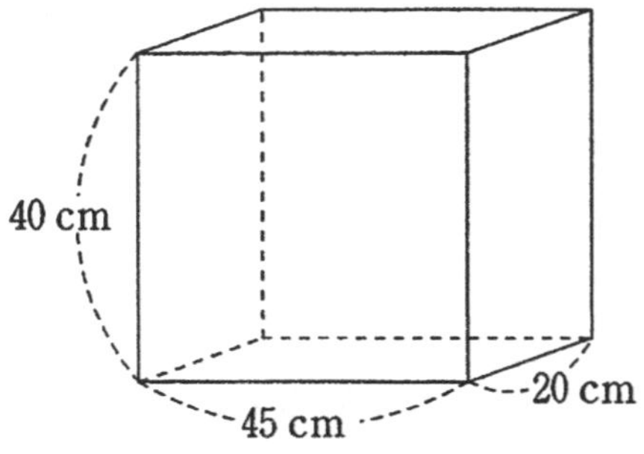

【図1】

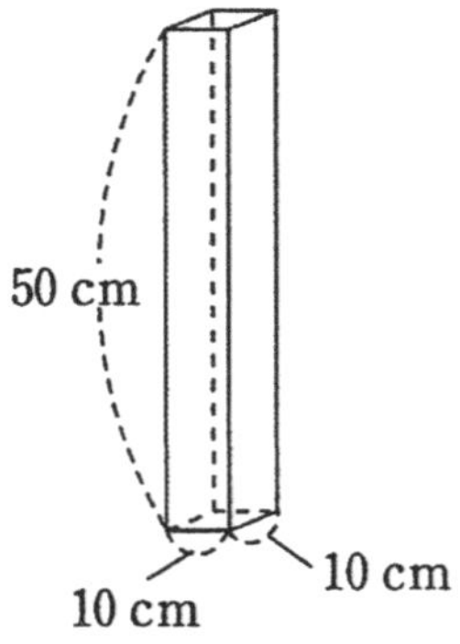

【図2】

(1) 水そうの容積は何cm^3ですか。

(2) 水そうに水を34200 cm^3入れます。さらに，【図3】のように，金属の棒をまっすぐに立てて水そうが満水になるまで入れます。金属の棒を水そうの底から何cmのところまで入れましたか。

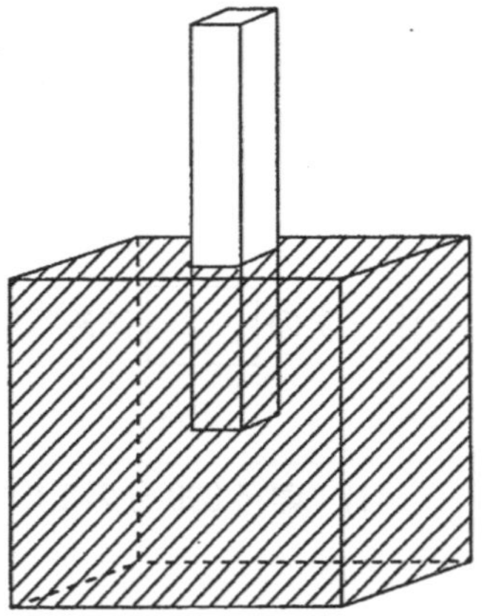
【図3】

(3) 水そうの中を空にして，【図4】のように，金属の棒をまっすぐに立てて底がつくまで入れます。さらに，水面の高さが27 cmになるまで水を入れます。水そうから金属の棒を取り出したとき，水面の高さは何cm下がりますか。

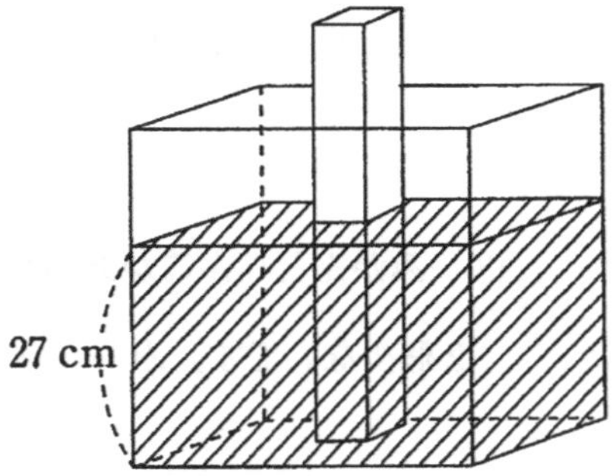

【図4】

（問題は次のページに続きます。）

[5] みのる君とはな子さんは次のゲームについて話しています。
＜ゲームの説明＞と会話文を読んで，次の問いに答えなさい。

＜ゲームの説明＞

○ ゲームの内容

1階にいる人が，各階に1本ずつかけているはしごを登って，25階にある宝箱をめざします。

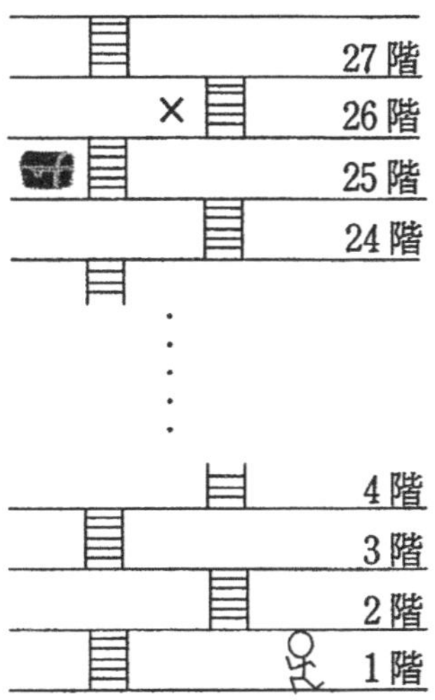

○ ゲームの進め方

手順①～③を1回の操作として，操作を何回かくり返します。

手順① [2][3][4][5]の4枚のカードの中から同時に2枚のカードを引きます。

手順② 手順①で引いた2枚のカードに書かれた2つの数字の最小公倍数を求めます。

手順③ 手順②で求めた数だけ上の階へ進みます。

○ 宝箱を手に入れるための条件

25階にぴったりたどり着いた場合は，宝箱を手に入れることができます。
25階を通りすぎて上の階にたどり着いた場合は，宝箱を手に入れることができません。

みのる：最初に，[2]と[3]の2枚のカードを引いたら，最小公倍数は6だね。
1階にいる人は，はしごを6本登り，7階まで進めるね。

はな子：次に[2]と[4]の2枚のカードを引いたら，最小公倍数は[ア]だね。
7階にいる人は，[イ]階まで進めるね。

みのる：宝箱を手に入れるには，どうしたらいいのかな。

はな子：1階にいる人を25階まで進めるには，はしごを[ウ]本登ればいいね。

みのる：1回の操作では25階までたどり着かないから，2回の操作で25階にたどり着く方法を考えてみよう。

(1) ＜ゲームの説明＞の手順①のカードの引き方は全部で何通りありますか。
ただし，[2]と[3]の2枚のカードを引いたときと，[3]と[2]の2枚のカードを引いたときは同じ1通りの引き方と考えます。

(2) 会話文の[ア]～[ウ]にあてはまる数を答えなさい。

(3) 2回の操作で宝箱を手に入れる方法は全部で何通りありますか。

（問題はこれで終わりです。）

就実中学校

R6 1期・2教科型（特進アドバンス）

国語解答用紙

一

問一 ⓐ ⓑ ⓒ ⓓ

問二

問三 1 2 3

問四 ・ ・

問五 我 引

問六

問七 ④ ということ。 ⑤ ということ。

問八

問九

問十

問一．２点×４
問二．２点
問三．２点×３
問四．２点×２
問五．３点
問六．３点
問七．３点×２
問八．３点
問九．３点
問十．３点

二

問一 ⓐ ⓑ ⓒ ⓓ

問二 A B

問三 50

問四

問五

問六 40

問七

問八

問九

問一．２点×４
問二．２点×２
問三．７点
問四．３点
問五．３点
問六．５点
問七．３点
問八．３点
問九．３点

三

① ② ③ ④ ⑤

２点×５

四

① ② ③ ④ ⑤

２点×５

受験番号

※100点満点

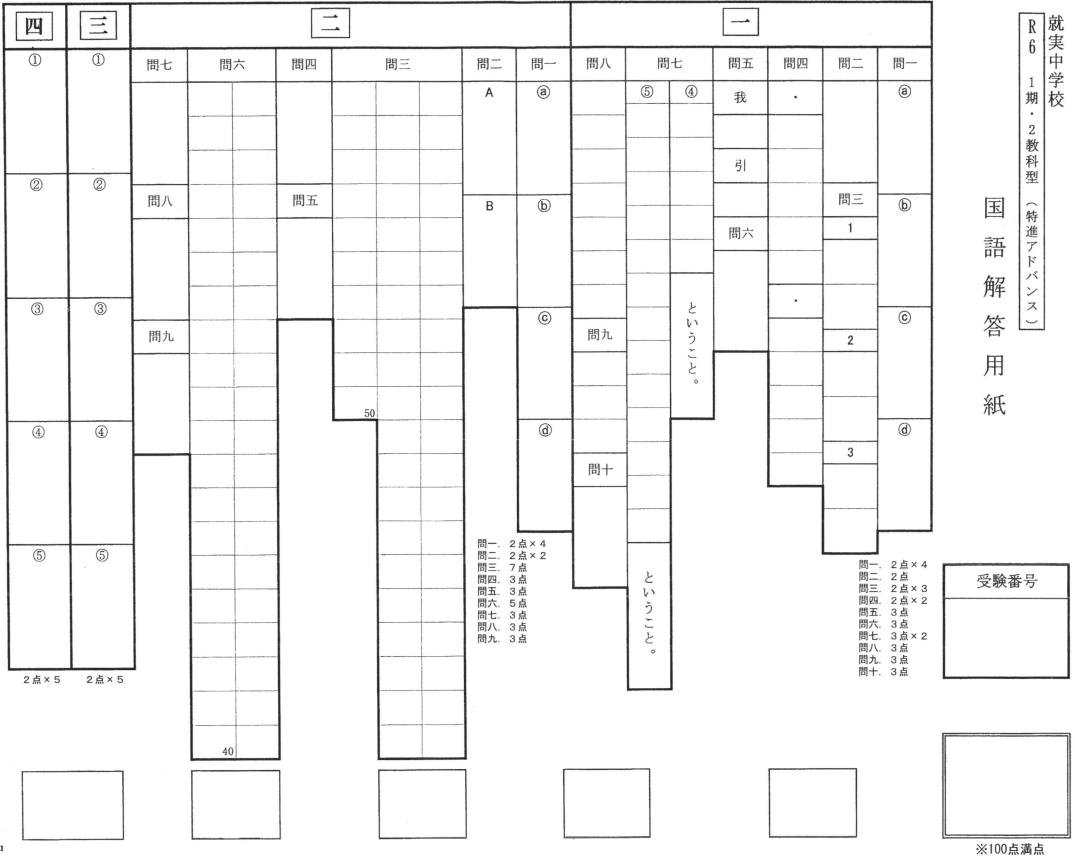

R６　１期・２教科型（特進アドバンス）

就実中学校

算数解答用紙

1

３点×８

(1)		(2)	
(3)		(4)	
(5)		(6)	
(7)		(8)	

2

(1)〜(4)(7)(8) ３点×６　(5)(6) ４点×２

(1)	m	(2)	人
(3)	個	(4)	分後
(5)	人	(6)	個
(7)	cm^2	(8)	°

3

(1) ５点　(2)① ５点　② ６点

(1)		g		
(2)	①	mL	②	g

4

(1) ５点　(2) ６点　(3) ６点

(1)	cm^3	(2)	cm
(3)	cm		

5

(1) ５点　(2) ２点×３　(3) ６点

(1)		通り				
(2)	ア		イ		ウ	
(3)		通り				

受験番号

※100点満点

R6 1期・2教科型(未来創造)

国語

就実中学校

◎答えはすべて解答用紙に記入しなさい。
◎記号で答えられるものは、すべて記号で答えなさい。
◎句読点「、」や「。」などの記号も一字に数えます。

一 次の文章を読んで、あとの問いに答えなさい。

個性を重視する欧米《おうべい》では、子どもたちはこう言われて育つ。「あなたの他の人と違《ちが》うところはどこなの?」

これに対して、日本の子どもたちはこう言われる。「 A 」

日本では、①他の人と同じであることが必要以上に求められるのである。

あるいは、＊新渡戸稲造《にとべいなぞう》の『武士道』の中で、アメリカ人の新渡戸稲造の妻が驚《おどろ》いたエピソードが出てくる。

暑い日、日本人の女性二人が道ばたで出会う。一人は日傘《ひがさ》をさしている。もう一人は日傘を持っていない。すると、日傘をさしていた女性は炎天《えんてん》の下で、日傘をⓐトじたのである。

自分だけ、涼《すず》しい思いをするのは悪い、という日本人にはごく当たり前の感覚だが、アメリカ人の新渡戸稲造の妻には、それが不思議だったという。

傘が大きければ、二人で日傘の下に入れば合理的である。たとえ、一人しか入れなかったとしても二人で暑い思いをするよりは、日傘をさしている人だけでも日蔭《ひかげ》に入った方が効率的だ。しかし、二人で暑さを分かちあう、それが日本人なのである。

自分の意見を押《お》し殺しても集団に同調しようとする。しかし一方で協調性を重んじ、集団で力を合わせて行動をすることに長《た》けている。

こうした日本人の気質は、水田稲作《いなさく》によって育《はく》まれてきたと指摘《してき》されている。

②イネを作るときには、集団作業が不可欠である。

すべての田んぼは水路でつながっているから、自分の田んぼだけ勝手に水を引くことはできない。水路を引き、水路を管理することも共同で行わなければならないのだ。そして、自分の都合のいいように勝手なことをすることは、自分の田んぼだけに水を引く意味の「 X 」と言われて批判されてきた。

さらにイネの栽培《さいばい》も手がかかるので一人ではできない。特に田植えは多大な労働力を必要とする。みんなで並んで揃《そろ》って田植えをする必要がある。そのため、村中総出で協力しあって作業をしてきた。

力を合わせなければ行うことができない。こうした稲作の特徴《とくちょう》が協調性や集団行動を重んじる日本人の国民性の基《もと》にあると考えられているのである。

日本人特有の気質の大きな要因は「稲作」にあると指摘されている。しかし、他人を思いやり、協力し合う日本人の協調性を作り上げてきたのは、稲作ばかりではないだろう。

③米は日本人にとって重要な食糧《しょくりょう》ではあったが、日本を見渡《みわた》せば水がなく田んぼを拓《ひら》くことのできない地域もたくさんあったのである。

私は日本人の気質を＊醸成《じょうせい》してきたものとして、稲作と共に、度重《たびかさ》なる災害があったのだと思う。

日本は世界でも稀《まれ》に見る天災の多い国である。日本人は長い歴史の中で幾《いく》たびもの自然災害に＊遭遇《そうぐう》し、それを乗り越《こ》えてきた。

科学技術が発達した二一世紀の現在であっても、私たちは災害を避《さ》けることはできない。

毎年のように日本のどこかで水害があり、毎年のように日本のどこかで地震《じしん》の被害《ひがい》がある。防災技術の進んだ現在でもこれだけの被害があるのだから、防災ⓑセツビや予測技術がなかった昔の日本であれば④なおさらだろう。

長い歴史の中で、日本人にとって災害を乗り越えるのに必要なことは何だったのだろう。それこそが、力を合わせ、助け合うという協調性だったのではないだろうか。

東日本大震災《しんさい》のときに、日本人はパニックを起こすことなく、秩序《ちつじょ》を保ちながら長い行列を作った。そして、被災者どうしが思いやり、助け合いながら、ⓒコンナンを乗り越えたのである。その冷静沈着《ちんちゃく》で品格ある日本人の態度と行動は、世界から賞賛された。

災害のときに、もっとも大切なことは助け合うことである。人は一人では生きていけない。ましてや災害の非常時には⑤なおさらである。⑥短期的には、自分さえ良ければと利己的に振《ふ》る舞《ま》うことが有利かも知れない。しかし、大きな災害を乗り越えるためには、助け合うことが欠かせない。

くりかえされる自然災害の中で助け合うことのできる人は助かり、助け合うことのできる村は永続していったのだろう。そして、世界が賞賛するような、協力し合って災害を乗り越える日本人が作られたのである。

もちろん、水田をⓓ復興し、イネを作るためにも力を合わせなければならない。

日本の人たちは、水害で田んぼが沈《しず》んでも、冷害でイネが枯《か》れても、地震で田んぼがひび割れても、けっしてイネを作ることを諦《あきら》めなかった。どんなに打ちのめされても、どんなにつらい思いをしても、変わることなく次の年には種子をまき、イネの苗《なえ》を植えたのである。

励《はげ》まし合い、助け合いながら、日本人は災害を乗り越えイネを作り続けてきた。

おそらくは度重なる災害が、日本人の協調性をさらに磨《みが》き上げた。そして、その協調性によって、日本人は力を合わせて稲作を行ってきたのではないだろうかと思えるのである。

（稲垣栄洋《いながきひでひろ》「イネという不思議な植物」）

（注）＊新渡戸稲造《にとべいなぞう》＝日本の政治家。「日本最初の国際人」として多方面で活躍《かつやく》した人。
＊醸成《じょうせい》＝雰囲気《ふんいき》や考え方などを作り出すこと。　＊遭遇《そうぐう》＝思いがけず、めぐり合うこと。

問一　──ⓐ～ⓓのカタカナを漢字に直し、漢字は読みをひらがなで答えなさい。

問二　「[A]」に当てはまる会話として最も適当なものを次の中から選びなさい。
ア　なぜ他の人とちがうようにできないの？　イ　どうして他の人と同じようにできないの？
ウ　どうしていつも他の人と同じなの？　エ　なぜ他の人と同じようにするの？

問三　──①「新渡戸稲造～エピソード」について説明した次の文の（1）～（3）に当てはまる言葉を、本文中からそれぞれ漢字二字でぬき出しなさい。

（　1　）的かつ（　2　）的に物事を考えるアメリカ人にとっては、二人の日本人女性が自分の気持ちをおさえても相手に（　3　）する行動は理解しがたい不思議なものに感じられたという、アメリカと日本の考え方のちがいを表す話である。

問四　──②「イネを作るときには、集団作業が不可欠である」とあるが、その集団作業が具体的に書かれている一文を二つさがし、最初の五字をそれぞれぬき出しなさい。

問五　「[X]」に入る四字熟語「我（　）引（　）」を（　　）に漢字を一字ずつ入れて完成させなさい。

問六　──③「米は日本人～のである。」の本文中での働きを説明したものとして、最も適当なものを次の中から選びなさい。
ア　日本人の性質を形成したのは、稲作《いなさく》だけではないということの理由を述べて、他の要因につなげる働き。
イ　日本の農業において例外的な地域を取り上げることで、稲作とは何かをさらにくわしく説明する働き。
ウ　日本文化における米の重要性を述べ、日本人の性質の根本的な部分に稲作が関わることを強調する働き。
エ　日本の自然環境《かんきょう》の中で稲作地が限定されることを述べることで、米が貴重なものであることを示す働き。

問七　──④「なおさらだろう」、⑤「なおさらである」の具体的な内容を「～ということ。」に続くように、本文中から④は五字で、⑤は十三字でぬき出しなさい。

問八　──⑥「短期的には、～知れない。」とあるが、長期的な視野で考えるならば何が重要なのか。本文中から五字以上七字以内でぬき出しなさい。

問九　筆者が文中で述べている「日本人の気質」とは何か。本文中から三字でぬき出しなさい。

問十　本文の内容に合うものを次の中から一つ選びなさい。
ア　幾度《いくど》となく自然災害を乗り越《こ》えてきた日本人だからこそ、東日本大震災《しんさい》の時の行列に耐《た》えられたといえる。
イ　毎年集団で稲作を行うことによって地域に連帯感が生まれ、災害時にも協力して配給を行うことができた。
ウ　協力の精神を持つ日本人が自然による被害《ひがい》に耐えても稲作をし続けたことで現在の日本があるといえる。
エ　個性を重視するアメリカの教育をまねた日本人は、個人で災害を防ぐことに重きを置くようになった。

[二]　次の文章を読んで、あとの問いに答えなさい。
卓球《たっきゅう》道場に所属《しょぞく》する「若菜《わかな》」は、道場の勝ち抜《ぬ》き戦に勝って中国行きを手にする。しかし、太一《たいち》くん（同級生の男子で道場の仲間）や周囲の人々が、自分ではなく「シーラ（＝アユ）」の中国行きを本当は望んでいたことを知り、中国行きをモモばあ（道場主でシーラの祖母）に断ろうと道場に向かう場面である。

あたしは家に帰ると、卓球道場に急いだ。
太一くんにもシーラにも会いたくないけど、一刻もはやく、中国行きを断りたかった。モモばあが、いるといいけど……。
ドアをあけると、カコンッと音がした。
「シーラ……」
めずらしい。シーラが一人で、サーブの練習をしている。
「あ、若菜！はやいナリね！」
顔をあげて、声をはずませていうシーラから、思わず[A]をそらした。
シーラなんて、もう友だちじゃない。
①そう思った自分におどろき、悲しかった。
「ねぇ、ラリーしよっ」
シーラにいわれて、あたしは無言で卓球台の前に立った。
カコン、コン、カコン、コン……。
最初は、軽く打ち合った。
カン、カン、カン、カン。
だんだんと、球のスピードが速くなる。

あたしにとって、シーラはいつも特別だった。自由奔放《ほんぽう》で、卓球《たっきゅう》が上手で、あたしなんか、とてもかなわない……。シーラみたいに、なりたいと思っていた。

でも今は……。

シーラに、負けたくないっ！

パシュッ！

思い切り打った球が、ノーバウンドでシーラの手を直撃《ちょくげき》した。

「いたっ」

シーラの声で、②ハッと目がさめた。

あたしは体を折りⓐマゲて、卓球台に手をついた。朝からずっとがまんしてきた感情が、一気にふきだしてくる。もう、どうしていいかわからない。

「若菜《わかな》、だいじょーぶ？」

球が当たったのは自分なのに、シーラは走ってきて、あたしの目をのぞきこんだ。

スィッと、すいこまれそうになるほど、大きな目。

あたしは、シーラの目が好きだった。

ぱっちりとすんだ目は、魚めがねみたいに、世界をまぁるく映しだす。

世の中に、絶対なんてないのだと、あたしにいった。いつもビクビクしていたちっぽけなあたしに、可能性は無限だと、教えてくれた。

③あたしは一歩さがると、シーラを見つめた。

「シーラ、あたしと勝負して」

「え？」

シーラが、［B］をかしげる。

「しないなら、シーラとは絶交だから！」

目をまるくしているシーラをふりきって、あたしは卓球道場を飛び出した。夢中で走ると、息で目の前がくもった。

空から、白いものがチラチラと舞《ま》いおりてきた。

雪だ。

あたしは、てのひらにそれを受け止めて、ふわりと消えていくようすをながめた。

「若菜ちゃん」

気がつくと「タマチ*」の前だった。店先のワゴンを片づけていた卓己《たくみ》さんが、声をかけてきた。

「中国行き、決まったんだって？すごいなぁ」

卓己さんは、うれしそうにⓑワラっている。

あたし、ヘンだ。やさしい言葉をかけられると、すぐに涙《なみだ》がでてくる。

「どうしたの？大丈夫《だいじょうぶ》？」

卓己さんが、眉《まゆ》をよせて心配そうな顔をした。

「寒いから、中に入ったら？紅茶でも飲まない？」

あたしは、上着も着ないまま飛びだしてきたことに気がついた。

「……はい」

奥《おく》の卓球台の横にある、パイプ椅子《いす》に座《すわ》った。卓己さんは、ミルクをたっぷり入れた紅茶を持ってきてくれた。ふわっと、甘《あま》いバニラのような香《かお》りがする。

「こんな日は、お店がひまでね」

両手でマグカップをⓒツツむと、じんわりとぬくもりが伝わってきた。太った猫《ねこ》が、のっそりと近づいてくる。ふわふわした真っ白い毛は雪のようで、あたしをなぐさめるように、体をこすりつけてきた。

凍《こお》りついていた心が、ことりと音を立ててとけ始めた。

「……みんなほんとうは、シーラに、中国へいってほしいんです」

すべり落ちるように、言葉がでてきた。

「そんなことないよ。若菜ちゃんは、がんばったんだもん」

卓己さんは、一口紅茶をすすった。

「ぼくさ、学生のとき、ずっと卓球をやってたんだ」

「卓己さんも？」

「ああ。でも、高校のとき、すごくうまいヤツがいてね。どうしても勝つことができなかった。それで、自分の限界を感じて、やめちゃったんだ」

「やめちゃった……んですか？」

あたしは、自分もやめたほうがいいといわれたようで、息をのんだ。

「でも、今思うと、なんでやめたんだろうって後悔《こうかい》している。別に、勝てなくてもよかったんだよ。好きだったんだから」

好き、だから？

「なんつーかさ、人生、やりたいことをできる期間って、意外と短いんだ。たとえばほら……、雪がとけるくらい、一瞬《いっしゅん》だったりする。だから、やれるときに、やっておいたほうがいい。後悔しないようにね」

たった十一年しか生きていないのに、人生なんていわれても、ピンとこない。

でも④卓己《たくみ》さんのいうことは、ストンと心に落ちていった。

「今は、趣味《しゅみ》で卓球《たっきゅう》をやってるけどね。でも、あんなふうに夢中になって、がむしゃらにやることは、もうないんだろうな。みんなが、うらやましいよ」

紅茶から立ち上る湯気《ゆげ》の向こうにいる卓己さんは、遠い世界の人みたいだった。

「にゃあ」という猫《ねこ》の鳴き声に、ハッとした。あたしはお礼をいって、もう一度卓球道場にもどった。

中に入ると、もう数人きていた。とまどうような視線で、あたしを見ている。奥《おく》では、シーラが一心不乱に素《す》ぶりをしていた。

「藤沢若菜《ふじさわわかな》、ちょっとこい」

モモばあに呼ばれて、あたしは事務所にいった。

ドアをしめると、モモばあはゆっくりとふりむいた。なんだかちょっと、年ⓓオいてしまったように見える。

「アユが、挑戦状《ちょうせんじょう》を書いた」

「シーラが……⁉」

あたしと勝負して、とはいったけど、ほんとうに決闘《けっとう》を申し入れたときいて、おどろいた。

「試合は、二週間後だ」

「二週間後？」

「ああ、アユがはじめて、わたしに『教えてほしい』といったんだよ」

⑤モモばあの目が、きらりと光った。

「やっぱり、アユを本気にさせるのは、あんただったね」

——アユを本気にさせるのは、あんたかもしれないね。

以前モモばあは、そういった。

そのときは、あたしみたいに下手《へた》で才能もない人間に、何をいってるんだろうと思っていた……。

モモばあは、全日本チャンピオンだったのに、志《こころざし》半《なか》ばで引退してしまった。でも、シーラを無理やり選手にすることは、決してしなかった。自分の道は、自分で決めるべきだという、信念があったからだ。

「あの子が、自分で人生を切り開こうとしているなら、わたしは協力してやろうと思う。本来なら、わたしが教えるべきではないのだが……、もしよければ」

いつもの、命令口調のモモばあじゃない。孫を心の底から思っている、おばあさんの姿だ。このときを、根気よく待ち続けていたのかもしれない。

⑥あたしは何もいうことができず、だまってうなずいた。

「ありがとうよ」

モモばあは、静かに目頭《めがしら》をおさえた。

「でもあたし……、負けませんから！」

きっぱりいうと、

「あたり前だ」

にやっとわらったモモばあは、やっといつもの顔にもどった。

（工藤純子《くどうじゅんこ》「ピンポン空へ」）

（注）＊タマチ＝卓球専門店。「卓己」さんはその店の人。

問一　——ⓐ〜ⓓのカタカナを漢字に直しなさい。

問二　［A］・［B］に入る身体の部位を表す語を、それぞれ漢字一字で答えなさい。

問三　——①「おどろき、悲しかった」のはなぜか。本文中の言葉を使って五十字以内で答えなさい。

問四　——②「ハッと目がさめた」とあるが、このときの「若菜」について説明したものとして最も適当なものを次の中から選びなさい。

ア　シーラとラリーを続けるうちに、シーラの卓球の技術に感心して、中国行きをゆずらなければならないと考えた。

イ　シーラとラリーを続けているうちに、シーラにはかなわないと思う気持ちが突然《とつぜん》あふれ、自己嫌悪《じこけんお》におちいった。

ウ　シーラとラリーを続ける中で、今までのシーラにあこがれていた気持ちがふき飛び、憎《にく》しみへと変わっていった。

エ　シーラとラリーを続けているときに、シーラへの競争心がわき上がり、おさえていた自分の本音に気が付いた。

問五　――③「あたしは一歩さがると、シーラを見つめた」とあるが、「若菜《わかな》」のどのような態度を表現しているのか。その説明として最も適当なものを次の中から選びなさい。

ア　あえて実際の距離《きょり》をとることで、今までのシーラとの関係を見直して、シーラから精神的に自立することを決意した態度。
イ　一歩下がってシーラを見つめることで、今の二人の状況《じょうきょう》を冷静に観察し、今後自分の進むべき方向を見つけようとする態度。
ウ　自分の可能性を伸《の》ばすために、シーラから離れることを決め、その思いを一歩下がることでシーラに伝えようとする態度。
エ　自分と勝負をしてほしいという気持ちが本気であることをシーラに伝えるために、一歩下がり姿勢を正した改まった態度。

問六　――④「卓己《たくみ》さんのいうこと」とあるが、「卓己さん」が「若菜」に一番伝えたいことを本文中の言葉を使って四十字以内で答えなさい。

問七　――⑤「モモばあの目が、きらりと光った」とあるが、このときの「モモばあ」の気持ちとして最も適当なものを次の中から選びなさい。

ア　アユ（＝シーラ）に期待しながらもやる気を見せない彼女《かのじょ》に対し失望していたが、今では見直す気持ちが生まれている。
イ　アユ（＝シーラ）が卓球《たっきゅう》に本気で取り組む姿勢を見せたことに対して、自分の予想した通りになったと満足している。
ウ　アユ（＝シーラ）の突然《とつぜん》の変化にとまどいながらも、自分の指導で必ず成長させなければと責任を感じ、意気込《こ》んでいる。
エ　アユ（＝シーラ）は自分を超《こ》える能力の持ち主だと感じつつも、積極的に取り組まない彼女にもどかしさを感じている。

問八　――⑥「あたしは何もいうことができず、だまってうなずいた」とあるが、その理由として最も適当なものを次の中から選びなさい。

ア　普段《ふだん》は厳しいモモばあの、孫娘の将来を心配しつつ才能に期待するという愛情に満ちた様子に気づいたから。
イ　普段は命令の多いモモばあが、孫娘には遠慮《えんりょ》をして特別な扱《あつか》いをしていることに気がついて失望したから。
ウ　普段は優しいモモばあが、自分の過去にこだわって、孫娘への指導をためらっていることがわかったから。
エ　普段はこわいモモばあの、孫娘の行動に一喜一憂《いちゆう》し、指導を求められて喜びを隠《かく》せない様子を感じたから。

問九　本文の内容や表現について述べたものとして適当でないものを次の中から一つ選びなさい。

ア　短い会話を重ねていくことで、場面に臨場感《りんじょうかん》を持たせ、物語をテンポよく順調に展開させている。
イ　主人公の目線を通した場面描写《びょうしゃ》によって、変化していく主人公の様子がリアルに描《えが》かれている。
ウ　登場人物の個性豊かな様子が会話などを通して描かれ、読者に親近感を持たせる描写になっている。
エ　現在から過去へ時間をさかのぼる形をとることで、登場人物の心情を様々な角度から表現している。

三　①～⑤の文の中からまちがっている漢字一字をそれぞれぬき出し、正しい漢字に直しなさい。

①　予定されていた式典は雨天のため遠期となった。
②　弟は手先が器用だから、仕事も間単に覚えた。
③　友人や家族と空行で留学生を見送る。
④　高原の空気は静潔で、心を落ち着かせる。
⑤　集学旅行で北海道に行き、海産物を買った。

四　①～⑤の言葉を打ち消すために使う字としてそれぞれ適当なものをア～エから選びなさい。（同じ記号を二度使用してもよい。）

①　関心
②　成年
③　常識
④　安定
⑤　規則

ア	未
イ	不
ウ	無
エ	非

算　　数

1　次の計算をしなさい。

(1)　$120-24$

(2)　$85-37+28$

(3)　$3.3+6.8$

(4)　0.8×6.4

(5)　$54+36\div6$

(6)　$2\frac{1}{3}-\frac{3}{4}$

(7)　$6\div\frac{2}{3}\div15$

(8)　$(3.2-0.8)\div0.3$

(9)　$(16+48)\div8-3\times2$

(10)　$0.73\times98+0.73\times2$

2　次の□にあてはまる数を書き入れなさい。

(1)　0.4 kg は□g です。

(2)　みかんとりんごがあわせて 24 個あります。みかんの個数はりんごの個数の 3 倍です。みかんは□個あります。

(3)　中学 1 年生 150 人のうち，犬を飼っている生徒の人数は中学 1 年生全体の 14 % でした。犬を飼っている生徒は□人です。

(4)　10 人の生徒に 10 点満点のテストを行った結果，男子 6 人の平均点が 5 点，女子 4 人の平均点が 7 点でした。この 10 人の平均点は□点です。

(5)　家から 1.2 km はなれた学校まで姉と妹が向かいます。姉は分速 80 m，妹は分速 60 m で家を同時に出発しました。姉が学校に着いてから□分後に，妹は学校に着きます。

(6)　みのる君とはな子さんは，おはじきを 2 人で余りなく分けました。みのる君は全体の $\frac{1}{2}$ より 8 個多く受け取り，はな子さんは全体の $\frac{1}{3}$ より 14 個多く受け取りました。おはじきは全部で□個あります。

(7)　右の図は，半径 4 cm の半円と半径 2 cm の半円を組み合わせた図形です。しゃ線部分の面積は，□cm^2 です。ただし，円周率は 3.14 とします。

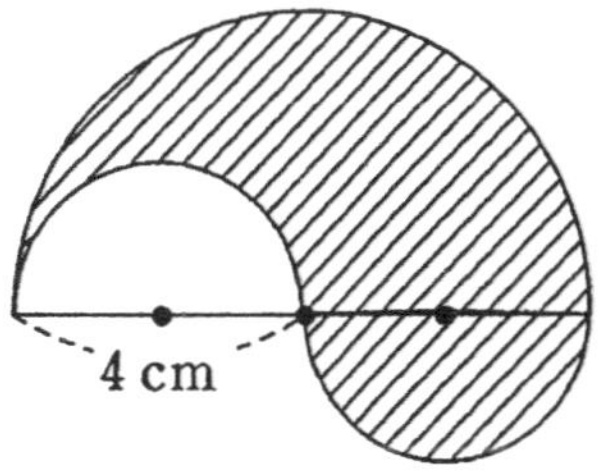

(8)　右の図のように正三角形を折り返しました。角㋐の大きさは□°です。

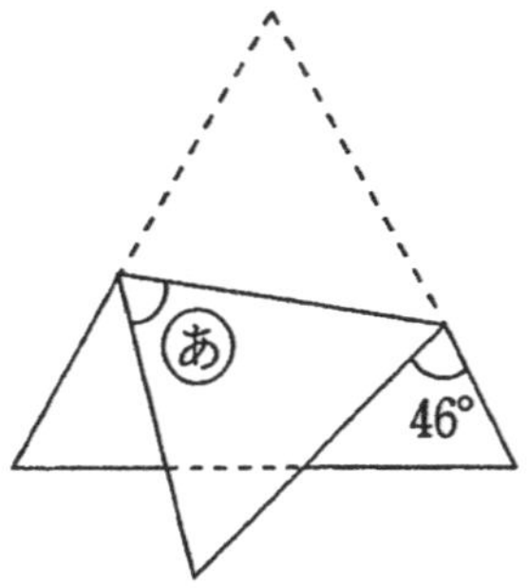

（問題は次のページに続きます。）

3 【図1】のような底面がたて 20 cm，横 45 cm の長方形で，高さが 30 cm の直方体の形をした水そうと【図2】のような底面が1辺 10 cm の正方形で，高さが 30 cm の直方体の形をした金属の棒があります。次の問いに答えなさい。

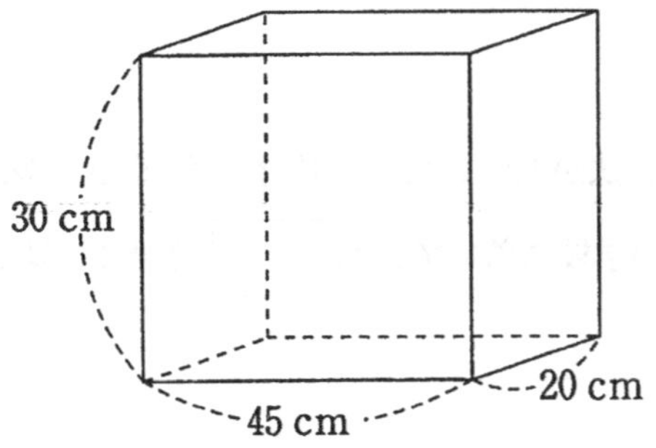

【図1】

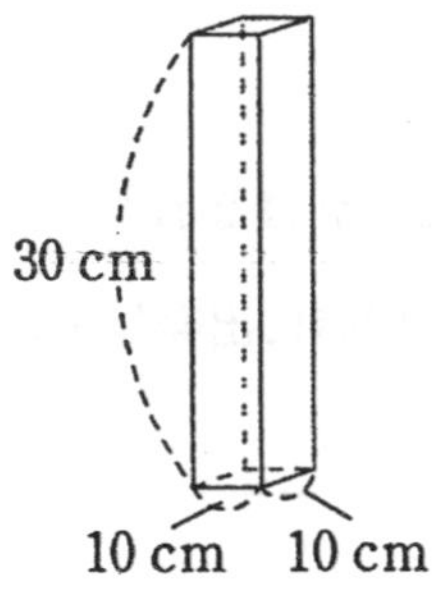

【図2】

(1) 水そうの容積は何 cm^3 ですか。

(2) 【図3】のように，水そうに水を 25200 cm^3 入れると，水面の高さは何 cm ですか。

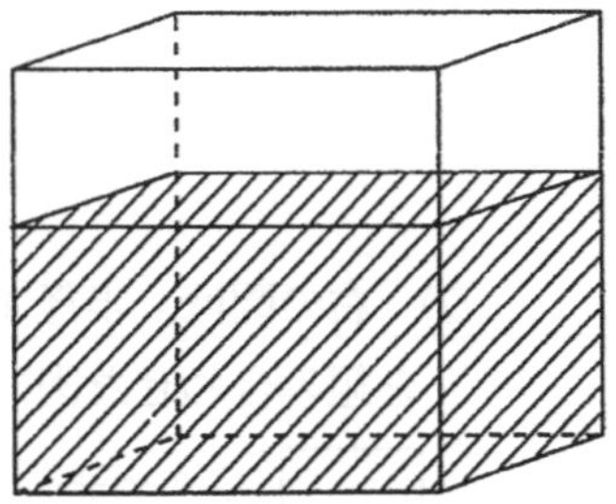
【図3】

(3) (2)のとき，【図4】のように，金属の棒をまっすぐに立てて底がつくまで入れると，水そうから水がこぼれました。このとき，こぼれた水の量は何 cm^3 ですか。

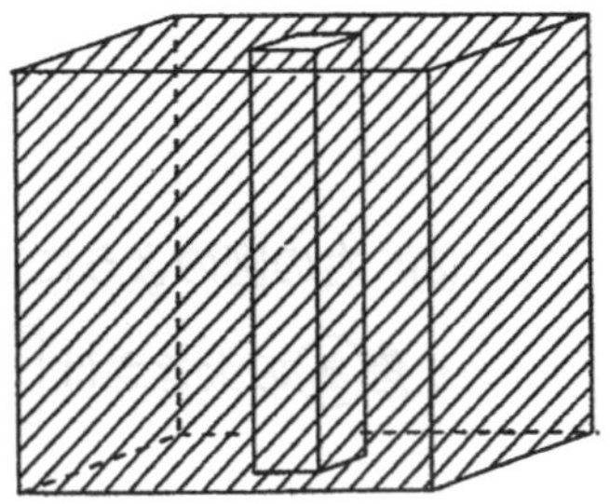
【図4】

4 【表1】は，1パック 1000 mL の牛乳パックに印刷されている 200 mL あたりの栄養成分をまとめたものです。
次の問いに答えなさい。

【表1】牛乳

栄養成分（200mL あたり）	
たんぱく質	6.9 g
脂《し》質《しつ》	8.0 g
糖質	9.6 g

(1) 1パック 1000 mL の牛乳にふくまれるたんぱく質は何 g ですか。

(2) コップに牛乳 150 mL と砂糖 5 g を入れて，よくかき混ぜます。砂糖を混ぜた牛乳にふくまれる糖質は何 g ですか。ただし，砂糖 1 g は糖質 1 g として考えます。

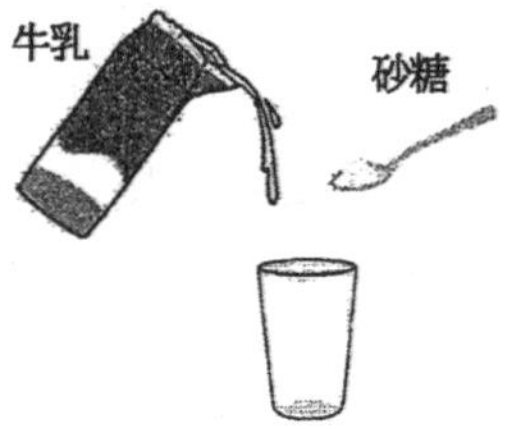

(3) 牛乳とコーヒーと砂糖を混ぜて 1000 mL のコーヒー牛乳を作ったところ【表2】のような栄養成分になりました。1000 mL のコーヒー牛乳を作るのに何mL の牛乳を使いましたか。ただし，牛乳とコーヒーと砂糖のうち，脂質をふくんでいるのは牛乳だけです。

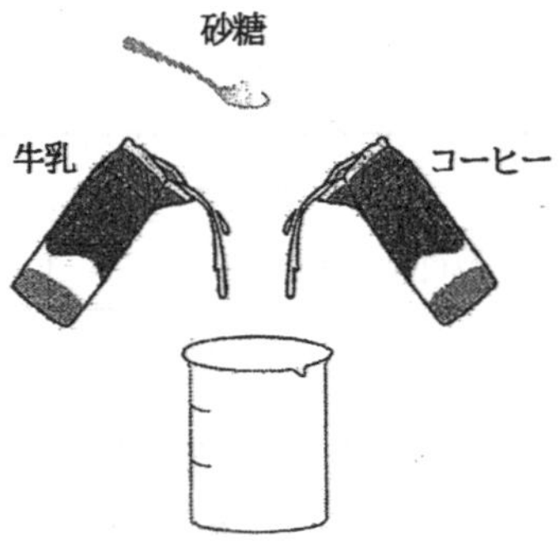

【表2】コーヒー牛乳

栄養成分（200mL あたり）	
たんぱく質	2.3 g
脂質	2.4 g
糖質	17.2 g

[5] みのる君とはな子さんは次のゲームについて話しています。
＜ゲームの説明＞と会話文を読んで，次の問いに答えなさい。

＜ゲームの説明＞

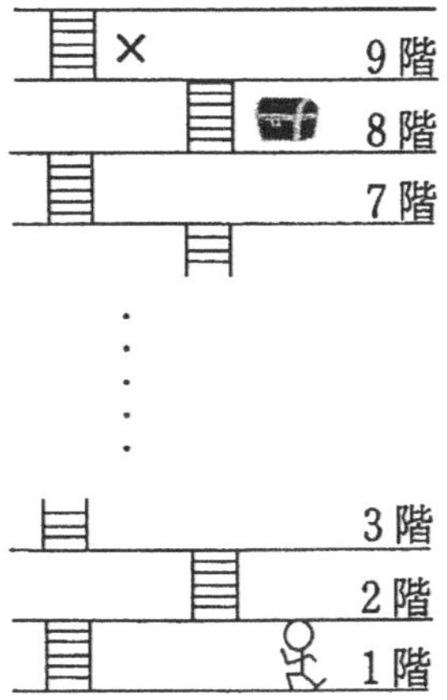

○ ゲームの内容

1階にいる人が，各階に1本ずつかけているはしごを登って8階にある宝箱をめざします。

○ ゲームの進め方

手順①，②を1回の操作として，操作を何回かくり返します。

手順① [2][3][4][5]の4枚のカードの中から1枚のカードを引きます。

手順② 手順①で引いたカードに書かれた数だけ上の階へ進みます。

○ 宝箱を手に入れるための条件

8階にぴったりたどり着いた場合は，宝箱を手に入れることができます。
8階を通りすぎて上の階にたどり着いた場合は，宝箱を手に入れることができません。

みのる：最初に[2]のカードを引いたら，1階にいる人は3階まで進めるね。
次に，[2]のカードを引いたら，3階にいる人は，[ア]階まで進めるね。

はな子：宝箱を手に入れるには，どうしたらいいのかな。

みのる：1階にいる人を8階まで進めるには，はしごを[イ]本登ればいいね。

はな子：1回目に[2]のカードを引いて，2回目に[ウ]のカードを引くと宝箱を手に入れることができるね。

みのる：1回目に[ウ]のカードを引いて，2回目に[2]のカードを引いてもいいよね。

(1) 会話文の[ア]～[ウ]にあてはまる数を答えなさい。

(2) 2回の操作で，宝箱を手に入れる方法は全部で何通りありますか。

(3) 3回の操作で，宝箱を手に入れる方法は全部で何通りありますか。

（問題はこれで終わりです。）

就実中学校

R6 1期・2教科型（未来創造）

国語解答用紙

一

問一 ⓐ ⓑ ⓒ ⓓ

問二

問三 1 2 3

問四 ・ ・

問五 我 引

問六

問七 ④ ということ。 ⑤ ということ。

問八

問九

問十

問一． 2点×4
問二． 2点
問三． 2点×3
問四． 2点×2
問五． 3点
問六． 3点
問七． 3点×2
問八． 3点
問九． 3点
問十． 3点

受験番号

※100点満点

二

問一 ⓐ ⓑ ⓒ ⓓ

問二 A B

問三 50

問四

問五

問六 40

問七

問八

問九

問一． 2点×4
問二． 2点×2
問三． 7点
問四． 3点
問五． 3点
問六． 5点
問七． 3点
問八． 3点
問九． 3点

三

① ↓ ② ↓ ③ ↓ ④ ↓ ⑤ ↓

四

① ② ③ ④ ⑤

三 2点×5

四 2点×5

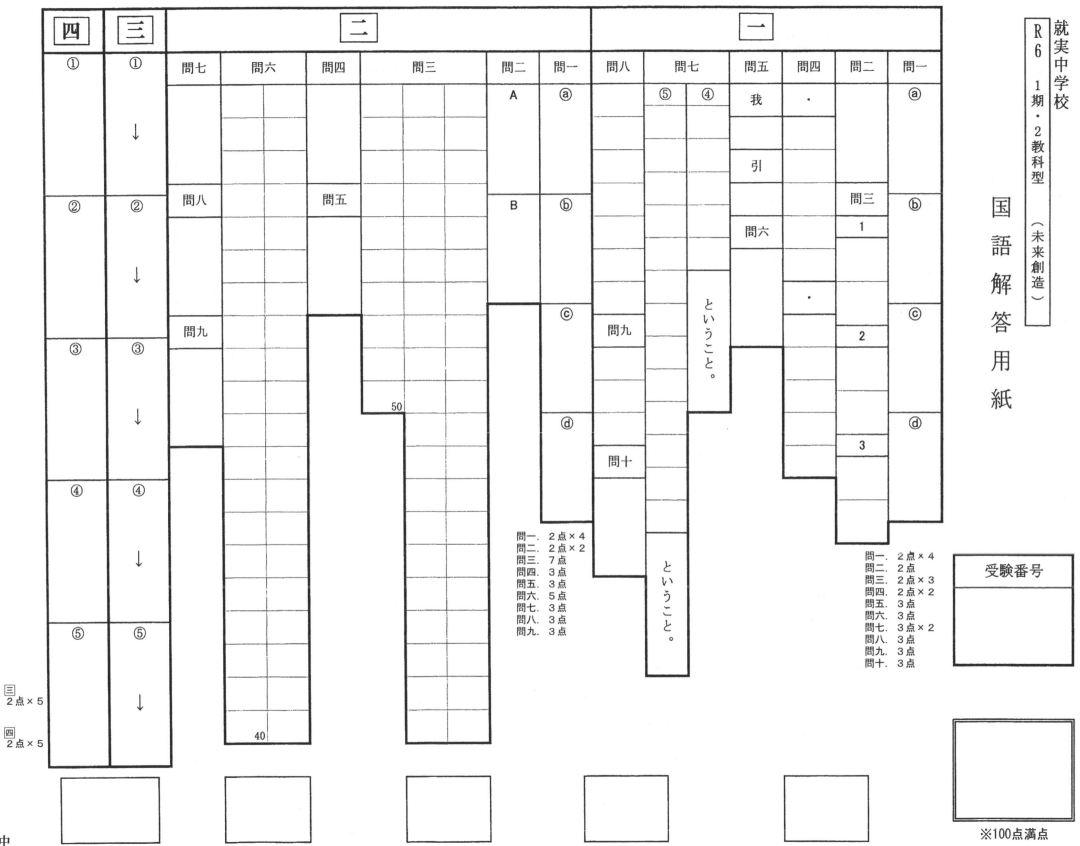

就実中学校

算数解答用紙

1　3点×10

(1)		(2)	
(3)		(4)	
(5)		(6)	
(7)		(8)	
(9)		(10)	

2　3点×8

(1)	g	(2)	個
(3)	人	(4)	点
(5)	分後	(6)	個
(7)	cm^2	(8)	°

3　5点×3

(1)	cm^3	(2)	cm
(3)	cm^3		

4　5点×3

(1)	g	(2)	g
(3)	mL		

5　(1)2点×3　(2)5点　(3)5点

(1)	ア		イ		ウ	
(2)	通り		(3)	通り		

受験番号

※100点満点

検 査 Ⅰ

（Ⅰ－1）

1※	2※	3※	※

受験番号	

(45分)　　　　（配点非公表）

課題1　はな子さんとみのるさんは，数の性質について話をしています。あとの（1）～（3）に答えましょう。

みのる：ある整数が2の倍数であるかどうか，5の倍数であるかどうかを見分ける方法は知っていますか。

はな子：はい。2の倍数は一の位の数をみてそれが偶数だったら，その整数は2の倍数です。5の倍数は一の位の数をみてそれが0か5になっていれば，その整数は5の倍数です。

みのる：そのとおりです。昨日，父から整数が3の倍数かどうかを見分ける方法を教えてもらいました。各位の数の和が3の倍数ならば，もとの整数も3の倍数になります。たとえば，741は百の位の数「7」と十の位の数「4」と一の位の数「1」の和が7＋4＋1＝12となり12は3の倍数なので，741は3の倍数になります。

はな子：741÷3＝247で割り切れるから，741は3の倍数になっているね。

※

（1）　3けたの整数5[ア]6が3の倍数になるように，[ア]にあてはまる数をすべて答えましょう。また，4けたの整数57[イ]4が6の倍数になるとき，[イ]にあてはまる数をすべて答えましょう。さらに，5けたの整数57[ウ]4[エ]が15の倍数になるとき，[ウ]と[エ]にあてはまる数の組み合わせは何通りあるか答えましょう。

[ア]にあてはまる数	[イ]にあてはまる数	[ウ]と[エ]にあてはまる数の組み合わせ
		通り

はな子：4分の1を小数で表すと，どのようになりますか。

みのる：1÷4を計算して0.25になります。

はな子：そのとおりです。小数点から右側の数字について，小数第1位は2，小数第2位は5ということは学習しました。小数点から右へ100番目の位は小数第100位となります。

みのる：小数第100位とかの数って存在するのですか。

はな子：たとえば，3分の1を小数で表すと0.33333…となり，割り切れないからこの場合はずっと3が続きます。だから小数第100位の数も3になり小数第100位も存在します。

※

（2）　7分の2を小数で表すことを考えます。小数点から右側の数字について，2回目に8が表れるのは小数第何位か答えましょう。

小数第　　　　位

（3）　7分の2を小数で表すとき，小数第2024位はどのような数かを答えましょう。また，小数第1位から小数第2024位までの数をたすとき，和がいくらになるかも答えましょう。さらに，どのようにして求めたかについてもそれぞれ説明しましょう。

※

小数第2024位はどのような数になるかの説明

小数第2024位の数

※

小数第1位から小数第2024位までの数をたしたときの和を求める説明

小数第1位から小数第2024位までの数の和

２※

受験番号	

課題２　みのるさんとはな子さんは，先生と図形についての話をしています。
あとの（１）～（３）に答えましょう。

先生　：多角形について知っていますか。
はな子：多角形の中には三角形や四角形などがあります。
みのる：五角形や六角形もあります。
先生　：ふたりともよく知っていますね。では，それらの多角形を利用していろいろな問題を考えてみましょう。

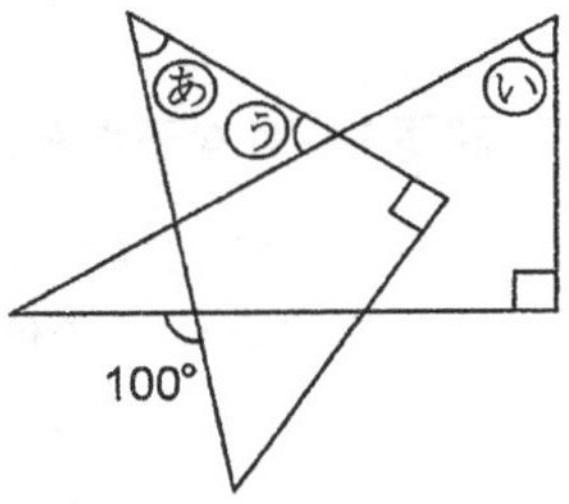

【図１】

※

（１）　【図１】のように，２種類の形の異なる三角定規を重ねました。角あ，い，うの大きさは何度か答えましょう。

あ　　　　°　　い　　　　°　　う　　　　°

先生　：同じ大きさの正三角形４枚を使って【図２】のような図形を作りました。この図形の中に正三角形はいくつありますか。
みのる：全部で５個の正三角形があります。
はな子：この図形をよく見たら正三角形以外にも平行四辺形もあります。

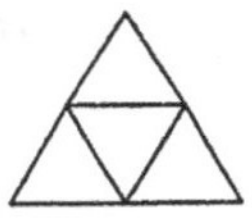
【図２】

※

（２）　【図３】は，面積が 16 ㎠ の正三角形８個をしきつめたものです。【図３】の中の平行四辺形の数を答えましょう。【図４】は，【図３】に２本の線を引き色をつけたものです。【図４】の色がついた部分の面積を求めましょう。

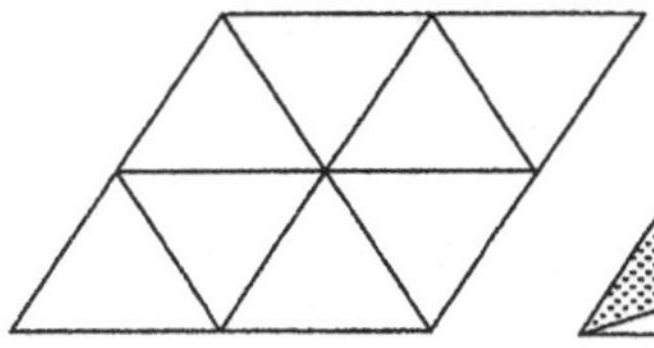
【図３】

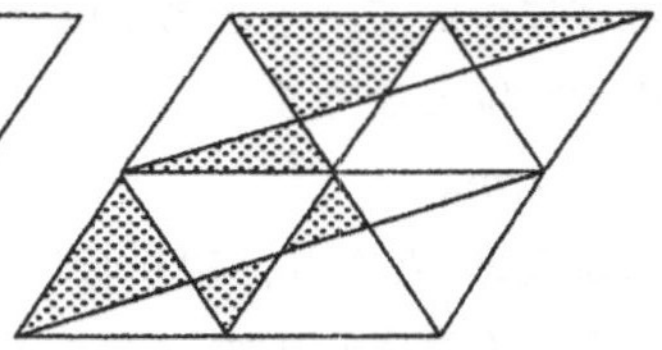
【図４】

個

㎠

先生　：同じ大きさの正多角形を使って，このようにすきまなくしきつめることができる図形は他にありますか。
みのる：正四角形（正方形）も同じようにすきまなくしきつめることができます。
はな子：正六角形もできます。図形をしきつめられるかどうかは「しきつめたときに１つの点に集まる角の大きさ」に関係があるのではないかと思います。
先生　：そのとおりです。正六角形をしきつめた構造はハニカム構造といって，とても強度が高いことで知られています。強度が高いので，飛行機や人工衛星の構造にも使われていますよ。

※

（３）　次のように，正六角形の周囲に正六角形を増やしてすきまなくしきつめていきます。１個の正六角形を【１周目】とすると【２周目】ができるまでに全部で７個の正六角形が必要です。同じようにしきつめていくと，【５周目】ができるまでに全部で何個の正六角形が必要となるかを答えましょう。さらに，どのようにして求めたのかも説明しましょう。また，正五角形はすきまなくしきつめることができません。その理由を説明しましょう。

求め方の説明

５周目ができるまでに必要な正六角形の個数

個

【１周目】
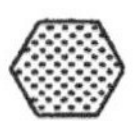

【２周目】
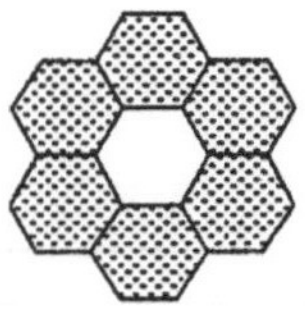

【３周目】
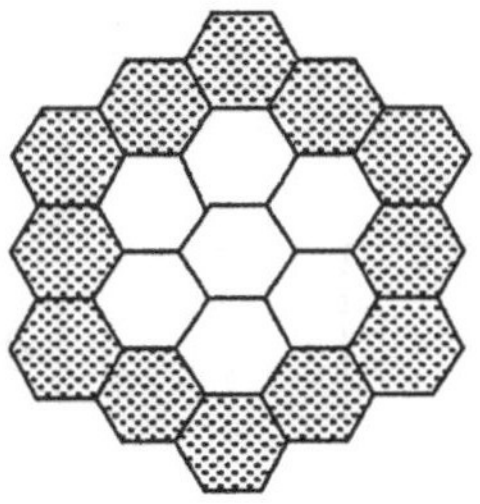

正五角形をしきつめることができない理由

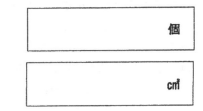

3※

受験番号	

課題３　次の文章を読み，あとの（１）～（３）に答えましょう。数値は整数で答えなさい。

みのる：山の低い方には木がたくさん生えているのに，高い方にはあまり生えていないね。

はな子：百科事典によると，気温が原因の１つで，５℃以上ないと成長できないんだって。標高（海水面からの高さ）が 100m高くなると，気温は 0.6℃下がるんだよ。

みのる：だから，山の高い方は気温が低いから木があまり生えていないんだ。

はな子：今ここは 15℃だから，ここから 2000m高い地点の気温は［　　］℃だね。

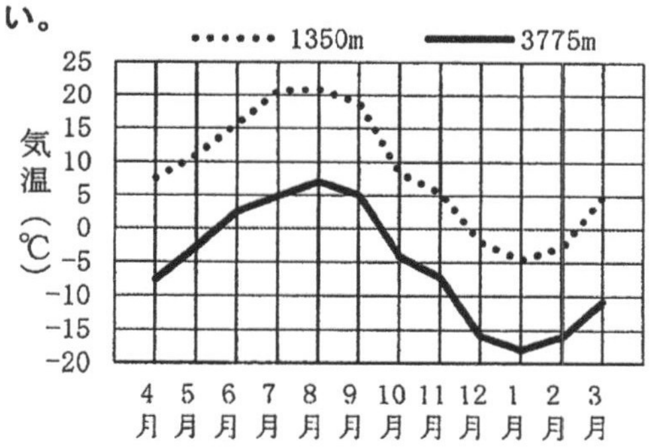

図１ 標高と月平均気温の関係

※

（１）①　会話文中の［　　］に当てはまる数値を答えましょう。

［　　　　℃］

②　図１は標高と月平均気温の関係を示しています。1350mと 3775mの地点でともに植物が成長する期間は何月から何月までか答えましょう。

［　　月から　　月まで］

はな子：水は０℃で氷になるから気温が低くなると道路が凍結《とうけつ》して危険だね。

みのる：道路の脇《わき》に「塩化ナトリウム」と書いてある袋《ふくろ》が置いてあるね。道路が凍結する前にこれをまくんだね。

はな子：塩化ナトリウムは食塩の主な成分だよね。そういえば，水がこおり始める温度を調べる実験（図２）のときに，試験管内の水を冷やすために食塩水と氷を使ったね。

みのる：実験をしたときは試験管内の水の温度を低くするために食塩水を使ったはずなのに，どうして道路が凍結する前に塩化ナトリウムをまくんだろう。不思議だね。

図２　実験のようす

（２）塩化ナトリウムによって水にどのようなことが引き起こされていますか。会話文をもとに考え説明しましょう。

※

［　　　　　　　　　　　　　　　　］

みのるとはな子の２人は理科室で次の①，②のようなふりこの実験を行いました。

（３）①　ひもの長さとおもりの重さが同じふりこを用意し，図３のアの位置で静止させます。その後，１つは左に 30°，１つは右に 60° かたむけて手をはなします。おもりがぶつかる位置として最も適するものを図中のア～ウから一つ選び，記号で答えましょう。

［　　　　］

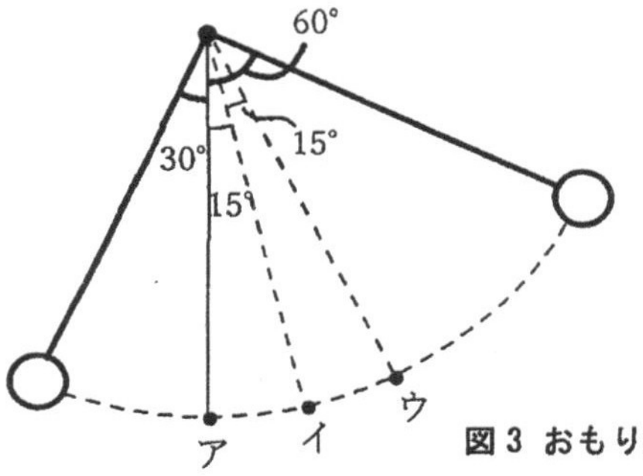

図３ おもりがぶつかる位置

②　おもりの重さは同じで，ひもの長さの異なる２種類のふりこＡとＢを用意します（図４）。ふりこＡとＢの最下点の高さをそろえ，おもりを最下点から 60° かたむけてから手をはなしました。おもりが最下点を通過する時にひもをカッターで切ったところ，おもりは地面に水平に飛び出し，図５のように地面に落下しました。ふりこＡとＢのどちらの場合でも，飛び出したあとの横向きの速さは常に一定で，縦向きの速さは同じ割合で速くなります。飛び出してから落下するまでの時間と，進んだ長さについてふりこＡとＢを比べて理由とともに説明しましょう。

図４　ふりこ

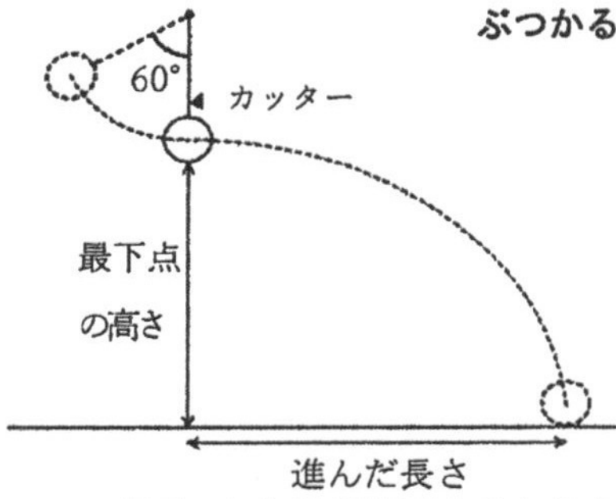

図５　おもりが落下するようす

※

時間：

進んだ長さ：

検査Ⅱ

（配点非公表）

※	1※	2※	3※	※	受験番号	

（45分）

課題1　次の文章を読んで、あとの(1)～(4)に答えましょう。

現代の情報化社会の*弊害《へいがい》を整理してみましょう。まず真っ先に挙げられるのが、時間の浪費《ろうひ》の問題です。いま日本人は平均して一日四時間以上、ネットサーフィンや*SNSなどインターネット利用に費《つい》やしています。おそらく今後もその時間は増えるでしょう。

仕事でもプライベートでも本当に必要な場合は別として、「とりあえず時間があるから」、「なんとなく気になって……」で利用している場合も多いのではないでしょうか。

現代社会は常に時間に追われています。限られた時間を有効に使うために、ア漫然《まんぜん》とインターネットに費やす時間を減らし、それを他の時間に充《あ》てるだけで、大きく*パフォーマンスが変わるのではないでしょうか。

ある人は就寝《しゅうしん》前と起床《きしょう》後に必ずスマホをチェックするのが習慣だったそうです。とくに寝《ね》る前にやり取りしているうちに目がさえてしまう。

睡眠《すいみん》不足が続き、これはいけないと、寝るときは枕元《まくらもと》にスマホを置かないようにしたそうです。一週間続けたところ睡眠の質が明らかに変わり、それまで肩《かた》こりや頭痛があったのがなくなったそうです。

忙《いそが》しい現代人にとって質の良い睡眠をとることは非常に大切な要素です。①インターネットやSNSによってそれが妨《さまた》げられ、生体リズムを狂《くる》わせてしまう人が少なくありません。

それによって健康はもちろん、日中の仕事や勉強のパフォーマンスが低下したりと、あらゆるところにマイナスの影響《えいきょう》が出ます。人によっては就寝前にPCはもちろんスマホの電源を落としてしまう人もいます。その人*曰《いわ》く、電磁波の影響を防ぐためでもあるということでした。

いずれにしても、とくに目的もなくなかば習慣でインターネットやSNSにアクセスするケースは多い。それによって時間を浪費するだけでなく、健康を害し、仕事にも悪影響が生まれることになります。

最近とくに問題になっているのが「常習性」です。

常習性というとギャンブルやゲームなどを思い浮《う》かべます。ギャンブルやゲームで勝ったり、何らかの報酬《ほうしゅう》を得ることで、*脳内ホルモンの一つであるドーパミンが脳内に*分泌《ぶんぴつ》されます。それによって強い快感を覚え、時に依存症《いそんしょう》を引き起こします。

ただし、②インターネットやSNSなどの通信*ツールの常習性は少し違《ちが》うようです。

現代社会特有の「不安感」が底にあります。

人間は完全に一人で生きることはできない弱い存在です。だからこそ何かしらの集団に属し、その中でつながりを確認《かくにん》しながら安心感を得るようにできているのです。

それと裏腹に、「他人に認められたい」「周囲に評価されたい」という承認欲求がある。

SNSはそれらいずれをも満たしてくれる、最適なツールなわけです。簡単に不安感を取り除き承認欲求が満たされる便利なツールであるだけに、思わずそれに頼《たよ》ってしまう。

怖《こわ》いのはインターネットやSNSが、逆に不安感を増し、承認欲求をさらにかき立てることにもなること。LINEで既読《きどく》であるにもかかわらず返事が来ないと「どうして?」「何か悪いことを書いたかな」と不安になってしまいます。

*フェイスブックでこれ見よがしの*リア充《じゅう》投稿《とうこう》に一応「いいね!」は押《お》すものの、自分の日常と比べて引け目や劣等《れっとう》感を感じてしまう。自分の投稿に「いいね!」が少ないとすっかり自信を失ったりします。

本来は不安感や承認欲求を満たすための道具が、逆に不安感を増し、承認欲求をさらにかき立てることになる。それによってますますSNSから離《はな》れられなくなるのです。

それにしても、③フェイスブックや*インスタグラムで自分の日常のことを細かく*アップしている人がいますね。休みにどんな所へ行ったとか、何を食べたとか、写真入りで逐一《ちくいち》報告する人がいます。もちろんどういう使い方をしようが自由ですが、あまりに頻《ひん》繁《ぱん》にアップしている人を見るとちょっとイ心配になってしまいます。これも一種の依存症なのでしょうが、他者の反応が自分のすべてになってしまう。

おそらく、自分に対して本当のところで自信を持てないのでしょう。だからつねに他人の評価を求める。「いいね!」を押してもらうことで、承認欲求を満たすわけですが、それに頼らないと、もはや自分を確認できないのです。

人生を主体的に強く生き抜《ぬ》くためには、ときには他人から評価されずとも、自分で自分を認め評価して「我《わ》が道」を進む力も必要です。

それには、自分に対する本質的なところでの自信や自己肯定《こうてい》感が不可欠です。しかしインターネットやSNSは、簡単に評価や賞賛を得やすいだけに、それに依存してしまうと自分で自分を認める力が育ちにくい。つねに自分の評価を他者に委《ゆだ》ねる癖《くせ》がついてしまう恐《おそ》れがあると思います。

自分に自信がないからネットやSNSで他者の評価を欲《ほ》しがる。それによってますます本質的な自信や自己肯定感を持つことが難しくなる。さらに他者の評価に頼り、ネットやSNSに依存する。そんな悪循環《じゅんかん》が生まれるのです。

（齋藤《さいとう》孝《たかし》「ネット断《だ》ち」）

（注）*弊害…他のものに対して害になること。　*SNS…ソーシャル・ネットワーキング・サービス。交流のためのインターネット上のサービス。
*パフォーマンス…ここでは成果や効率のこと。　*曰く…言うことには。　*脳内ホルモン…脳内でつくられる、体のはたらきを調節する物質。
*分泌…細胞《さいぼう》がホルモンなどの物質を出すこと。　*ツール…道具。　*フェイスブック…日記のような記事を投稿できるSNS。
*リア充…インターネット外の現実の生活が充実《じゅうじつ》していること。　*インスタグラム…写真の投稿がメインとなっているSNS。
*アップ…アップロード。データを送ること。

(1)　本文中の――ア「漫然と」、――イ「心配」について、次の(i)、(ii)に答えましょう。

(i)　アと同じ意味を表している言葉を本文中から八字でぬき出しましょう。

(ii)　イと似た意味を持つ次の慣用句の□に入る漢字を書き入れましょう。

「心配」＝□をもむ

※　※　※　※

受験番号

(2) ――① 「インターネットやＳＮＳ」とありますが、インターネットやＳＮＳにあなたが書きこみをする場合、良き使い手であるためにどのような行動をとることがふさわしいと考えますか。例を一つあげましょう。また、そう思う理由を四十字以内の一文で書きましょう。（、や。や「　」なども一字に数えます。）

ふさわしい行動

40字

(3) ――② 「インターネットやＳＮＳなどの通信ツールの常習性」を引き起こす原因は何だと筆者は述べていますか。本文中から二つさがし、四十五字以内の一文で書きましょう。（、や。や「　」なども一字に数えます。）

45字

(4) ――③ 「フェイスブックやインスタグラムで自分の日常のことを細かくアップしている人」がどうなることを筆者は問題視していますか。「～結果、～こと。」という形で、本文中の言葉を用いて八十五字以内で書きましょう。（、や。や「　」なども一字に数えます。）

85字

課題2　あなたは自信や自己肯定《こうてい》感を持つためにはどうすればよいと考えますか。自分の経験をふまえて、その方法を具体的に二つあげ、あわせて二百字以内で書きましょう。（、や。や「　」なども一字に数えます。段落分けはしなくてよろしい。一マス目から書き始めましょう。）

100字

200字

1※	2※	3※	※

受験番号	

課題３　みのるさんとはな子さんが，先生と話をしています。３人の会話をもとに，（１）～（５）に答えましょう。

みのる：昨日，父と母が衆議院議員総選挙の投票に行きました。
僕《ぼく》たち小学生は，まだ投票ができないですよね。

先　生：そうだね。選挙権があるのは18歳《さい》以上の国民だからね。

はな子：①年代によって投票率に差があるとニュースで聞きました。

先　生：その通り。選挙は主権者として，その意思を政治に反映させることのできる最も重要な機会なので，ぜひ参加してほしいですね。

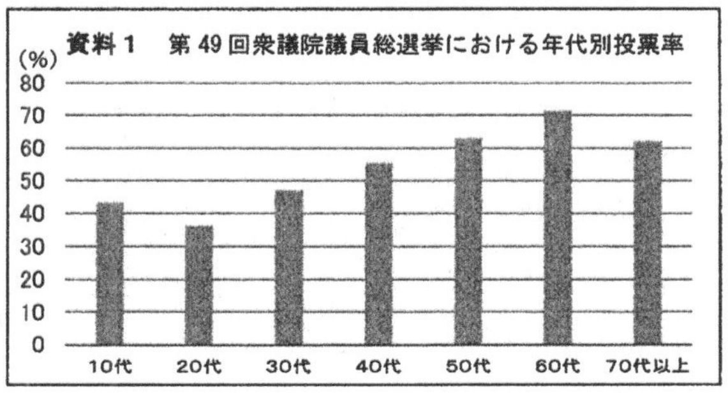

（総務省HPより作成）

（１）会話文と下線部①に関する資料１を見て，読みとれることと考えられる政治への影響《えいきょう》を書きましょう。

※	（１）	

みのる：先生，国会にはどのような役割がありますか。

先　生：はい。国会の役割は［　②　］ことなどです。

みのる：国会は③衆議院と参議院があると，教科書に書いてありました。

はな子：私も習いました。話し合いをした後に，多数決で決まるのですね。私のクラスでもクラス目標の案を出し合って④多数決をして，資料２のような結果でＡ案に決まりました。でも納得していない人が多いので，何か問題があるような気がして。

先　生：では，どんな問題があるか考えてみましょう。

資料２
はな子のクラス（35人クラス）の多数決結果

Ａ 案	…	16人
Ｂ 案	…	12人
Ｃ 案	…	7人

（２）会話文中の［　②　］にあてはまる内容を下のア～エから１つ選びましょう。

ア　決められた予算や法律にもとづいて，責任をもっていろいろな仕事を行う

イ　法律にもとづいて問題を解決し，国民の権利をまもるために判決を出す

ウ　国務大臣を任命し，専門的な仕事を担当させる

エ　内閣総理大臣を指名したり，法律をつくったりする

（３）会話文の下線部③の説明について，正しいものを下のア～エからすべて選びましょう。

ア　衆議院の方が参議院よりも議員数が多い。　**イ　参議院の方が衆議院よりも議員の任期が長い。**

ウ　衆議院は解散する可能性がある。　**エ　参議院は解散する可能性がある。**

（４）会話文と下線部④から，問題点を「Ａ案」という言葉を使って説明しましょう。
また，多くの人が納得できる方法を書きましょう。

※	（２）		（３）	
※	（４）	問題点：		
		方法：		

みのる：国民の生活は法律にもとづいて，成り立っていますよね。法律は昔からあったのですか。

先　生：はい。法律は昔からありましたよ。

はな子：江戸《えど》時代にあった武家諸法度《ぶけしょはっと》もその一つですか。

先　生：そうです。武家諸法度の中には資料３のような参勤交代が定められていました。薩摩藩《さつまはん》は40日以上もかけて江戸へ行ったらしいですよ。

資料３　武家諸法度（一部抜粋《ばっすい》し，要約）

- **大名は毎年４月に参勤交代すること。**
- **近ごろは，参勤交代の人数が多すぎるので少なくすること。**

（５）会話文と資料３を参考に，参勤交代が大名（藩《はん》）と，移動時に通る地域に与えた影響《えいきょう》をそれぞれ書きましょう。

※	（５）	大名（藩）：
		地域：

R5 1期・3教科型（特進ハイグレード）

国語

（60分）

就実中学校

◎答えはすべて解答用紙に記入しなさい。
◎記号で答えられるものは、すべて記号で答えなさい。
◎句読点「、」や「。」などの記号も一字に数えます。

一 次の文章を読んで、あとの問いに答えなさい。

学生時代に下宿していた丘《おか》のふもとから、丘の上にある寺の境内《けいだい》まで朝の散歩によく出かけました。季節によって散歩の楽しみはいろいろとありましたが、春は花、夏は夜明けの涼《りょう》、秋はモクセイの香りとウスバツバメの美しい飛翔《ひしょう》、そして冬の楽しみは賑《にぎ》やかな小鳥の群れと出会うことでした。エナガ・シジュウカラ・ヤマガラ・コゲラ、これにときとして、ヒガラやウグイスが混じります。この群れの騒《さわ》ぎが近づくと、行く手に先回りしてじっと待つことにするのですが、そうするとたいていの場合、この群れのなかに包み込《こ》まれることになります。

先陣《せんじん》をきるのは尾《お》の長いエナガです。彼《かれ》らの群れは比較《ひかく》的まとまっていて、ジュリジュリと鳴きながら、目の前の枝やら幹を忙《いそが》しそうに餌《えさ》を探し回っています。カラカラと声がするとシジュウカラです。エナガに比べると比較的大きな体をⓐキヨウに使って枝の下にぶら下がったりして餌を探していますが、それはあまり得意でないとみえて、ときには地上におりて餌を探しています。群れの後方についてギーッギーッとのこぎりの歯のような音を立てているのがコゲラです。エナガから遅《おく》れることずいぶんたって、目の前に現れ、キツツキ特有のやり方で枝をコツコツとつついています。このような群れはいろいろな鳥が混じっているので「混群」と呼ばれているのですが、鳥の間の協同としてよく知られているものです。

エナガが混じる混群においては、エナガが先導役をつとめるとともに、①他の種に大きな影響《えいきょう》を与《あた》えることが知られています。混群に参加する鳥たちはもともと森林性ですが、森のなかの違《ちが》った高さで採食する傾向《けいこう》があります。ヒガラが一番高いところ、エナガは中層、シジュウカラは地上も含《ふく》めた低いところといった具合です。エナガが影響を与えるというのは、混群をつくるとエナガ以外の鳥たちの採食する高さがエナガの高さに集中する傾向があるためです。他の鳥たちはどうやらいろいろな意味でエナガに引っ張られているようなのです。

なぜいろいろな鳥がひとかたまりになって、混群をつくるのでしょうか？　まず、考えられるのは冬季の餌の少なさです。混群をつくる鳥たちは昆虫《こんちゅう》食なのですが、冬の間、餌となる虫はほとんどいません。いないというのは大げさで、樹《き》の隙間《すきま》や樹皮の下に潜《ひそ》んでいます。 A 、大きな群れをつくって、ワイワイガヤガヤと動き回ると、虫が驚《おどろ》いて飛び出し、それをみなで食うという寸法《すんぽう》です。これを「追いたて効果」といっています。つまり採食効率を高めるために混群をつくるというのがひとつの考えです。

一方、冬に餌が少ないのは捕食者《ほしょくしゃ》だって同じかもしれません。すると、群れをつくることによって目立ちはするが、捕食者をうまく回避《かいひ》することになっているのかもしれません。一番わかりやすい説明は「多くの目」でしょう。飼いならしたオオタカをハトの群れに向かって放すという実験がされたことがあります。ハトの反応の速さを測るためですが、その結果はⓍ案《あん》の定《じょう》、ハトの目が多いことが、捕食回避に役立つということを示していました。ハトの群れが大きくなるとオオタカの存在に、より早く気づいてハトたちは素早《すばや》く逃《に》げることができたのです。

捕食回避に関連して、混群の構成員が捕食者を発見したときにいち早く出す「警戒《けいかい》声」が問題になったことがあります。警戒声とは、混群を構成する多様な種が、種の異同にかかわらず発する共通の声で、この声を聞くと群れの全員が素早く反応して藪《やぶ》に逃げ込みます。問題は、この声を発すると敵に自分の存在と場所を知らしめることになり、マズイのではないかという点にあります。もしそうであれば、警戒声を発することは「みずからの命を賭《と》して、仲間を助ける」利他的な行動ということになるからです。 B 、②この疑問に対しては、音響《おんきょう》工学的な観点から答えが用意されました。警戒声というのは八キロヘルツ前後の音が、短い時間だけⓎ単純に流れる構造をしているのですが、この音域は混群の構成員である小鳥には聞き取りやすいのに対して、捕食者であるハイタカには聞き取りにくいことが明らかにされたのです。 C 警戒声を発することは決して利他的ではなく、「発見したら一刻も早く一緒《いっしょ》に逃げる」方法であることがわかったというわけです。

このように、なぜ混群をつくるのか、に対しては採食効率説と捕食回避説の双方《そうほう》が主張されてきたわけですが、動物の生活は繁殖《はんしょく》期の「いかに配偶者《はいぐうしゃ》を獲得するか」を除くと、「いかに自分は食われないで他者を食うか」につきます。混群についても、この一般《いっぱん》的な考えが適用されてきたと考えればよいでしょう。採食効率説をⓑシジする結果も得られています。給餌《きゅうじ》をおこない、人為《じんい》的に餌が豊富な環境《かんきょう》をつくってやると、混群の大きさが小さくなる、言い換《か》えると、餌条件が良いと群れに参加しなくなる個体が増えることが知られています。ここでも一元論はよくないわけで、どちらの説が正しいというのではなく、混群には両方のⓒキノウがあるとみるのが妥当《だとう》でしょう。

さて、この混群という共同体ですが、中身をのぞいてみると、どうやら必ずしも仲良し集団ということではなさそうです。混群のなかでは餌《えさ》をめぐる争いがみられ、種間でほぼ決まった順位があります。ここはやはり力の世界で、大きなものほど有利という傾向《けいこう》がみえるのです。このなかで、群れの先導役であるエナガはもっとも弱い存在です。したがって、餌をみつけても他の大きな種に横取りされるということがあります。ですから、混群のエナガをみていると、エナガだけのかたまりでどんどんさきを行き、そこに他の種がついていくという格好です。エナガからみれば他の種がいてもいなくても自分たちは群れをつくっているのですから、捕食回避《ほしょくかいひ》においても採食効率においても大きな差はないのかもしれません。ですから、エナガが他の種を振《ふ》り切って飛び去ってしまうといったことも、エナガの調査時によく目にした光景でした。

一方、③他の種からみればエナガの群れは魅力《みりょく》的な存在だと考えられます。大学構内で個体識別の脚輪《あしわ》をつけるためにエナガの捕獲《ほかく》をしていたときに、このことをはっきりと感じました。簡単にいってしまえば、エナガを使ってシジュウカラや他の鳥を捕《つか》まえることができるということです。これ以上は企業《きぎょう》秘密なので明かすことはできませんが。

このように協同の②象徴《しょうちょう》のような小鳥の混群も、実はエナガの群れにたかるⓓキセイ者たちの集団とみることができます。しかし、協同がそうした「*同床異夢《どうしょういむ》」あるいは、「大同につく小異の集団」であることは、人の組織をみても同じかと思います。ドーキンスなどは、生物個体そのものが、「異なった思いをもつ利己的な遺伝子の乗合船」であるなどといっているのですから。

（江崎保男「生態系ってなに？」）

（注）　*同床異夢…行動をともにしながら意見や考え方を異にしていること。

問一　――ⓐ～ⓓのカタカナを漢字に直しなさい。

問二　[A]～[C]に当てはまる語として最も適当なものを次の中からそれぞれ選びなさい。ただし、同じ記号を二度使ってはいけません。

ア　しかし　　イ　もちろん　　ウ　なぜなら　　エ　そこで　　オ　つまり

問三　――Ⓧ「案《あん》の定《じょう》」と明らかに異なる意味をもつ言葉を次の中から一つ選びなさい。

ア　果たして　　イ　予想通り　　ウ　思いのほか　　エ　やはり　　オ　思った通り

問四　――Ⓨ「単純」と同じ組み立ての熟語を次の中から一つ選びなさい。

ア　気絶　　イ　道路　　ウ　曲線　　エ　習字　　オ　加減

問五　――Ⓩ「象徴」をカタカナ四字で言い換《か》えなさい。

問六　――①「他の種に大きな影響《えいきょう》を与《あた》えることが知られています」とあるが、どのような影響があるのか。本文中の言葉を使って八十字以内で答えなさい。

問七　――②「この疑問に対しては、音響《おんきょう》工学的な観点から答えが用意されました」について、次の⑴・⑵の問いに答えなさい。

⑴　「この疑問」とは何か。その説明として最も適当なものを次の中から選びなさい。

ア　警戒《けいかい》声は群れの全員が素早《すばや》く逃げるのに効果があるのか。

イ　警戒声は種の異同に関係なく共通のものだと言えるのか。

ウ　警戒声は混群を狙《ねら》う捕食者の目を欺《あざむ》くのに役立つのか。

エ　警戒声は命がけで仲間を守る利他的な行動と言えるのか。

⑵　⑴に対して「音響工学的な観点」から「用意」された「答え」とはどういうことか。本文中の言葉を使って三十五字以内で答えなさい。

問八　――③「他の種からみればエナガの群れは魅力的な存在だと考えられます」とあるが、筆者がこのように言うのはなぜか。本文全体をふまえて八十字以内で答えなさい。

問九　この文章を読んだ子どもたち四人の感想の中で、筆者の考えを正しく理解しているものを次の中から一つ選びなさい。

ア　Aくん「群れが大きい方が捕食者から逃げやすくなるんだから、弱い存在のエナガは他の種が混群に参加してくれないと困ることになるよね。」

イ　Bさん「餌が豊富な環境《かんきょう》にいれば、鳥たちは混群に参加する必要は全くなくなってエナガも餌を横取りされる心配がなくなるのになあ。」

ウ　Cさん「混群に参加する鳥たちは、エナガが見つけた餌にたかることで効率よく採食できるけど、エナガの群れにとってはそんなことあまり関係なさそうだね。」

エ　Dくん「鳥たちは協同しているように見えるけど、実際はそれぞれに別の目的がありそうだな。エナガだけが利他的な行動によって他の種を助けているのは気の毒な気がする。」

［二］ 次の文章を読んで、あとの問いに答えなさい。

私たちの社会では、①人と人のあいだのコミュニケーションが大切です。それがうまくいかなくなると組織全体の秩序《ちつじょ》が乱れ、やがてその組織は崩壊《ほうかい》してしまいます。細胞《さいぼう》たちの社会でも同じです。私たちのからだをつくっている六〇兆個の細胞が、それぞれ勝手気ままな行動をしていたらどうなるでしょう? 想像するのも恐《おそ》ろしくなります。

そのようなことにならないように、私たちのからだの中では、②細胞はたがいに緊密《きんみつ》な連絡《れんらく》をとりあって、全体としての調和をはかっています。そのコミュニケーションのようすはまさに人間社会のⓐ縮図です。地球上の総人口の約一万倍もの数の細胞たちは、さまざまなコミュニケーションをとって個体という社会をつくり、維持《いじ》しているのです。私たちのいのちは、まさに六〇兆個の細胞がかなでるシンフォニーなのです。

私たちは会話を交《か》わしたり、電話したりメールや手紙を送ったりして、③情報交換《こうかん》をします。それは人間が社会生活をする上で欠かすことができないものです。テレビを見たり新聞雑誌を読んだり、会議や集会に参加するのも、そうしたコミュニケーションの一つです。その情報伝達の手段や方法は、社会の進歩、文明の発達とともに形を変えてきました。

生物においても、細菌《さいきん》のような*単細胞の状態から*多細胞に進化する中で、また、多細胞生物がより高度に進化する中で、さまざまなコミュニケーション法が開発されてきました。私たちのからだの中でおこなわれている細胞間のコミュニケーションには、およそ三つの方法があります。

まず、となりあった細胞がたがいに直接接することにより、情報を交換する方法です。現代の私たちの生活、とくに都会での生活は「となりは何をする人ぞ?」と言われるように、隣人《りんじん》にたいしてさえほとんど関心がなく、近所づきあいもひじょうに希薄《きはく》になっています。しかし、細胞の世界では④そうではありません。私たちのしばらく前の社会のように、さまざまな方法で情報の交換をおこない、となりどうし仲よく一つの組織をつくっています。

ほとんどすべての動物の細胞には、となりあっている細胞どうしをつなぐ細い筒状《つつじょう》のⓑ管が存在します。この管はギャップ結合といい、直径一・二ナノメートル（ナノは一〇億分の一）以下、分子量約一二〇〇以下の分子を自由に通すことができます。隣接する細胞はこの管を通して細胞内を直接連結させ、イオンやアミノ酸などの低分子物質をやりとりしています。

たとえば、*平滑筋細胞《へいかつきんさいぼう》においては、細胞内のカルシウムイオンの濃度《のうど》の上昇《じょうしょう》により筋収縮が引きおこされるのですが、⑤腸における協調的な*ぜん動運動は、となりあった細胞間でギャップ結合を介《かい》してカルシウムイオンが移動することによっておこるのだと考えられています。

⑥第二のコミュニケーションの方法は、離《はな》れた細胞に情報物質を信号として送ることにより情報を伝達する方法です。ある細胞が情報物質（化学物質）を細胞外に分泌《ぶんぴつ》することにより情報を発信し、血流によって全身に情報を流します。ところが、その情報は、全身の細胞にとどけられるものではなく、情報を受け取ることができるしくみをもっている細胞だけにとどけられるようになっています。

たとえば、内分泌（ホルモン）系による情報伝達はこうしておこなわれます。この場合、情報を受ける側の細胞が、情報にたいする受容体をもっていることが重要です。ホルモンがやってきたことを、そのホルモンにたいする受容体によって受けた細胞では、ホルモンの情報（命令）に対応したさまざまな反応がおきるのです。ホルモンは反応をすすめる命令を伝えるだけで、ⓒタイシャ反応には直接関与《かんよ》しません。

ホルモンは血液によって全身に運ばれるので、その情報は遠くの細胞におよぶことができます。こうした化学物質を使った情報伝達は［ Ⅰ ］にたとえることができます。ちなみに、ホルモンということばはギリシャ語の「配達人」に由来しているとのことです。

⑦第三の方法は、離れている細胞にケーブルを介して直接情報を伝達する方法です。神経伝達がこれにあたります。神経系では、⑧特定の細胞が相手の細胞に向けて手を伸《の》ばし、直接接することにより情報を伝達しています。この方法では、はじめから相手が特定されており、直結したケーブルにより、きわめて迅速《じんそく》に正確に情報を伝えることができます。

動物では、外界からの刺激《しげき》にたいしてできるだけすばやく行動するほうが生存に有利です。化学物質ではこうした迅速な情報伝達はむずかしいので、細胞間のすばやい情報伝達を可能にする方法として神経系を発達させたのではないかと考えられます。神経による情報伝達は［ Ⅱ ］にたとえることができます。

肝臓《かんぞう》でも筋肉でも、いくつかの種類の細胞が集まって一つの臓器をつくっています。いろいろな種類の細胞は雑然とかたまりをつくっているのではなく、それぞれ同じ細胞がとなりどうし仲よく整然と並んで一つの組織をつくっています。

その集まり方はひじょうにⓓトクイ的で、たとえば、胚《はい》から表皮と神経細胞をとりだしてそれぞれバラバラにして混ぜあわせ、しばらく培養《ばいよう》すると、細胞たちはしだいに同じものどうしが集まってくっつきあい、やがてもとのように二つの集団になるといいます。

「［ A ］」ということばがあります。気のあう友だちどうしは自然と集まりあうという意味ですが、私たちのからだの細胞も、同じまたは類似《るいじ》した細胞どうしが集まって一つの組織をつくっています。

このように、細胞はおたがいを識別し、似たものどうしが接着しあう力をもっているのです。

（伊藤明夫「細胞のはたらきがわかる本」岩波ジュニア新書）

（注）　＊単細胞《さいぼう》…一つの細胞から体が構成されている生物。　＊多細胞…複数の細胞から体が構成されている生物。
＊平滑筋《へいかつきん》細胞…体の筋肉細胞の一つ。
＊ぜん動運動…胃や大腸などの消化管が食べ物を送るために、伸《の》びたり縮んだりと収縮する動き。

問一　――ⓐ～ⓓのカタカナを漢字に直し、漢字は読みをひらがなで答えなさい。ただし、ⓑは訓読みで答えること。

問二　――①「人と人のあいだのコミュニケーション」とあるが、筆者は人間にとってどのようなものと述べているか。本文中から二十五字以内で探し、最初と最後の四字をぬき出しなさい。

問三　――②「細胞《さいぼう》はたがいに緊密《きんみつ》な連絡《れんらく》をとりあって、全体としての調和をはかっています」とあるが、それをたとえた表現を本文中から二十字以内で探し、ぬき出しなさい。

問四　――③「情」の部首名をひらがなで答えなさい。

問五　――④「そうではありません」とあるが、どういうことか。その内容を私たちの社会におきかえて表現した場合、最も適当なものを次の中から選びなさい。

ア　近所の人に対して過度な興味関心は持たないが、いざという時のため必要最低限のやりとりをしている。
イ　さまざまなコミュニケーションツールを使って情報を交換《こうかん》することで、周囲の人々と親密な関係を築いている。
ウ　遠隔地《えんかくち》の人とはオンラインで結ばれた会議によって交流があるが、隣人《りんじん》とは交流する機会が希薄《きはく》である。
エ　人とのコミュニケーションを円滑《えんかつ》に行うために、様々な工夫を行うが、特定の仲間と組織を作る傾向《けいこう》がある。

問六　――⑤「腸における協調的なぜん動運動」とあるが、具体的にどのようなことか。最も適当なものを次の中から選びなさい。

ア　遠くまで情報が及《およ》ぶようにするためには、ギャップ結合を介《かい》することが不可欠であること。
イ　カルシウムイオンが細い筒状《つつじょう》の管を通ることで、分子が直径一・二ナノメートル以下になること。
ウ　隣接する細胞は、ギャップ結合を通して連結することによって低分子物質を受け渡《わた》すこと。
エ　イオン濃度《のうど》を上昇《じょうしょう》させることで、ギャップ結合の働きをさらに促進《そくしん》させることができること。

問七　――⑥「第二のコミュニケーションの方法」とあるが、この方法を成立させるために細胞において必要なものは何か。本文中から三字でぬき出しなさい。

問八　[Ⅰ]・[Ⅱ]に当てはまる言葉の組み合わせとして最も適当なものを次の中から選びなさい。

ア　Ⅰ　新聞　　Ⅱ　集会
イ　Ⅰ　手紙　　Ⅱ　電話
ウ　Ⅰ　メール　Ⅱ　手紙
エ　Ⅰ　メール　Ⅱ　新聞
オ　Ⅰ　手紙　　Ⅱ　会議

問九　――⑦「第三の方法」とあるが、これを発達させた理由は何か。本文中の言葉を使って五十字以内で答えなさい。

問十　――⑧「特定」につく打ち消し語と同じ漢字が当てはまるものを次の中から一つ選びなさい。

ア　□完成　　イ　□期限　　ウ　□公開　　エ　□案内

問十一　[A]に当てはまることわざを答えなさい。

問十二　この文章について説明したものとして最も適当なものを次の中から選びなさい。

ア　人間社会のコミュニケーションの変遷《へんせん》について言及《げんきゅう》し、細胞の変わらぬコミュニケーションの先見の明を称《たた》えている。
イ　「コミュニケーション」に注目して人間社会と比較《ひかく》することで、細胞の情報伝達のしくみや特質を分かりやすく論じている。
ウ　現代社会のコミュニケーションの希薄さに対して、細胞における濃密《のうみつ》な連携《れんけい》を引き合いに出して警鐘《けいしょう》を鳴らしている。
エ　具体例を多く用いながら、端的《たんてき》に細胞と人間社会のありようを分析《ぶんせき》することで人間の本質を知ろうとしている。

三　次の文章を読んで、あとの問いに答えなさい。

俗《ぞく》に「ヘビににらまれたカエル」と言う。恐怖《きょうふ》で身がすくみ動けなくなることを指す。①絶□絶□の哀《あわ》れなカエルが浮《う》かぶ。だが最新の研究によれば、実はあの不動の姿勢こそ最善の防御策《ぼうぎょさく》だという。

動物学者の西海望《にしうみのぞみ》博士（33）は、シマヘビとトノサマガエルの駆《か》け引きを屋内外で撮影《さつえい》した。解析《かいせき》してわかったのは、カエルが先手をとって跳躍《ちょうやく》すると、空中では進路を変えられないため、ヘビに動きを読まれるおそれが高くなること。ヘビが Ⓧ を切らして攻撃《こうげき》に出るのを忍耐《にんたい》強く待っていたらしい。

捕《つか》まえる側にとっても、先手は上策《じょうさく》ではなかった。ヘビは折り曲げた体をバネのように伸《の》ばして突進《とっしん》する。もし最初の攻撃が空振《からぶ》りすると、再攻撃の前に体を曲げる時間が要《い》る。その間に、田や川、池など水場へ逃《に》げられるリスクが高まるそうだ。

研究には300時間以上を要した。在籍《ざいせき》していた京都大周辺のほか、滋賀や三重、徳島でもカメラを回した。あぜに身を潜《ひそ》め、気配を殺してヘビを待つ。不審者《ふしんしゃ》かと思った住民が木刀《ぼくとう》を手に迫《せま》ってきたこともあったという。

ふいに浮かんだのは、昭和の＊大横綱双葉山《だいよこづなふたばやま》の立ち合いである。Ⓨ をとるかに見せて優位に立つ「後の先」を理想とした。だれに教わったわけでもないのに、②カエルたちが双葉山顔負けの知略を備えていたとは驚《おどろ》きである。

カエルの鳴き声が列島に響《ひび》く季節である。研究に触《ふ》れ、どうしてもヘビよりカエルの方を応援《おうえん》したくなる。古池や蛙《かわず》逃げ切れ水の音⁉

（朝日新聞「天声人語」令和二年七月四日）

（注）＊大横綱双葉山…双葉山定次（ふたばやま　さだじ）。相撲《すもう》界で前人未到《みとう》の大記録、69連勝で知られる。

問一　Ⓧ に当てはまる語をひらがな三字で答えなさい。

問二　Ⓨ は「先手」の対義語が入る。漢字二字で答えなさい。

問三　――①「絶□絶□」の□に適当な漢字を当てはめて四字熟語を完成させなさい。

問四　――②「カエルたちが双葉山顔負けの知略を備えていた」とあるが、「双葉山顔負けの知略」とはどういうことか。本文中の言葉を使って二十五字以内で答えなさい。

四　次の□の中の漢字を使って、三字熟語を四つ作りなさい。ただし、同じ漢字を二度使ってはいけません。

望　意　理　好　気
識　地　遠　保　固
鏡　者　景　欲　護

算　数

（60分）

1 (1) 次の計算をしなさい。

① $2+3\times(10-4)\div 2$

② $\frac{11}{18}-\left(\frac{1}{6}+\frac{3}{8}\right)\div 3.25$

(2) 次の□にあてはまる数を求めなさい。

$\left(\frac{1}{2}+\frac{5}{6}\times\square\right)\div 6=\frac{1}{2}$

2 次の□にあてはまる数を求めなさい。

(1) ある商品に仕入れ値の3割の利益を見こんで定価をつけました。売れなかったため，その定価の2割引きで売ったところ，利益が60円になりました。仕入れ値は□円です。ただし，消費税は考えないものとします。

(2) [0],[1],[2],[3]の4枚のカードのうち3枚を並べて3けたの数をつくるとき，偶《ぐう》数は全部で□通りです。

(3) 縮尺25000分の1の地図上に一辺の長さが2cmの正方形の土地があります。この土地の実際の面積は□km^2です。

(4) 何人かの生徒に，あめを同じ数ずつ配ります。あめを1人に3個ずつ配ると15個余り，5個ずつ配ると21個たりません。このとき，あめは全部で□個あります。

(5) 18の約数すべてをたすと□です。

(6) 右の図のように，直角三角形の紙を折りました。

このとき，角㋐の大きさは□°です。

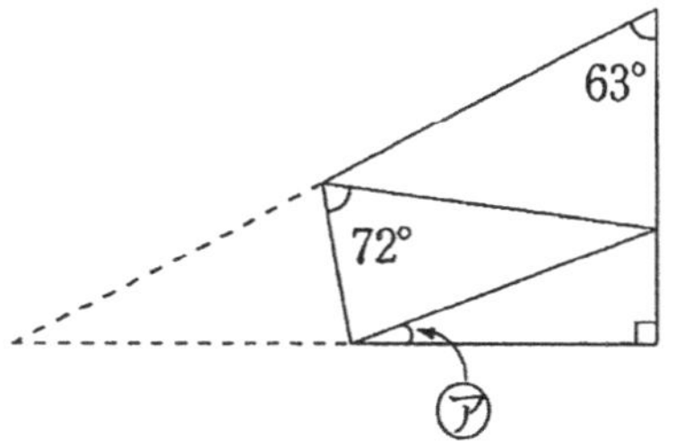

(7) 【図1】のように，水が入った直方体の水そうが水平な台の上にあります。この水そうに【図2】のような直方体のおもりを面Aが水そうの底にぴったりとつくように入れると，水面の高さが直方体のおもりの高さとちょうど同じになりました。おもりを入れる前の水面の高さは□cmです。

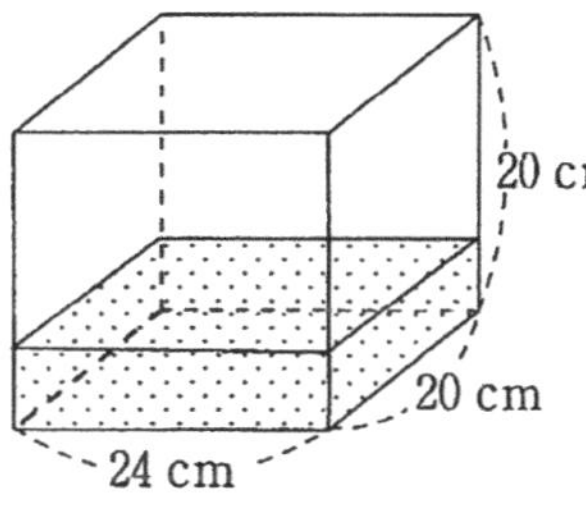

【図1】

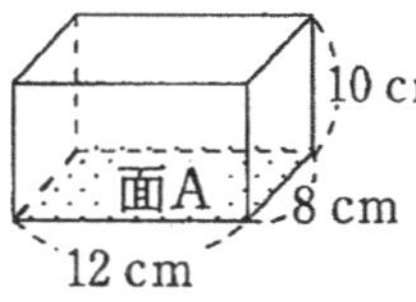

【図2】

(8) 右の図のような円すいがあり，点Aから円すいの側面を1周するように糸を巻きつけて側面を2つの部分に分けます。糸の長さが最も短くなるように巻きつけたとき，円すいの側面で点Oをふくまない方の部分の面積は□cm^2です。ただし，円周率は3.14とします。

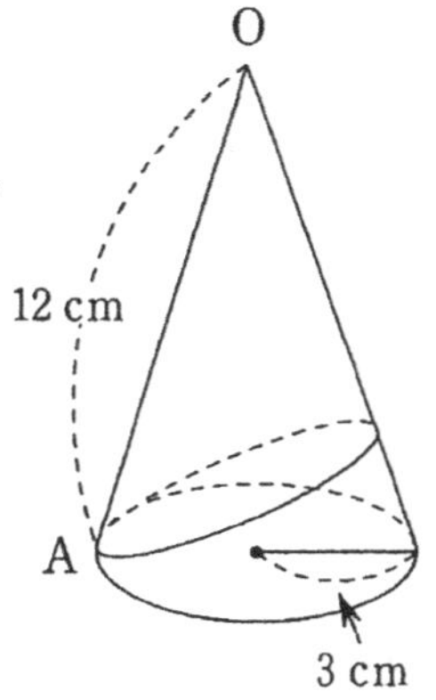

3 【図1】は，直方体と底面が直角二等辺三角形の三角柱を組み合わせた形の容器で，中に水が入っており，面Aが水面と平行になるようにしたものです。次の問いに答えなさい。

(1) 【図1】の容器に入っている水の量は何 cm^3 ですか。

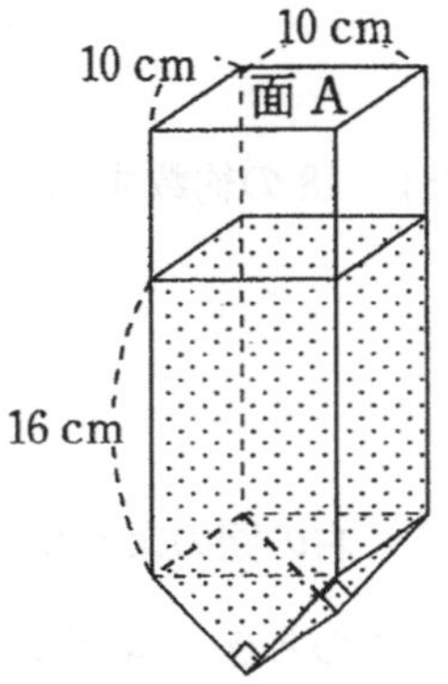

【図1】

(2) 【図2】のように，【図1】の容器を水平な台の上に置くと，水面の高さが6 cmになりました。
(ア)の長さは何cmですか。

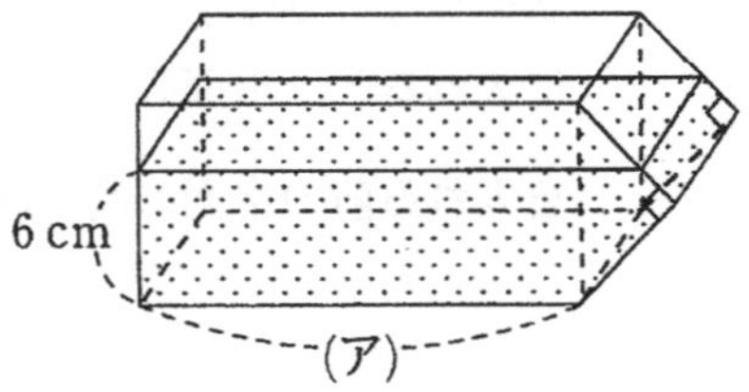

【図2】

(3) 【図3】は【図1】の容器をしゃ線部分の面Bが水面と平行になるようにしたものです。(イ)の長さは何cmですか。
（解答らんには，考え方も書きなさい。）

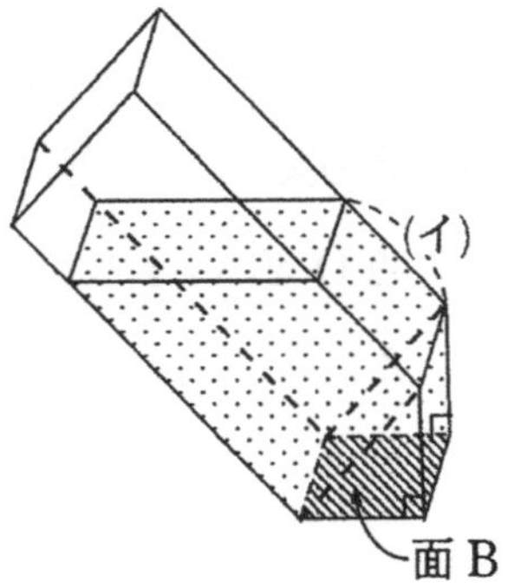

【図3】

4 3人の陸上部の生徒Aさん，Bさん，Cさんがそれぞれ一定の速さで走ります。Aさんの走る速さは分速200 m，Cさんの走る速さは分速300 mです。練習1日目は，3人が同時にスタートし，同じきょりを走りました。BさんはAさんより6分早くゴールし，CさんはBさんより4分早くゴールしました。次の問いに答えなさい。

(1) 練習1日目に，Aさんが走った時間は何分ですか。また，Bさんの走る速さは分速何mですか。

(2) 練習2日目には，Aさん，Bさん，Cさんの3人が走ったきょりの合計が15 kmになりました。Bさんが走ったきょりはAさんが走ったきょりの2.5倍で，AさんとCさんが走った時間は同じでした。Cさんが走った時間は何分ですか。

(3) 練習3日目には，あるランニングコースを走りました。AさんとBさんが同時にスタートし，Bさんは最初から最後まで1人で走り，Aさんは途《と》中のポイントでCさんと交代して，Cさんが最後まで走りました。このときAさんとCさんの走った時間の比は2：3で，CさんはBさんより48秒早くゴールしました。このランニングコースのきょりは何mですか。
（解答らんには，考え方も書きなさい。）

（問題は次のページに続きます。）

5 S中学校では全校生徒に，国語，社会，数学，理科，英語の5教科の中から好きな教科を1つ選ぶアンケートを行いました。数学を選んだ生徒の人数は121人でした。また，その121人は英語を除いた4教科を選んだ生徒の人数の合計の44％にあたります。次の問いに答えなさい。

(1) 国語，社会，数学，理科の4教科を選んだ生徒の人数の合計は何人ですか。

(2) 社会を選んだ生徒の人数は，理科を選んだ生徒の人数の2倍より8人少なく，国語を選んだ生徒の人数は，理科を選んだ生徒の人数の1.5倍でした。理科を選んだ生徒の人数は何人ですか。

(3) 全校生徒に対して英語を選んだ生徒の人数の割合は，小数第1位を四捨五入をすると24％でした。全校生徒は何人であると考えられますか。すべて答えなさい。

6 下の図のように，正方形と長方形を組み合わせて作った図形Aと図形Bがあります。【図1】のように，図形Bを固定し，図形Aだけを【図1】の位置から矢印の方向に直線L上を【図2】の位置になるまで動かしていきます。次の問いに答えなさい。

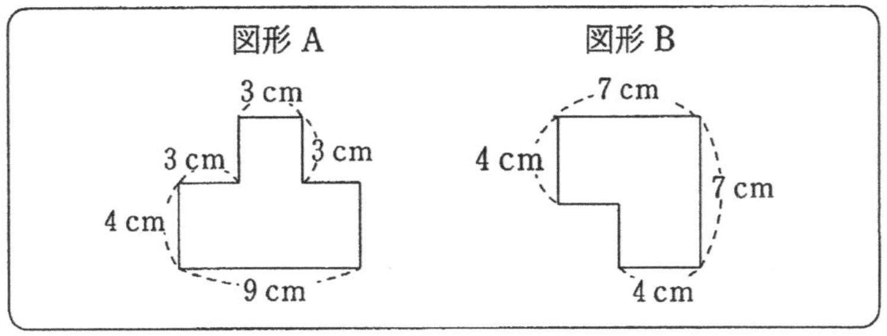

【図1】

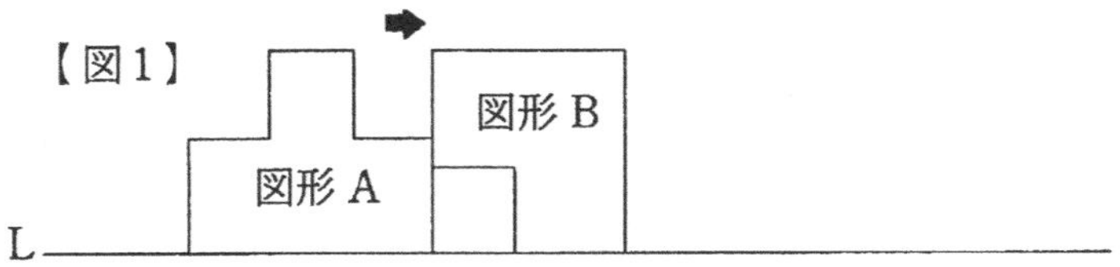

【図2】

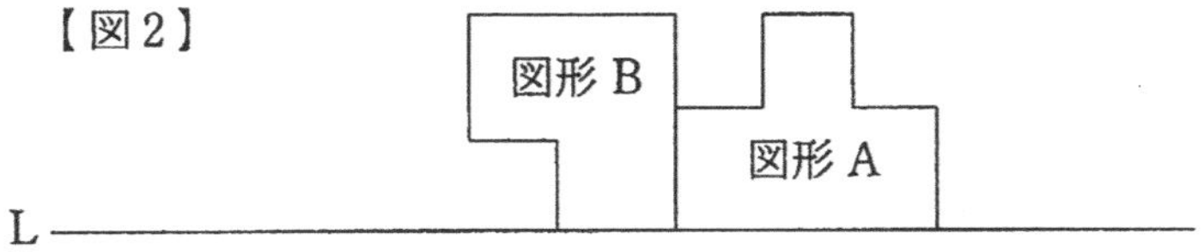

(1) 図形Aを【図1】の位置から矢印の方向に4 cm動かしたとき，図形Aと図形Bが重なっている部分の面積は何cm^2ですか。

(2) 図形Aと図形Bが重なっている部分の面積が変化しないのは，図形Aを【図1】の位置から矢印の方向に動かしたきょりが何cm以上何cm以下のときですか。また，そのとき図形Aと図形Bが重なっている部分の面積は何cm^2ですか。

(3) 図形Aと図形Bが重なっている部分の面積が19 cm^2になるのは2回あります。2回目に面積が19 cm^2になるのは，図形Aを【図1】の位置から矢印の方向に何cm動かしたときですか。

（問題はこれで終わりです。）

理　科

(50分)

1　ヒナタさんとアオイさんは，化石の発掘《はっくつ》を体験しました。以下は，そのときの会話です。

ヒナタ：これ（図１）は何かの化石じゃないかしら。図鑑《ずかん》で調べてみようよ。

アオイ：あった，あった。ビカリアの化石みたいだよ。この生物はすでに絶滅《ぜつめつ》して，今の地球上にはもういないそうだよ。今から約1500万年前に生息していたようだね。

図１

ヒナタ：化石について調べてみると，化石には「示準化石《しじゅんかせき》」，「示相化石《しそうかせき》」というものがあるみたい。示準化石はその地層《ちそう》の年代を知る手がかりとなる化石みたいだよ。それに対して，示相化石はその生物が生きていた当時の環境《かんきょう》を知る手がかりになる化石なんだって。ビカリアは新生代《しんせいだい》とよばれる年代の示準化石の１つらしいよ。

（１）　ビカリアのような示準化石の説明として当てはまるものを**ア**～**エ**から１つ選び，記号で答えなさい。

ア　年代を問わず，地球上の限られた範囲《はんい》に生きていた。
イ　年代を問わず，地球上の広い範囲に生きていた。
ウ　特定の年代に，地球上の限られた範囲に生きていた。
エ　特定の年代に，地球上の広い範囲に生きていた。

図２の **あ**～**う** は海面からの高さが同じで一直線上にある３つの地点の地層を表しています。この地域では断層や地層の曲がりは見られず，地層は南西の方向が低くなるように一定の角度で傾《かたむ》いています。また，次の①～③のことがわかっています。なお，同じ地層は同じ模様《もよう》で表しています。

①　Ｘの層は，砂とどろが交互《こうご》に重なる地層である。
②　Ｙの層からは，ごつごつと角ばった石や，小さな穴がたくさん開いたつぶが観察された。
③　Ｚの層からは，**図３**のような化石が見つかった。

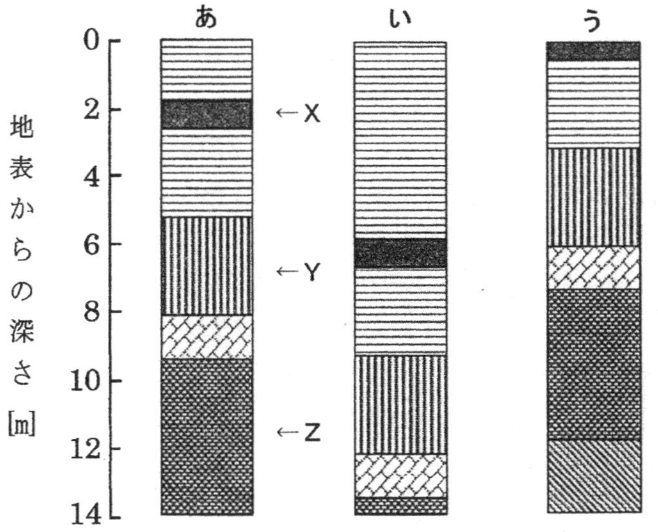

図２

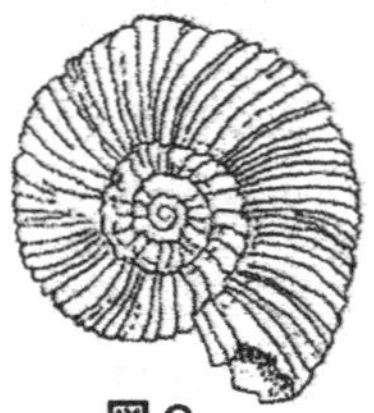
図３

（２）　**図３**は何という生物の化石ですか。

（３）　地層には水のはたらきでできたものと，火山のはたらきでできたものがあります。水のはたらきでできたと考えられるのは，Ｘ，Ｙ，Ｚのどれですか。

（４）　**図２**の **あ**～**う** のうち，この地域で最も南西の土地から採取された地層はどれですか。**あ**～**う** の記号で答えなさい。

（５）　**図３**のような海で生きていたと思われる生物の化石が高い山の頂上付近《ふきん》でも発見されることがあります。その理由として考えられることを答えなさい。

(問題は次のページに続きます。)

2 ゾウリムシ（図４）は１つのからだが１つの「細胞《さいぼう》」とよばれる小さなふくろのようなものでできています。このように，からだが１つの細胞でできている生物を「単細胞生物《たんさいぼうせいぶつ》」といいます。一方，ヒトは$_A$受精の直後にできる１つの細胞が増え，誕生《たんじょう》するまでには数十兆個もの細胞が集まった１つのからだをつくるようになります。このように，からだが複数の細胞でできている生物を「$_B$多細胞生物《たさいぼうせいぶつ》」といいます。

図４

卵と精子が受精することで子をつくるような，２つのものが合体してあたらしいからだをつくる方法を「$_C$有性生殖《ゆうせいせいしょく》」といいます。また，１つのからだが，他と関わることなくそのからだだけで次の新しいからだをつくる方法を「無性生殖《むせいせいしょく》」といいます。ゾウリムシは有性生殖と無性生殖の両方でからだを増やすことができます。

ジャガイモを増やすときにも，有性生殖と無性生殖の２通りの方法があります。有性生殖の場合は，成長して花が咲いたジャガイモから$_D$受粉によってできる種子をとり，それをまいて次のジャガイモを増やすことができます。この方法では両方の親のもつ情報(からだの形や，性質を決めるもの)が半分ずつ子に伝わるため，結果的にそれぞれの親とは違う情報をもつ子ができます。一方，無性生殖の場合は，種芋《たねいも》とよばれる丸ごとのジャガイモを半分に切って，植え付けをします。この方法では，ひとつの親のもつ情報がそのまま子に受けつがれるため，もとのジャガイモと同じ特徴《とくちょう》をもつジャガイモがつくられます。

（１） 下線部A について，卵と精子が受精してでき，子宮内で子どもに育つものを何といいますか。

（２） 下線部B，Cについて，「多細胞生物」と「有性生殖」の利点をそれぞれ答えなさい。

（３） 下線部Dについて説明した下の文中の（　　）に当てはまる言葉をそれぞれ答えなさい。

花のおしべの先でつくられた(ア)が，(イ)に付着すること。

（４） ある種類のゾウリムシは，１日に３回からだが２つに分かれて増えます。ゾウリムシ10匹《ぴき》は48時間後に何匹になるか計算しなさい。

（５） ゾウリムシには，ヒメゾウリムシ，ミドリゾウリムシ，ゾウリムシの３種類がいます。３種類について同じ条件のもとで飼育する実験を行いました。それぞれを単独で飼育した結果，図５のようになりました。３種類のうち２種類をまぜて飼育した場合，図６，図７の結果になりました。図５～７の実験結果からわかる最も適切なものを，次のア～エから１つ選び，記号で答えなさい。

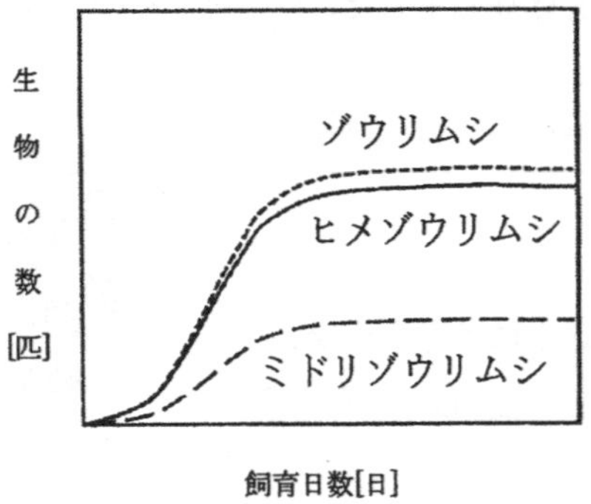

図５　３種類を単独で飼育

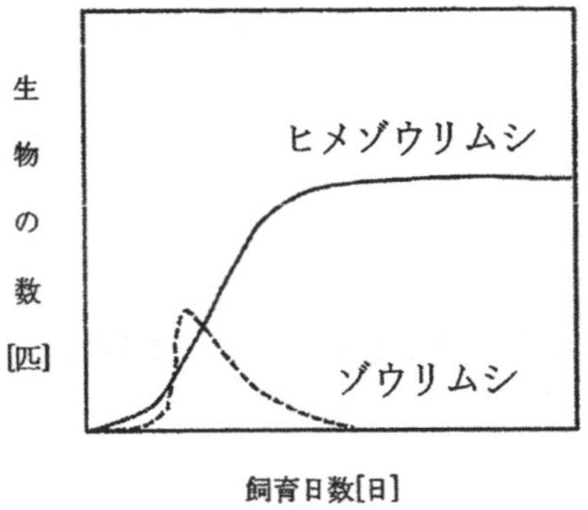

図６ ヒメゾウリムシとゾウリムシの２種類をまぜて飼育

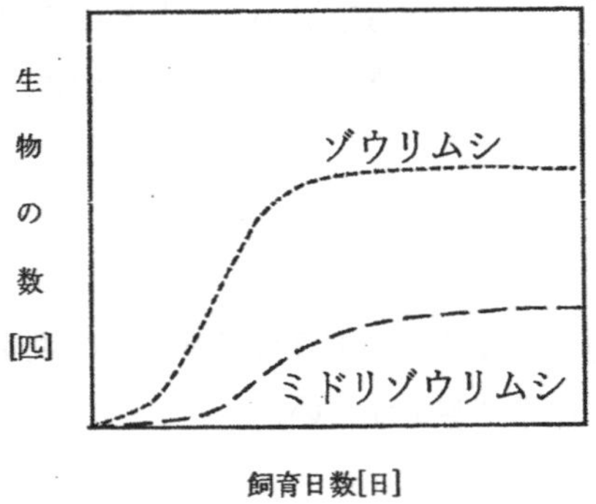

図７ ゾウリムシとミドリゾウリムシの２種類をまぜて飼育

ア ゾウリムシはヒメゾウリムシを食べる。
イ ヒメゾウリムシとゾウリムシはたがいに影響《えいきょう》を与えない。
ウ ゾウリムシはミドリゾウリムシを食べる。
エ ゾウリムシとミドリゾウリムシはたがいに影響を与えない。

(問題は次のページに続きます。)

3　ものが水にとけるときのようすについて調べる実験をしました。

操作１　20℃の水を100g，120g，140gずつ入れたビーカーを用意しました。それぞれのビーカーの水にとける食塩の最大量が何gになるかを調べました。その結果が**表１**です。

表１　水の重さととけた食塩の最大量

水の重さ(g)	100	120	140
とけた食塩の最大量(g)	36.0	43.2	50.4

操作２　水100gを入れたビーカーを用意し，温度を10℃ごとに変えて，食塩とホウ酸についてとける最大量が何ｇになるかを調べました。その結果が**表２**です。

表２　温度の違いによる水100ｇにとけた食塩とホウ酸の最大量

水の温度(℃)	20	30	40	50	60	70
とけた食塩の最大量(g)	36.0	36.2	36.4	36.6	37.0	37.4
とけたホウ酸の最大量(g)	4.9	6.8	8.9	11.4	14.9	18.7

操作３　60℃の水150gを入れたビーカーを２つ用意しました。１つのビーカーに食塩をとけるだけとかしました。このビーカーをＡとします。もう１つのビーカーにホウ酸をとけるだけとかしました。このビーカーをＢとします。

操作４　**操作３**で準備したビーカーＡとビーカーＢを20℃まで冷やすと，食塩とホウ酸のつぶがそれぞれのビーカーにできました。底にたまったつぶをろ紙を用いてこし，集めました。その後それぞれのろ紙の上に残ったつぶを乾燥《かんそう》させ，重さをはかりました。

（１）**操作４**の下線部について，ろ紙を用いてつぶを分ける操作のことをろ過《か》といいます。次の**ア**～**オ**のうち，まちがった内容のものを１つ選び，記号で答えなさい。

ア　ろ紙はろう斗《と》にぴったりつけるため，ろ過の前に水でぬらす。
イ　ろう斗の先端《せんたん》はとがった方をビーカーのかべにつける。
ウ　すばやくつぶを分けるために，ろ紙の上に液体を一気にそそぐ。
エ　ろう斗に液体をそそぐときは，ろ紙が重なっているところにそそぐ。
オ　水にとけているものはろ過では取り出せない。

（２）**表１**の結果より，20℃の水250gにとける食塩の最大量を答えなさい。割り切れない場合は，小数第２位を四捨五入して，小数第１位まで答えなさい。

（３）**表１**の結果から，20℃の水100gに食塩をとけるだけとかしてできた食塩水の濃《こ》さは何%になっているかを答えなさい。割り切れない場合は，小数第２位を四捨五入して，小数第１位まで答えなさい。ただし，濃さは下の式で求めることができます。

$$\text{濃さ（\%）} = \frac{\text{とけているものの重さ（g）}}{\text{水よう液の重さ（g）}} \times 100$$

（４）**操作４**について，集めたつぶの重さを比べたとき，重いのはビーカーＡとビーカーＢのどちらですか。Ａ，Ｂの記号で答えなさい。

（５）**操作４**ではつぶを取り出すために水よう液を冷やしましたが，冷やす方法の他につぶを取り出すにはどのような方法がありますか。１つ答えなさい。

（問題は次のページに続きます。）

4　南北にのばした導線《どうせん》の下に方位磁針《じしん》を置き，方位磁針のＮ極の向きをみたところ，導線にそって，方位磁針のＮ極は**図８**のように北を向いていました。次に，導線に電流を流し，方位磁針のＮ極のふれ方を調べたところ，**図９**のようなふれ方になりました。(a)では方位磁針の上に導線があり，(b)では方位磁針の下に導線があります。ただし，電流の向きを逆にするとＮ極は反対側に傾《かたむ》きました。

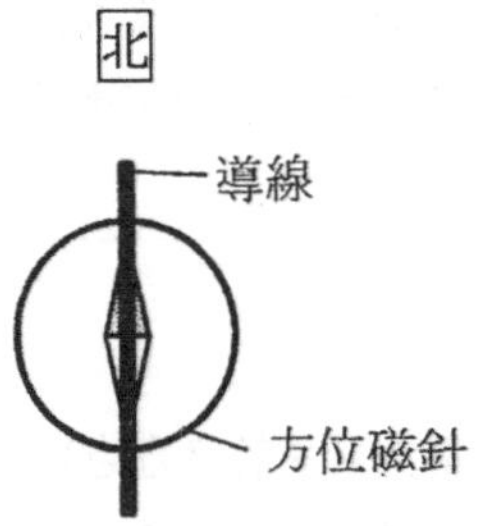

図８　電流を流していないとき

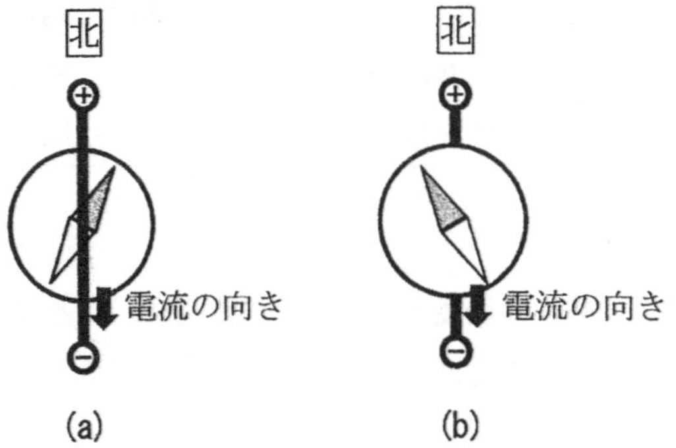

図９　電流を流したとき

（１）　**図 10** のように方位磁針の上下に導線を通しました。この導線に電流を流したときの方位磁針のふれ方として，正しいものを**ア～カ**から１つ選び，記号で答えなさい。上下の導線は方位磁針の中心の真上と真下を通っているものとします。

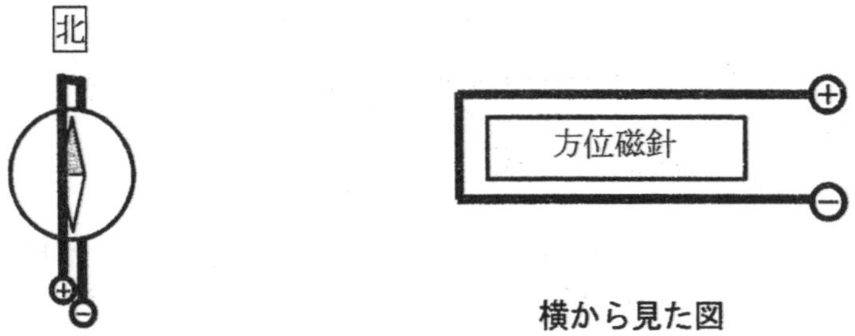

横から見た図

図 10

ア　Ｎ極は北をさしたまま動かない。
イ　**図９**の(a)と同じ向きに同じ角度だけＮ極が傾く。
ウ　**図９**の(a)と同じ向きでさらに大きい角度にＮ極が傾く。
エ　**図９**の(b)と同じ向きに同じ角度だけＮ極が傾く。
オ　**図９**の(b)と同じ向きでさらに大きい角度にＮ極が傾く。
カ　Ｎ極が南を向く。

図 11 のようにストロー（ポリエチレン管）に導線をまいたものをつくりました。これをＡとします。Ａに棒《ぼう》を入れ，導線に電流を流すことで，磁石《じしゃく》と同じはたらきをする電磁石ができます。

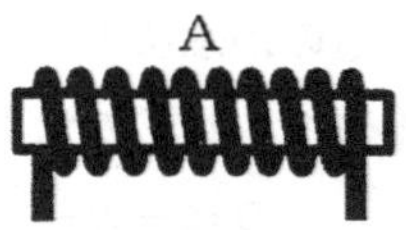

図 11

（２）Ａのように導線をまいたものを何と言いますか。カタカナ３文字で答えなさい。

（３）　電磁石のはたらきが最も強くなるのは，どの棒を入れたときですか。あてはまるものを**ア～エ**から１つ選び，記号で答えなさい。
　ア　ガラス棒　　**イ**　鉄の棒　　**ウ**　木の棒　　**エ**　プラスチックの棒

（４）　電流の強さを変えず，電磁石のはたらきを強くするには，どのような方法がありますか。その方法を１つ答えなさい。

（５）（４)について，電磁石のはたらきが強くなったかどうかを調べるにはどのような実験をすればよいですか。実験方法を１つ説明しなさい。

電磁石にしたＡを２つつなげ電流を流しました。**図 12** のように方位磁針を置いたとき，Ｎ極のふれ方は図のようになりました。ただし，図の上を北とします。

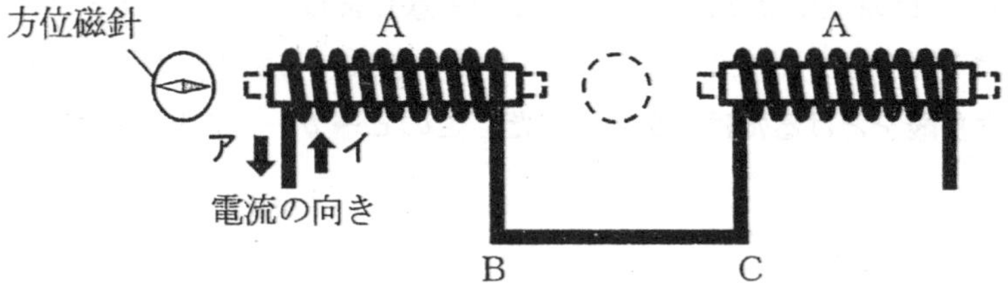

図 12

（６）　**図 12** の点線の丸の位置に方位磁針を置きました。このときの方位磁針のようすを針のさす向きが分かるように解答用紙に図をかきなさい。ただし，導線ＢＣ間に流れる電流の影響《えいきょう》は受けないものとします。

（７）　**図 12** のＡに流れた電流の向きは**ア**，**イ**のどちらですか。記号で答えなさい。

（問題はこのページで終わりです。）

就実中学校

R5 1期・3教科型（特進ハイグレード）

国語解答用紙

受験番号

※100点満点

一

問一 ⓐ ⓑ ⓒ ⓓ

問二 A B C

問三

問四

問五

問六 80

問七 (1) (2) 35

問八 80

問九

問一．2点×4
問二．2点×3
問三．2点
問四．2点
問五．2点
問六．8点
問七．(1)3点
(2)4点
問八．8点
問九．3点

二

問一 ⓐ ⓑ ⓒ ⓓ

問二 〜

問三 20

問四

問五

問六

問七

問八

問九 50

問十

問十一

問十二

問一．2点×4
問二．3点×1
問三．3点
問四．2点
問五．3点
問六．3点
問七．2点
問八．2点
問九．4点
問十．2点
問十一．3点
問十二．3点

三

問一

問二

問三 絶 絶

問四 25

問一．2点
問二．2点
問三．3点
問四．4点

四

完答5点

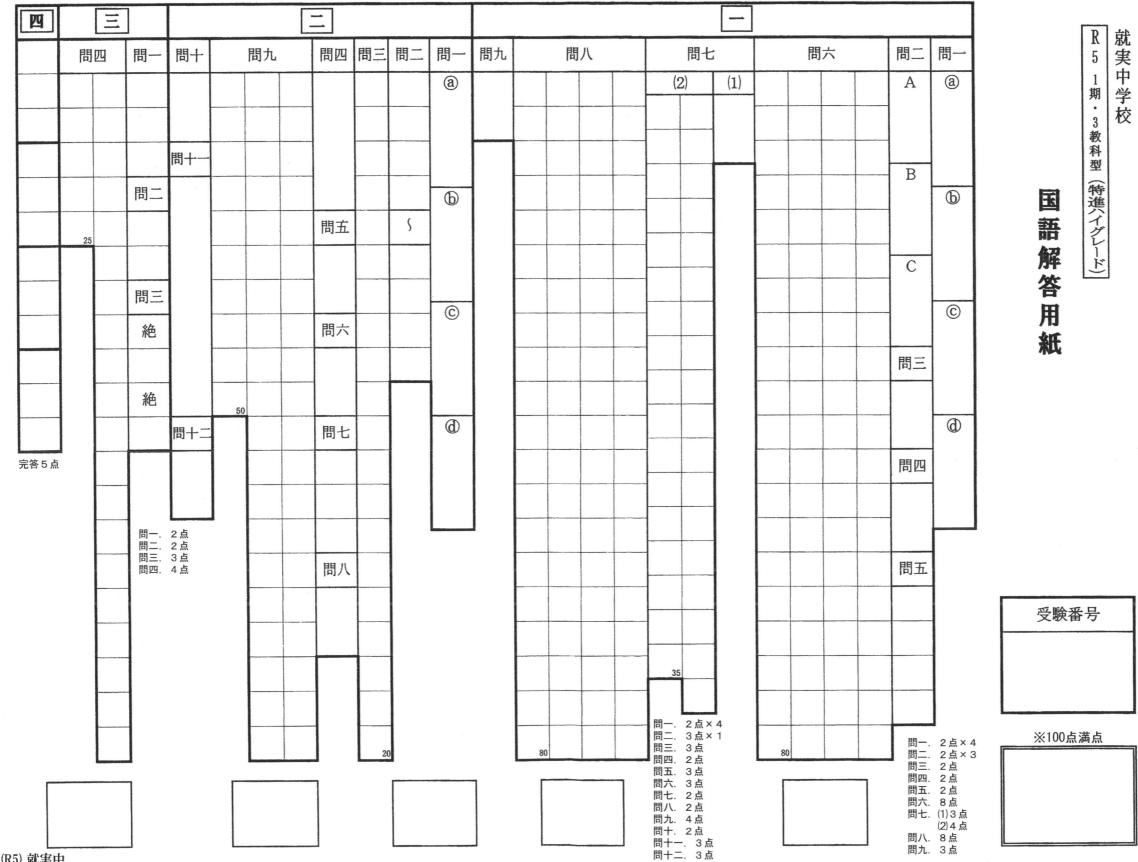

国語解答用紙

一					二			三	四
問一	問二	問六	問七	問八					

R5　１期・３教科型（特進ハイグレード）

就実中学校

算数解答用紙

(1)３点×２　(2)４点

1

(1)	①	②
(2)		

４点×８

2

(1)	円	(2)	通り
(3)	km^2	(4)	個
(5)		(6)	°
(7)	cm	(8)	cm^2

(1)４点　(2)４点　(3)６点

3

(1)	cm^3	(2)	cm
(3)	［考え方］ cm		

(1)時間…３点　速度…２点　(2)４点　(3)６点

4

(1)	分	分速　m
(2)	分	
(3)	［考え方］ m	

(1)４点　(2)４点　(3)５点

5

(1)	人	(2)	人
(3)			

(1)４点　(2)きょり…５点　面積…２点　(3)５点

6

(1)	cm^2	
(2)	cm 以上　cm 以下	cm^2
(3)	cm	

受　験　番　号

※100点満点

Ｒ５　１期・３教科型(特進ハイグレード)

就実中学校

理科　解答用紙

1

(1)		(2)	
(3)		(4)	
(5)			

⑴６点
⑵４点
⑶４点
⑷５点
⑸６点

2

(1)	
(2)	多細胞生物
	有性生殖
(3)	ア　　イ
(4)	匹
(5)	

⑴３点
⑵４点×２
⑶３点×２
⑷４点
⑸４点

3

(1)		(2)	g
(3)	%	(4)	
(5)			

⑴４点
⑵６点
⑶６点
⑷３点
⑸６点

4

(1)		(2)		(3)	
(4)					
(5)					
(6)	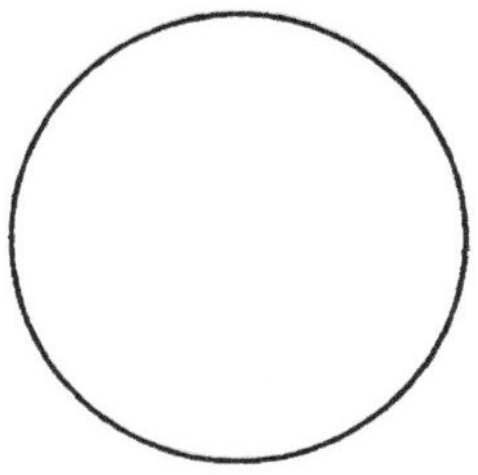	(7)			

⑴４点
⑵３点
⑶３点
⑷４点
⑸５点
⑹３点
⑺３点

受験番号

※100点満点

１※	２※	３※	※（配点非公表）	受験番号	

（45分）

課題１　みのるさんとはな子さんは列車について調べ，次の休日に会う計画を立てています。あとの（１）～（３）に答えましょう。ただし，どの列車も一定の速さで走るものとします。

※

（１）　特急列車が 45km離《はな》れた駅まで一度も停車せずにちょうど 30 分で走るとき，特急列車の速さは時速何 km か答えましょう。

時速　　　　　km

はな子：普通《ふつう》列車はすべての駅に２分間停まるけど，快速列車と特急列車が停まる駅は少ないみたいだわ。
みのる：快速列車も停車する駅には２分間停まるみたいだね。

※

（２）　時速 50km で走る普通列車が午前８時にＡ駅を出発し，45km 離れた 10 駅先のＫ駅に到着《とうちゃく》する時刻を答えましょう。また，Ａ駅を出発してＫ駅に到着するまでにかかる時間は，時速 60km で走る快速列車の方が普通列車より 23 分短いです。快速列車がＡ駅を出発した後，Ａ駅とＫ駅以外で停車する駅の数を答えましょう。

午前　　　時　　　分	駅の数

（３）　みのるさんは【時刻表】を見ながらＰ駅から５駅先のＵ駅で待つはな子さんと会う計画を考えています。この区間では，普通列車は全ての駅に停車しますが，特急列車はＰ駅とＵ駅のみに停車し，快速列車はＰ駅とＲ駅とＵ駅のみに停車します。普通列車と快速列車については，Ｐ駅からＵ駅まで行くのにかかる料金はＲ駅で列車を乗り換《か》えても乗り換えなくても 380 円です。特急列車については，Ｐ駅からＵ駅まで行くのにかかる料金は 700 円です。また，お弁当の値段は【表１】の通りです。【計画を立てるための条件】に合う列車の選び方とお弁当を買う駅について，次の問いに答えましょう。ただし，列車を乗り換えるのにかかる時間は考えないものとします。

【計画を立てるための条件】

・みのるさんは 10：45 にＰ駅に到着して，Ｕ駅で待つはな子さんと 13:20 までに会う。
・お弁当はＰ駅，Ｒ駅，Ｕ駅のいずれかの駅で買う。お弁当を買う時間はいずれの駅でも 10 分とする。
・みのるさんはお弁当を食べ終えてからはな子さんと会う。
・お弁当は列車の中または駅で食べるものとし，お弁当を食べる時間は 30 分とする。

みのる：①　Ｐ駅からＵ駅まで快速列車に乗ってＵ駅でお弁当を買えば，列車の料金とお弁当の値段の合計金額が一番安くできるね。
はな子：それでは【計画を立てるための条件】に合わないわ。

問ア　会話文の下線部①の列車の選び方とお弁当を買う駅が【計画を立てるための条件】に合わない理由を答えましょう。

問イ　列車の料金とお弁当の値段の合計金額が最も安くなるような列車の選び方とお弁当を買う駅の組み合わせは全部で何通りあるか答えましょう。また，その例を一つあげましょう。

【時刻表】

列車種別		普通１	特急	快速	普通２
Ｐ駅	発	10:56	11:03	11:13	11:16
Ｑ駅	着	11:08	↓	↓	11:28
	発	11:10	↓	↓	11:30
Ｒ駅	着	11:34	↓	11:43	11:54
	発	11:36	↓	11:45	11:56
Ｓ駅	着	12:24	↓	↓	12:44
	発	12:26	↓	↓	12:46
Ｔ駅	着	12:38	↓	↓	12:58
	発	12:40	↓	↓	13:00
Ｕ駅	着	12:52	12:03	12:45	13:12

【表１】

Ｐ駅のお弁当	900 円
Ｒ駅のお弁当	800 円
Ｕ駅のお弁当	500 円

問ア

問イ　　　　通り

例

※

受験番号	

課題２　みのるさんとはな子さんは，麻《あさ》の葉模様について話をしています。
あとの（１）～（３）に答えましょう。

みのる：「麻の葉模様」は，まったく同じ図形をすき間なく並べたものだよ。
はな子：その図形は二等辺三角形（【図１】）だね。

【麻の葉模様】

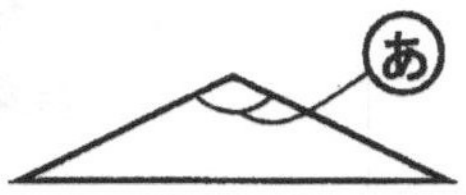

【図１】

※

（１）　【図１】は麻の葉模様の一部を取り出した図形の中で，最も小さな二等辺三角形です。
角あの大きさは何度か答えましょう。

°

みのる：他にも麻の葉模様の一部を取り出した図形をいろいろ考えて，図形を分類してみよう。確か，線対称《たいしょう》の図形は，１本の直線を折り目にして折ったとき，折り目の両側がぴったり重なる図形だったね。
はな子：点対称の図形は，ある点を中心にして 180°まわすと，もとの形にぴったり重なる図形と習ったね。

（２）　下の図形のうち，線対称の図形と点対称の図形を次の①～⑧からすべて選び，記号で答えましょう。

①
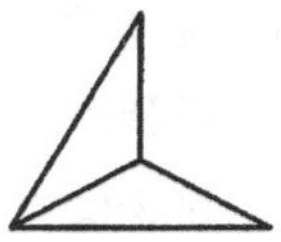
②
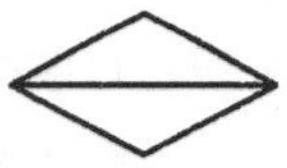
③
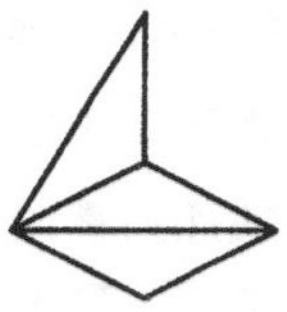
④
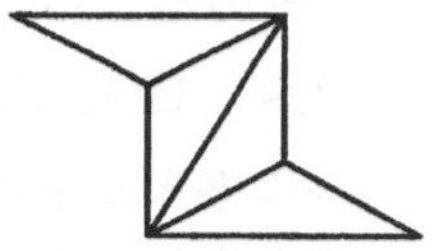
⑤
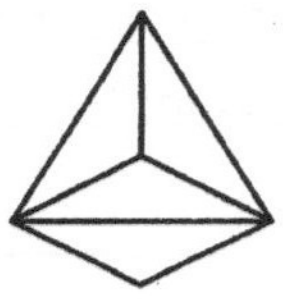
⑥
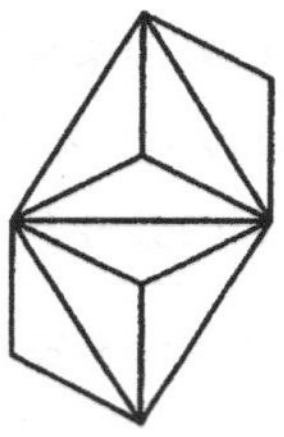
⑦
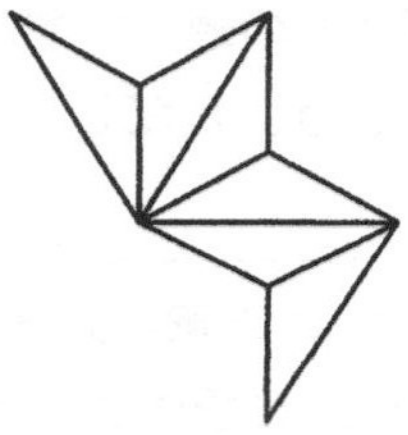
⑧
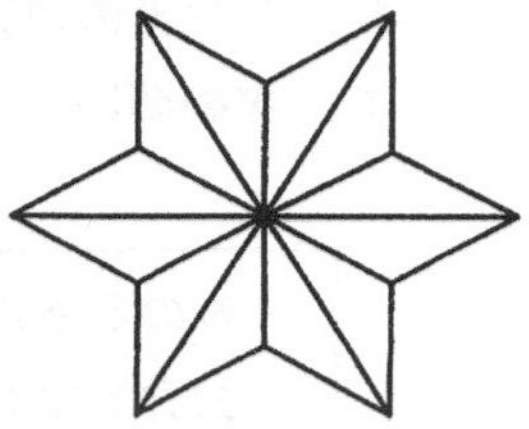

※

線対称の図形	**点対称の図形**

はな子：底辺の長さと高さがわからないけど，最も小さな二等辺三角形の面積を求めることができないかな。
みのる：麻の葉模様の生地（【図２】）があるよ。この生地の面積がわかれば，二等辺三角形の面積はわかりそうだね。

（３）　麻の葉模様の生地【図２】があります。その生地の面積は 1170 ㎠です。
【図２】の中で最も小さな二等辺三角形の面積を答えましょう。
また，どのようにして求めたのかも説明しましょう。

説明

㎠

※

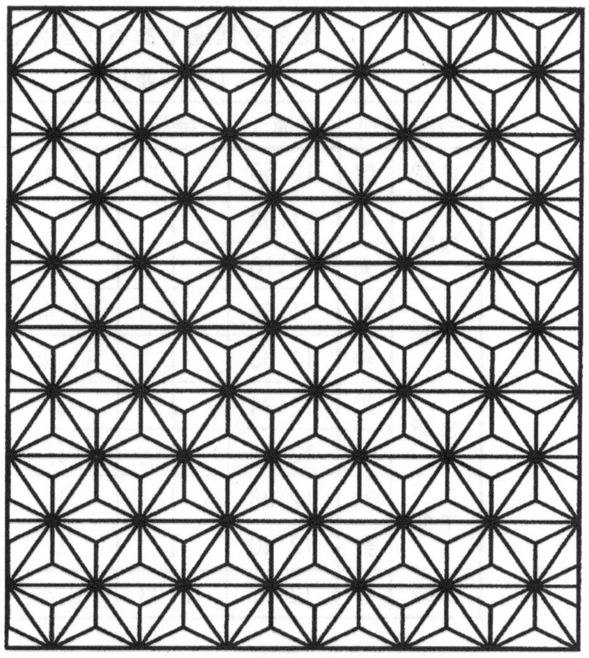
【図２】

３※

受験番号	

課題３　みのるさんとはな子さんがキャンプをしたときの２人の会話をもとにして，あとの（１）～（３）に答えましょう。

みのる：山にはたくさん虫がいるね。どんな虫がいるか観察して，図１のようにまとめたよ。

はな子：それぞれの場所では成虫だけでなく，それぞれの幼虫も一緒に見つけたよ。

みのる：花畑にいる虫たちはその場所の花と特に関係がありそうだね。

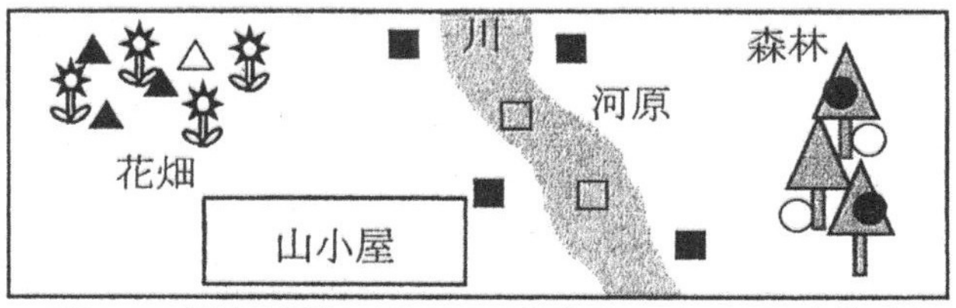

図１　観察結果（●▲■は成虫，○△□は幼虫）

選択肢《せんたくし》

	（ア）	（イ）	（ウ）	（エ）
●と○	セミ	ミツバチ	バッタ	セミ
▲と△	ミツバチ	バッタ	トンボ	チョウ
■と□	バッタ	チョウ	セミ	トンボ

（１）会話と図１の観察結果をもとに，記号が示す成虫と幼虫の組み合わせとして最も適したものを，上の選択肢《せんたくし》(ア)～(エ)から１つ選び記号で答えなさい。また，花畑では花とある虫の間に助け合う関係があります。それぞれの生き物にとってどのような良いことがあるのか，虫と花にわけて答えなさい。

※

記号	虫にとって良いこと	花にとって良いこと

みのる：スイカがあるけど，冷たくして食べたいね。どうしたら冷えるかな。

はな子：川に入れたら，水の温度で冷たくなるよね。熱の伝わり方ってどうなっているのか考えてみよう。

（２）図２のように，冷水 300g が入った大きな容器の中に，熱湯 100g が入った小さなガラスの容器を入れ，熱湯と冷水の温度変化を時間とともに調べました。熱湯から冷水へ熱が移動し，やがてどちらの温度も同じになりました。

①　熱湯と冷水の温度と時間の関係を表したグラフとして最も適したものを，次の(ア)～(エ)から１つ選び記号で答えなさい。ただし，熱の移動において外部(部屋)とのやりとりはなく，部屋の温度は考えなくてよいものとする。

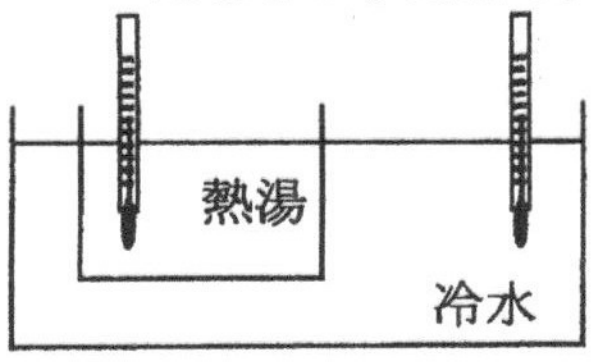

図２

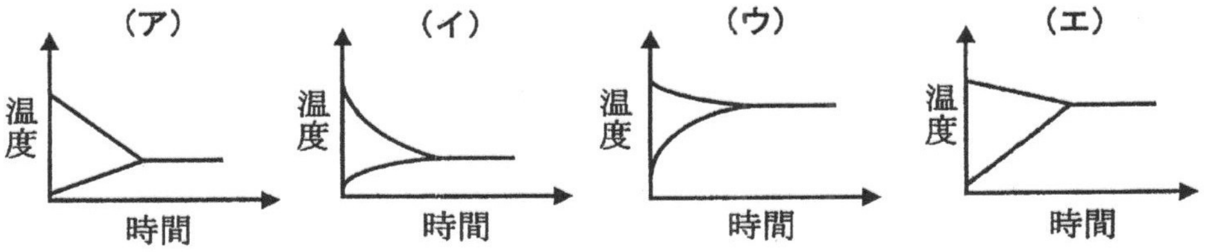

記号

②　冷水をある量の０℃の氷水に変えて実験を行いました。その時の氷水の温度と時間の関係を表したグラフを右の解答らんⅠに書きなさい。また，点Ａからの氷水の温度はどのように変化するか説明しなさい。ただし，点Ａが０℃，点Ｂが熱湯と氷水の温度が同じになったときの温度とする。

解答らんⅠ

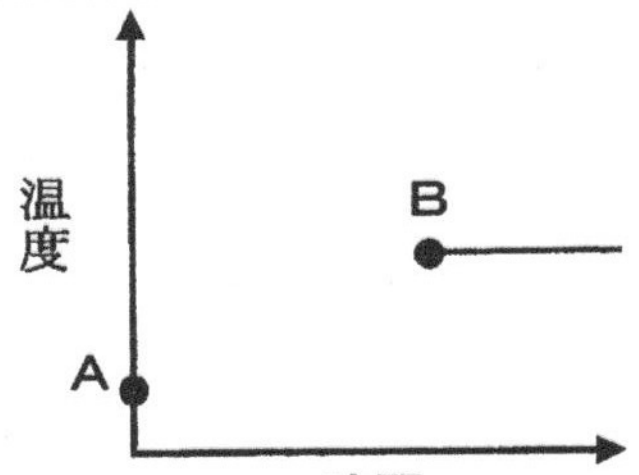

※

説明

はな子：山小屋の入口にあるライトは外にあるスイッチと中にあるスイッチのどちらでもつけたり消したりできるよね。

みのる：スイッチ２つと豆電球，電池を使ってそのしくみについて考えてみよう。

（３）スイッチは，図３や図４のように，右側または左側に必ずたおして使います。解答らんⅡの図を使って，スイッチＡとＢのどちらでもつけたり消したりできるように，導線をつなげなさい。ただし，導線は解答らんⅡ内のスイッチと豆電球の「Ｉ」や，電池の「ー」につなげること。また，線は交わらないようにすること。

※

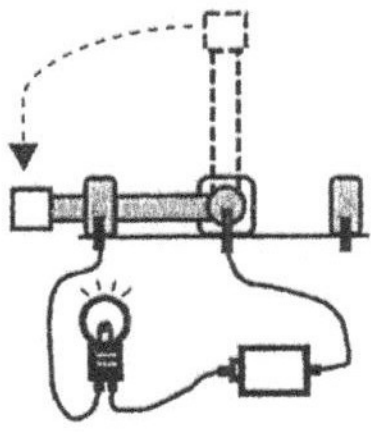

図３

スイッチによって，回路がつながっているので光る。

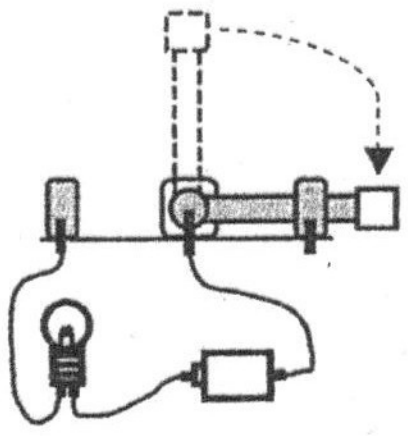

図４

スイッチによって，回路がつながっていないので光らない。

解答らんⅡ

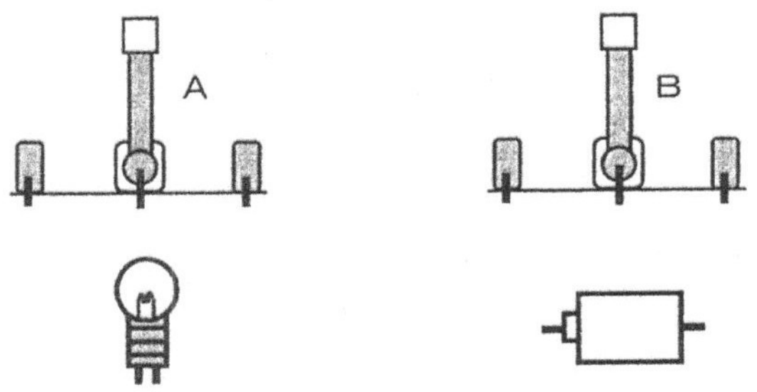

※

1※　2※　3※

※
（配点非公表）

受験番号

（45分）

課題1　次の文章を読んで、あとの(1)～(4)に答えましょう。

現在の生活は、ケ（日常）とハレ（非日常）の区別がつきにくい。かっては、ケとハレの区別が明らかであった。もっとも、それは江戸《えど》時代までさかのぼってみるまでもなく、昭和《しょうわ》三〇年代のころまでは、つまり、経済の高度成長がなるころまでは、日本人全体が共有していた*生活律というものであった。

日常生活をつつましく過ごすがゆえに、ハレの日には、*にぎにぎしく楽しむことができるのである。だが、そこでも人びとは①無《む》駄《だ》な浪費《ろうひ》はしなかった。たとえば、食べものを残して散らかすことはしなかった。（中略）

庶民《しょみん》の楽しみは、何といっても花見弁当であった。花見弁当は、ハレの弁当のなかでもとりわけ華《はな》やかさを伴《ともな》った弁当である。それは、重箱に詰《つ》められることが多かった。重箱の一段目には赤飯や巻きずし、二段目に煮《に》しめ、三段目に蒲鉾《かまぼこ》や魚料理という具合に盛り分け、それを重ねて風呂敷《ふろしき》に包んで持って出た。あるいは、切溜《きりだめ》といって、大きな箱の中に五つなり六つの箱が順に入った容器も用いられた。重箱や酒器、銘々皿《めいめいざら》を運ぶための専用の弁当籠《べんとうかご》もみられた。

しかし、そこに入れる料理は、けっして贅《ぜい》をつくしたものではなかった。が、もちろんケ（日常）の料理よりは手間隙《てまひま》をかけ工夫《くふう》をこらしてつくりあげる。しかし、持ち帰る必要のない料理なのだ。そこでア多からず少なからずの適量をはかる。その目分量がたしかであった。それは自らの手づくりだからこそできたことである。

適量であれば残飯がでるはずもない。食事のあとは、必ず空になった重箱や弁当籠を銘々で片づけ、銘々が持ち帰った。そこに、容器やごみを放置するなどということは、まちがってもしなかった。何事につけ「始末」することは、江戸っ子たちの道徳律であり、美意識でもあったのだ。それが、現代の花見風景との大きな違《ちが》いなのである。

いま、適量をはかって花見弁当を手づくりする人がどれほどいるだろうか。多くは出来合いの弁当やらつまみ類を食べきれないほど買い求めて行く。その結果、宴《うたげ》が終われば、食べ残しや容器類のごみの山と相《あい》なるわけだ。手料理でないから、家庭の容器でないから、それを持ち帰るなどという発想がわくわけもない。近年、花見客のモラルは低下する一方である。

*飽食《ほうしょく》に飽物。使い捨てるということがあたりまえになって久しい。「目分量」とか「始末」とかが死語化して久しい。かわってリサイクル運動や省エネ運動を唱えるようにもなったが、その制度化はイなかなか進まない。それが、②経済大国日本、生活大国日本の実態であるとするなら、あまりに情けないではないか。いまいちど真の豊かさというものについて考えるべき時期にきているのではあるまいか。

*シンプルライフ、それが体現できないものか。ことに、社会的な前線を退くころ、つまり*還暦《かんれき》のあたりから、余分なものを削《けず》りおとすことを考えるべきであろう。一度あげてしまった生活のレベルを戻《もど》すのはむつかしい、という。だが、ここであえて価値のおきどころを江戸にならってみたらどうだろうか。（中略）

ただ、いうまでもなく、江戸といまでは時代が違い、生活そのものが大きく違っているのだから、単純比較《ひかく》することはナンセンスというもの。江戸時代の生活をまねよ、といってもそれは所詮《しょせん》無理なことである。ならば、私どもは、もう少し現実的なことを考えていこうではないか。

たとえば、「安物買いの銭《ぜに》失い」という。駄品を衝動《しょうどう》買いしても、結局それは一度も使われることなく納戸《なんど》の隅《すみ》におしやられて、あげく捨てられることになるのではないか。私どもは、まずものを買うとき、それがほんとうにいま必要であるかどうかじっくり考えるべきなのだ。そして、必要であれば、少し値がはってもよいものを買い求める。駄品よりも良品を一点。そうしたもの選びのセンスをもちたいものだ。

よいものを手にして、それを上手に長く使い続けていく。それが、結局はごみを出さないことにつながる。そして、よいものに囲まれていれば、心も豊かになるだろう。数少ない良品に囲まれた心豊かな生活、それこそが③私どもがめざすべきシンプルライフなのではあるまいか。

（神崎宣武《かんざきのりたけ》「江戸に学ぶ『おとな』の粋《いき》」KADOKAWA）

（注）＊生活律…生活の中で守るべき決まり。
＊にぎにぎしく…とてもにぎやかに。
＊飽食…食べ物にこまらないこと。
＊シンプルライフ…無駄なところのない質素な生活のこと。
＊還暦…昔の年齢《ねんれい》の数え方で六十一歳《さい》。現在の満六十歳。

(1)　本文中には、――ア「多からず少なからず」、――イ「なかなか進まない」とありますが、アと似た意味の語句と、イと反対の意味の四字熟語の□の中に入る漢字を、それぞれ一字書き入れなさい。

ア「多からず少なからず」＝□不□なく

イ「なかなか進まない」↔□進□歩

※

※

※

※

受験番号

(2) ——①「無駄《むだ》な浪費《ろうひ》」とありますが、あなたが日常生活の中で金銭や物の無駄遣《むだづか》いを防ぐのに効果的だと思うことを一つあげて、その理由を四十字以内で書きましょう。（、や。や「　」なども一字に数えます。）

効果的だと思うこと。

40字

(3) ——②「経済大国日本、生活大国日本の実態」とありますが、現代の花見のどのような様子から、日本の実態が見えるのですか。五十字以内で書きましょう。（、や。や「　」なども一字に数えます。）

50字

(4) ——③「私どもがめざすべきシンプルライフ」とありますが、筆者の述べている「シンプルライフ」とは、どのような生活ですか。「～ではなく、～生活。」という形で、八十字以内で書きましょう。（、や。や「　」なども一字に数えます。）

80字

課題2 あなたが人としてすばらしいと思う行動はどのようなことですか。その行動を一つあげ、そう考える理由と、どのようなときに実行したいと思うかを合わせて二百字以内で書きましょう。（、や。や「　」なども一字に数えます。段落《だんらく》分けはしなくてよろしい。一マス目から書き始めましょう。）

100字

200字

1※	2※	3※	※

受験番号	

課題３　みのるさんとはな子さんが，先生と話をしています。３人の会話をもとに，（１）～（５）に答えましょう。

先　生：インターネットの動画を含《ふく》め，さまざまな手段で情報が手に入る時代になったね。

はな子：みのるさんは，インターネット上の動画を見たことがありますか。

みのる：①広告が多いから，あまり見たことがありません。

先　生：企業《きぎょう》は利用者が多いものに広告を出す方が，効果を期待できるからね。

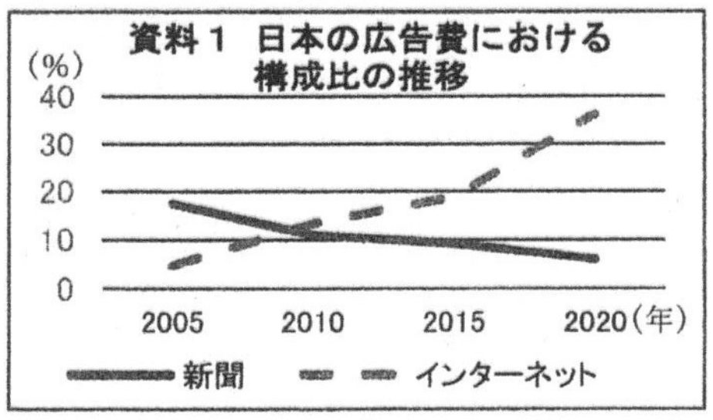

（日経広告研究所編「広告白書 2021 年度版」より作成）

（１）　会話文と下線部①に関する右の資料１を参考に，新聞の購読者《こうどくしゃ》とインターネットの利用者がどのように推移していると考えられるか説明しましょう。

※

（１）	

みのる：先生，昔の人たちはどうやって情報のやりとりをしていたのですか。

先　生：例えば文字がなかった縄文時代や弥生《やよい》時代は，②今と比べると長い時間をかけて情報が伝わったと考えられますね。

資料２　米作りが伝わった経路

（「米食文化研究所」HP より作成）

（２）　会話文の下線部②と資料２を見て，弥生時代の米作りの技術が九州から東日本に伝わるのに何百年もかかった理由を，解答らんの言葉に続けて書きましょう。

※

（２）	米作りの技術を伝えるためには主に（　　　　　　　　　　　）などの方法がとられたから。

みのる：文字が使われると情報伝達のスピードが変わるのですか。

はな子：伝えたいことを何かに書いて人に預ければ，すごく効率的ですよね。

先　生：その通り。奈良時代には［　Ａ　］を用いて，記録や伝達に文字を使用していました。

はな子：実際に同じ農業の技術伝達も弥生時代と比べると，文字のある時代には変化が見えますね。

先　生：③江戸時代には農業技術を伝える本などが広まったことも，生産力の向上と耕地面積が増えたことに関連していますね。耕地面積については，資料４のグラフを見てごらん。

資料３

（独立行政法人国立文化財機構所蔵）

（３）　資料３に書かれている文字は，産地や荷物の内容などを表しています。会話文中の［　Ａ　］にあてはまる資料３のようなものを何といいますか。

（４）　会話文の下線部③と資料４を参考に，内容として最も適当な組合せを，下のア～エから一つ選びましょう。

Ａ：室町初期～江戸初期に増えた耕地面積は江戸初期～江戸中期より大きい。

Ｂ：江戸初期～江戸中期に増えた耕地面積は室町初期～江戸初期より大きい。

Ｃ：江戸時代に農具が普及《ふきゅう》したり，肥料の工夫が広まり，生産力が上がった。

Ｄ：江戸時代に初めて刀狩《かたながり》が行われ，農民が農業に専念し，生産力が上がった。

ア　ＡとＣ　　　イ　ＡとＤ　　　ウ　ＢとＣ　　　エ　ＢとＤ

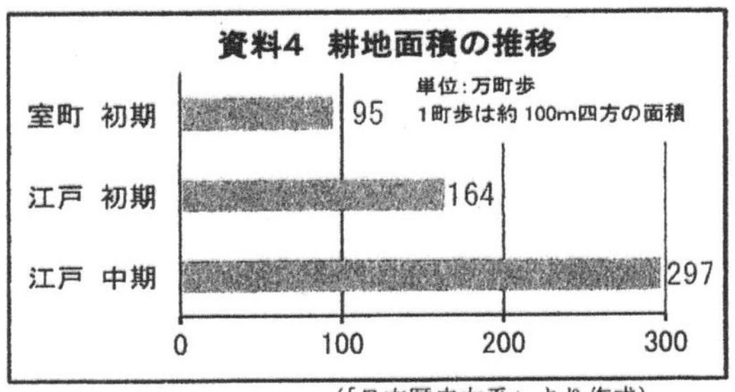

（「日本歴史大系」より作成）

（５）　あなたが普段《ふだん》使っている情報伝達の手段は何ですか。またその伝達手段の長所と短所を書きましょう。

※

※

（３）		（４）		（５）	手段：
（５）	長所：				
	短所：				

R4　1期3教科型（特進ハイグレード）

国語

就実中学校

◎答えはすべて解答用紙に記入しなさい。
◎記号で答えられるものは、すべて記号で答えなさい。
◎句読点「、」や「。」などの記号も一字に数えます。

（60分）

一　次の文章を読んで、あとの問いに答えなさい。

お詫び
著作権上の都合により、文章は掲載しておりません。
ご不便をおかけし、誠に申し訳ございません。
教英出版

（茂木健一郎「あるとき脳は羽ばたく」）

（注）　＊フジツボ…岩や船底、他の植物にくっついて動かない生物。
＊軟体動物《なんたい》…イカやタコのように体の中心となる骨組みのない生物。
＊卓越《たくえつ》…他よりもはるかにすぐれていること。　＊凌駕《りょうが》…他をしのいでその上に出ること。

問一　――ⓐ～ⓔのカタカナを漢字に直しなさい。

問二　[A]～[C]に当てはまる語として、最も適当なものをそれぞれ次の中から選びなさい。ただし、同じ記号を二回以上使ってはいけません。

ア　だから　　イ　もちろん　　ウ　すなわち　　エ　しかし　　オ　また

問三　――①「過去」と同じ組み立ての熟語を次の中から一つ選びなさい。

ア　進退　　イ　腹痛　　ウ　記名　　エ　救助　　オ　海底

問四　――②「いつの間にかカードをつくることをやめてしまった」とあるが、その理由が書かれている一文として最も適当なものをここより後の本文中からぬき出し、最初の五字を答えなさい。

問五　――③「常に姿を変えながら」の「ながら」と同じ用法のものを次の中から一つ選びなさい。

ア　テレビを見ながら晩ごはんを食べた。　　イ　彼女《かのじょ》は生まれながらの音楽家である。

ウ　父の車は小さいながら乗り心地はよい。　　エ　その人は当時のことを涙《なみだ》ながらに語った。

問六　――④『手段』が『目的』と化して」とあるが、『手段』が『目的』と化」すとはどういうことか。本文中の言葉を使って八十字以内で答えなさい。ただし、「手段」・「目的」という言葉を使ってはいけません。

問七　――⑤『草野球』と『メジャーリーガー』が一緒《いっしょ》に試合をするようなもの」とあるが、どういうことをたとえているのか。本文中の言葉を使って八十字以内で答えなさい。

問八　――⑥「増大」の対義語を漢字二字で答えなさい。

問九　「整理法」についての筆者の考えとして、正しいものを次の中から一つ選びなさい。

ア　金田一春彦《きんだいちはるひこ》やチャールズ・ダーウィンがやっていたカードを使用した「整理法」は、知的生産に非常に有効なものではあるが、脳の働きを活性化させることにはあまり役立たない。

イ　インターネットを経由して得られる情報はあまりにも大量であるため、「整理法」が通用しなくなったというよりもむしろ、整理すること自体が不可能になったと言える。

ウ　さまざまな情報に接し、それらを自分で実際に使いながら身につけていくことが最も意味のある「整理法」であり、それは新たな創造につながる。

エ　正確に読み取ったウェブ上の情報を使って、新たに創《つく》り出した情報を発信するためには、英語を勉強して情報の整理能力を向上させることが必要である。

[二]　次の文章を読んで、あとの問いに答えなさい。

雪乃《ゆきの》と大輝《だいき》が店番をする『納屋《なや》カフェ』に雪乃の父航介《こうすけ》とその友人の広志《ひろし》が訪《たず》ねてきた場面である。

「すまないけど雪乃《ゆきの》ちゃん、コーヒー淹《い》れてよ」

「あ、俺《おれ》も俺も」

父親たち二人が、カウンターの前に並んで座《すわ》る。

「一杯《いっぱい》二百円になります」

「わ、しっかりしてんなあ。経営者からも金取るのかよ」

「とーぜんです」

雪乃は無情に言って、細口のやかんを火にかけた。

豆から挽《ひ》いた粉でコーヒーを淹れるやり方を手とり足とり教えてくれたのは、萩原美由紀《はぎわらみゆき》だ。雪乃にとって、三十代半ばの女性と親しく交わるのは初めての経験だった。母親の年代よりもだいぶ若い、年の離《はな》れた姉のような感じで、話していて面白《おもしろ》い。友だちと話すのとは全然違《ちが》う種類の刺激《しげき》がある。

美由紀《みゆき》が作るアレルギー対応のお菓子《かし》は、卵も牛乳も使っていないのにとても美味《おい》しいとⓐヒョウバンで、先日はどこかの*ミニコミ誌から取材の申し込《こ》みがあったという。聞かされた航介《こうすけ》は、自分のことのように喜んでいた。

ゆっくりていねいに雪乃《ゆきの》がコーヒーを淹《い》れる手もとを、大輝《だいき》がじっと見ている。緊張《きんちょう》しつつもちょっと得意な気持ちで淹れ終え、雪乃はマグカップを二つ、カウンターに並ぶ男たちの前に置いてやった。

「お、サンキュ。本格的だなあ」

広志《ひろし》が感心する。熱そうに一口すすった航介《こうすけ》も、うん、うまい、と①太鼓判《たいこばん》を押《お》してくれた。

「雪乃」

目を上げると、父親は言った。

「そんなふうにしてさ、新しいことを覚えるのって、どんな気持ちがする？」

「え？」

「たまたま美由紀さんと知り合えたおかげだけど、結果として雪乃はこうやって、そのへんの②大人が裸足《はだし》で逃《に》げ出すくらいおいしいコーヒーを淹れられるようになったわけだろ？」

「ちょっと褒《ほ》めすぎだよ、お父さん」

「いや、お世辞は言ってない。これは、コーヒーにうるさい人だって一口飲んだら黙《だま》って頷《うなず》くくらい、③ちゃんとした一杯《いっぱい》だよ」

「大げさだって」

「いいや。他のことならまだしも、これは『納屋《なや》カフェ』の信用に関わることなんだから、もし雪乃の淹れるコーヒーに何か問題があったら遠慮《えんりょ》なくその通り言わせてもらうよ。だけど、今ここからきみが淹れてる最中の手もとを見てても、すごくちゃんとしてて、お客を不快にさせるような要素は何にもなかった。必要以上に物音も立てなかったし、豆の量とか、お湯の温度とか、蒸《む》らす時間とか、きちんと計っててごまかしがない。もちろん*ハンドドリップのやり方だって、教わったことをきちんと守ってるのが見て取れた。まるで茶道《さどう》の*お手前みたいに、*所作が綺麗《きれい》だったよ」

ⓑシンゾウがどきどきしていた。父親が、こんなにも正面切って真剣《しんけん》に、しかも何かを具体的に褒めてくれることなんてそうはない。

雪乃は［A］言った。

「……美由紀さんが教えてくれたとおりにやってるだけだから」

「そうか。だけど雪乃、教えてもらったとおりにするっていうのは、じつはすごいことなんだよ。誰《だれ》にでもできることじゃない」

雪乃は思わず④眉根《まゆね》を寄せてしまった。お客さんに出すためのコーヒーを淹れる上で大切なことを、美由紀は丁寧《ていねい》に、優《やさ》しく教えてくれた。自分はその一つひとつをただ守っているだけだ。べつだん特別なことだとは思えない。

「いや、それは違うよ、雪乃。何であれ、人から教えてもらったことをまずは忠実《ちゅうじつ》に守って、細かいところまで全部そのとおりにきっちりやるっていうのは、君が思ってるほどⓒカンタンなことじゃない。⑤ある意味、どんな特殊《とくしゅ》なセンスよりも上の才能かもしれない」

「ただ言われたとおりにやるのが？」

「そう」

「上の才能？」

「そう」

それが証拠《しょうこ》に、と航介は続けた。

「父さんには、できない」

「え」

「人から何か、こういうふうにすればうまくいく、こうしなさいって教わったとしようよ。俺は、その場ではウン、ハイ、ワカリマシタっておとなしく頷《うなず》いてても、いざ一人になったら、教わったとおりにはまずやらない。子どもの頃《ころ》からそうだったな。ここんとこはⓓショウリャクしたってかまわないだろう、そのほうがよっぽど早くて効率がいいしとか、ここはこんなふうにアレンジしたほうが俺《おれ》らしくてかっこいいんじゃないかとか勝手に考えて、その時点でもう、最初に教わった基本なんかどっかへ飛んじゃってる。何でもかんでもそうだよ、ついつい自己《じこ》流にやっちゃうんだ」

雪乃は、考えた。

「それは……よくないことなの？」

「よくないね」

［B］、航介は言った。

「今の世の中、自分らしさがどうとか、個性を大事にとか、よく言われるじゃない。だけどそういうのは、まずは人から教わった正しいやり方をきっちり守るとこから出発して、それが身についた上で初めて問われるべきものであってさ。基本中の基本さえもまともにできない人間が何をしたって、そんなのはいいかげんなインチキに過ぎないよ」

目の前のコーヒーを一口すすり、じっくりと舌の上で味わってから続ける。

「父さんはさ、雪乃《ゆきの》。言っちゃ何だけど、東京ではそういう、ちょっとインチキな才能を存分にⓔハッキして、器用に⑥仕事をこなしてた部分があってさ。でもこっちへ越《こ》してきてからは、俺《おれ》なりに自分を変えようと思って、いま一念発起《ほっき》して頑張《がんば》ってるとこなんだ。人から教わることがせっかく増えたんだから、自己《じこ》流じゃなくて、まっとうにやろうって。誠実《せいじつ》にやろうって。じっちゃんたちと一緒《いっしょ》にやってる畑にせよ、新しく始めたマスタード作りにせよ、それにこの『納屋《なや》カフェ』にしたってさ、いつ誰《だれ》に見られても恥《は》ずかしくない、後ろめたくない、訊《き》かれたらいつだって堂々と答えられるような……それこそいま急に誰かが入ってきて、そこのキッチンのゴミ箱《ばこ》の中を見せてくれって言いだしたとしても、ハイどうぞって、開けて見せられるくらいでありたいよね」

雪乃も、大輝《だいき》も、同時に足元のゴミ箱に目を落とした。正確に言えば生ゴミ入れだ。

人に見られて困るようなものは捨てていないはずだけれど、さっきのお客さんたちに出した後のお茶殻《がら》とか、野沢菜《のざわな》漬《つ》けの根もとを切り落とした部分とか、あるいはその前のお客さんの食べ残しとか……ぱっと見たら人は、汚《きたな》い、と感じるだろう。

次からは新聞紙にくるんで捨てよう、と雪乃は思った。ヨシばぁばが家でいつもそうしているみたいに。

「毎日の生活でも、仕事でも何でもそうだけど、そういう地道で真面目《まじめ》な態度って、少しずつでも積み重ねていったらすごく気持ちいいと思うんだよね。身の回りの全部が清々《すがすが》しくなってってさ。げんに今、父さんは⑦そういう気分を味わってる。だってさ、考えてもごらんよ。何ひとつ、ズルをしなくていいんだよ?前にやってた仕事みたいに、自分が売り込《こ》まなきゃいけないものを実際より良く見せようとして、大げさなインチキを言う必要もない。真っ向勝負でいいんだ。最高じゃないか、まったく」

ずいぶん嬉《うれ》しそうな顔だ。東京での会社勤めは、父親にとってなかなかにストレスの多い毎日だった⑧らしい。

お母さんはよく踏《ふ》みとどまっていられるなあ、と雪乃は思った。このあいだの冬にインフルエンザで倒《たお》れた後は、けっこう気弱になっているように見えたのに、今はまた、新しく移った先の部署《ぶしょ》で頑張《がんば》っている。

毎週は無理でも、何とか時間を作ってこちらへ通ってくるのがいちばんの気持ちの支え——その母親の言葉もきっと本当なのだけれど、休み明けに東京へ戻《もど》っていく顔には、雪乃たちと離れる名残《なごり》惜《お》しさだけじゃなしにピリッとした緊張《きんちょう》感も漂《ただよ》っていて、それを本人がどこか愉《たの》しんでいる様子が感じられる。都会と田舎《いなか》のどちらもが、英理子《えりこ》にとっては〈気持ちの支え〉なのかもしれない。

（村山由佳「雪のなまえ」徳間書店）

（注）＊ミニコミ誌…比較《ひかく》的少人数を対象とする小規模《きぼ》の雑誌。　＊ハンドドリップ…コーヒーの淹《い》れ方の一つ。
＊お手前…茶道《さどう》の作法、様式。　＊所作…動作。

問一 ——ⓐ〜ⓔのカタカナを漢字に直しなさい。

問二 [A]・[B]に当てはまる語として適当なものをそれぞれ次の中から選びなさい。ただし、同じ記号を二回以上使ってはいけません。

ア はっきりと　イ のんびりと　ウ ありありと　エ おずおずと　オ まざまざと

問三 ——①「太鼓判《たいこばん》を押《お》してくれた」とあるが、「太鼓判を押」すと同じ意味の慣用表現を次の中から一つ選びなさい。

ア 郷《ごう》に入りては郷に従え　イ お墨《すみ》付きを与《あた》える

ウ 風雲急を告げる　エ 案ずるより産むが易《やす》し

問四 ——②「大人が裸足《はだし》で逃《に》げ出すくらい」とあるが、コーヒーの淹れ方に関する「雪乃」と「大人」の関係性の説明として正しいものを次の中から一つ選びなさい。

ア 「雪乃」と「大人」が同じくらい上手にできる。

イ 「大人」の方が「雪乃」よりもはるかに上手にできる。

ウ 「雪乃」の方が「大人」よりもはるかに上手にできる。

エ 「大人」も「雪乃」も同じくらい下手だ。

問五 ——③「ちゃんとした一杯《いっぱい》」とあるが、「ちゃんとした」コーヒーとはどのようなものか。その説明として最も適当なものを次の中から選びなさい。

ア おいしく淹れるための必要な要件を満たして作られているもの。

イ 使用する材料や技術に対して高い値段《ねだん》をつけることのできるもの。

ウ コーヒーの味を通して淹れている人間の人柄《ひとがら》が感じられるもの。

エ 技術の習得に時間がかかっても根本から学ぶべき価値のあるもの。

問六 ——④「眉根《まゆね》を寄せてしまった」という行動を「雪乃」がとったのはなぜか。本文中の言葉を使って五十五字以内で答えなさい。

問七 ——⑤「ある意味、どんな特殊《とくしゅ》なセンスよりも上の才能かもしれない」と父が言うのはなぜか。本文中の言葉を使って八十字以内で答えなさい。

問八 ――⑥「仕事」の読みの組み合わせとして正しいものを次の中から一つ選びなさい。

ア「仕」…音読み、「事」…音読み　イ「仕」…音読み、「事」…訓読み

ウ「仕」…訓読み、「事」…音読み　エ「仕」…訓読み、「事」…訓読み

問九 ――⑦「そういう気分」とはどういう気分のことか。最も適当なものを次の中から選びなさい。

ア 仕事をやめて田舎《いなか》に引っ越したことで得られた解放感。

イ 誠実《せいじつ》な取り組みを続けていくことから得られる爽快《そうかい》感。

ウ 日々の行動を他人に認められることで得られる満足感。

エ 何事も自分の思い通りになることから得られる万能《ばんのう》感。

設問に対する選択肢が適当でない問題であることが判明したため、記載しておりません。

問十一 この文章の表現の特徴《とくちょう》として正しいものを次の中から一つ選びなさい。

ア 作者による補足《ほそく》説明を入れることで、主人公と家族の間に生まれた、暮らしに対する考え方の違《ちが》いを読者に伝えている。

イ 方言を交えた短い会話をくり返し用いることで、田舎の生活の中で生じる複雑かつ親密な人間関係を読者に感じさせている。

ウ カタカナ表現を文章中に取り入れて現代の親子像に現実味を持たせることで、読者に親しみやすさを感じさせている。

エ 日常会話とそれに対する主人公の心中語によって物語が進んでいくことで、読者に状況《じょうきょう》や心情をわかりやすく伝えている。

三 次の文章を読んで、あとの問いに答えなさい。

ホンダ創業者の本田宗一郎《そういちろう》に逸話《いつわ》がある。村に正午を告げる寺の鐘《かね》を30分も早くついてしまった。お昼を早く食べたいがための作戦だ。時計やラジオが家々になく、鐘の音が時報だった大正時代。自分の腹時計をまんまと標準時にする知恵《ちえ》には□を巻く。

6月10日の「時の記念日」が近づくと、舞台《ぶたい》となった浜松市天竜区《はままつしてんりゅうく》の清瀧寺《せいりゅうじ》では、地元の小学1年生が11時半ごろに昼の鐘をつく行事がある。今年はきょう8日に催《もよお》される。

時間の大切さを覚え、郷土から巣立った偉人《いじん》の歩みを学ぶ目的で毎年開かれてきた。主催《しゅさい》する街おこし団体「ポンポンCLUB《クラブ》浜松」代表の宮地武夫《みやちたけお》さん（75）は「いたずらを奨励《しょうれい》するつもりは少しもありません」と念を押《お》す。

時の記念日が定められたのは一九二〇年。この日は、飛鳥《あすか》時代に天智《てんじ》天皇が水時計（漏刻《ろうこく》）を使って時を知らせた日とされる。天智天皇のおかげかどうかは知らないが、いまの日本社会が時間に正確であることはまちがいない。

昨年、東京と茨城《いばらき》を結ぶ電車が定刻より20秒早く出発し、鉄道会社が「おわび」した。①そのニュースは海外を駆《か》けめぐった。たしかに旅行や出張で外国へ行くたび、交通でも会合でも時間が正確に進む日本を誇《ほこ》らしくは思う。

それでも、寸秒の遅《おく》れで公式謝罪までしなくてはいけない社会には、時に息苦しさを覚える。時間に追い立てられて疲《つか》れる日には、②かの本田少年の創意にならって心の鐘をゴーンとついてみようか。自分を見失わないための警鐘《けいしょう》として。

（朝日新聞「天声人語」二〇一八年六月八日）

問一 □に当てはまる身体の一部を表す漢字を一字で答えなさい。

問二 ――①「そのニュースは海外を駆けめぐった」とあるが、なぜか。本文中の言葉を使って四十五字内で答えなさい。

問三 ――②「かの本田少年の創意」を言いかえた表現を本文中から二十字以内でぬき出し、最初と最後の四字を答えなさい。

四 次の①～⑤の言葉の意味として最も適当なものをそれぞれ□の中から選びなさい。

① シンボル　② イメージ　③ テリトリー　④ テーマ　⑤ フィクション

ア 虚構《きょこう》　イ 領域　ウ 総合　エ 具体　オ 主題

カ 対比　キ 原因　ク 印象　ケ 問題　コ 象徴《しょうちょう》

算　数

（60分）

1　(1)　次の計算をしなさい。

①　$\{6+(3\times8-6)\div9\}\div8$

②　$2\frac{1}{6}+\left(1\frac{1}{4}-0.8\div1\frac{1}{5}\right)$

(2)　次の□にあてはまる数を求めなさい。

$\left(4\frac{1}{2}-\square\div1\frac{3}{5}\right)\div\frac{3}{8}=2$

2　次の□にあてはまる数を求めなさい。

(1)　時速 45 km の車は 20 秒間で□m 進みます。

(2)　あるクラスで漢字テストをしたところ，男子 18 人の平均点が 62 点，女子の平均点が 69.5 点，クラス全体の平均点は 65 点でした。クラスの人数は□人です。

(3)　7 で割ると 2 余り，9 で割ると 2 余るような 3 桁の数のうち最も大きい数は□です。

(4)　5 円玉 2 枚と 10 円玉 1 枚と 50 円玉 1 枚があります。これを使って支払える金額は□通りです。ただし，使わない硬貨《こうか》があってもよいものとします。

(5)　みのる君は，池の中にまっすぐな竹の棒を垂直に立てました。水にぬれた部分は全体の $\frac{2}{5}$ より 8 cm だけ多く，竹の棒の中央につけた印の所までに，まだかわいた部分が 7 cm ありました。このとき，竹の棒の全体の長さは□cm です。

(6)　下の図の三角形 ADE で，AB=BC=CD=DE のとき，角 x の大きさは□°です。

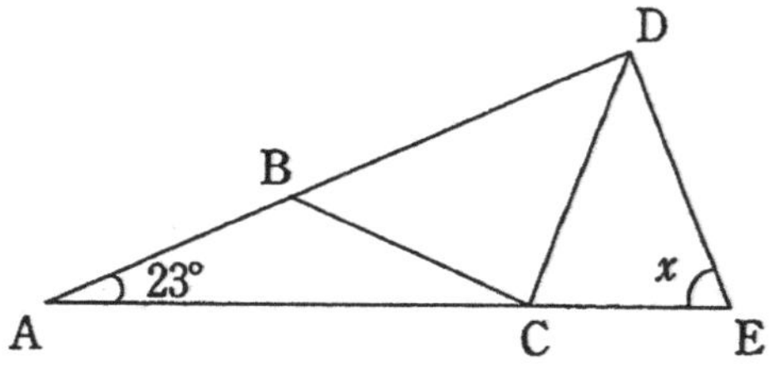

(7)　【図 1】のような直方体の容器に水面の高さが 10 cm になるまで水を入れます。この容器を【図 2】のように辺 AB を床につけたまま 45°かたむけて水を捨て，その後もとの位置にもどしました。このとき，容器に残っている水の水面の高さは□cm です。

【図 1】

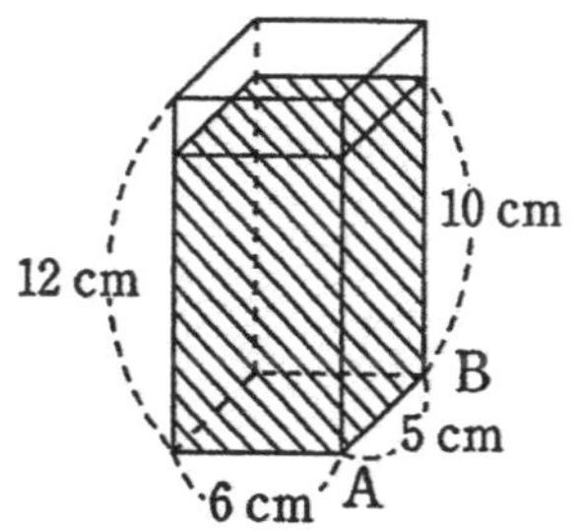

【図 2】正面から見た図

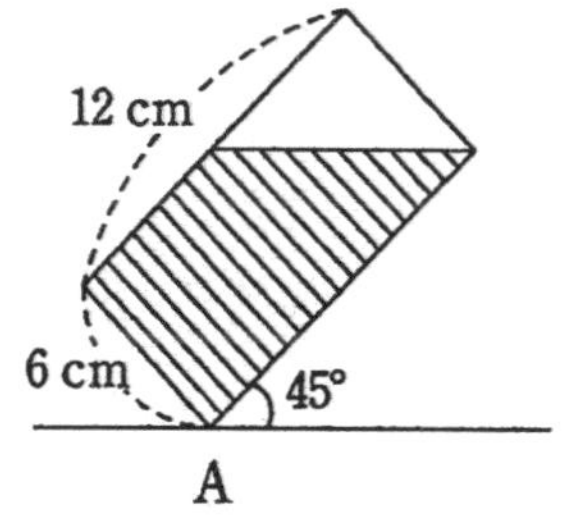

(8)　右の図は，円柱を底面に垂直な平面で切って 2 等分したものの 1 つです。表面積は□cm^2 です。

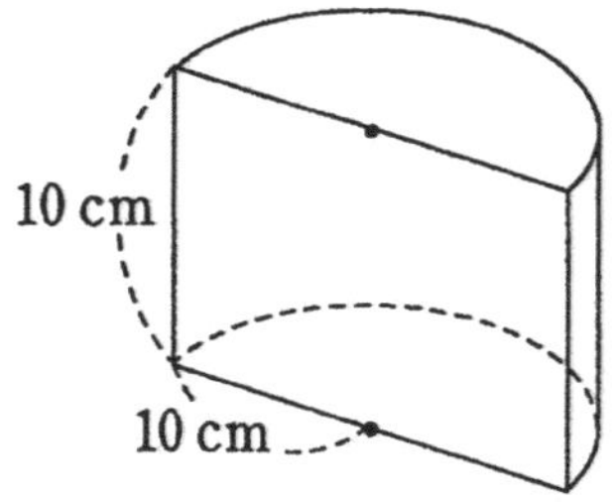

（問題は次のページに続きます。）

3　クリスマスに，はな子さんとみのる君が家でチキンを焼いたので，２人は 1.8 km 離れた祖母の家に毎分 60 m の速さで歩いてチキンとクリスマスカードを届けに行きました。1080 m 歩いたところで，クリスマスカードを忘れていることに気付き，みのる君だけが同じ速さで引き返し，はな子さんはそのまま祖母の家に向かいました。家にいた母親はクリスマスカードを忘れていることに気付き，２人が出発した 12 分後に自転車で追いかけました。自転車の速さは毎分 120 m です。次の問いに答えなさい。

(1)　みのる君がクリスマスカードを忘れていることに気付いたとき，母親は家から何 m のところにいましたか。

(2)　みのる君と母親が会えたのは，はな子さんとみのる君の２人が家を出発してから何分後ですか。

(3)　みのる君が前を歩いているはな子さんと同じ時間に祖母の家へ到着するためには，母親からクリスマスカードを受け取ってすぐに毎分何 m の速さで追いかければよいですか。
（解答らんには，考え方も書きなさい。）

4　次の表は，オリンピックでかくとくした金メダルの個数の上位５か国をまとめたものです。上から金メダルの個数が多い順になっています。ただし，金メダルの個数が等しい場合は，メダルの合計の個数が多い国を上位とします。

順位	国	金メダルの個数	銀メダルの個数	銅《どう》メダルの個数	合計(個数)
1位	A国				117
2位	B国				
3位	C国			15	
4位	D国		7		
5位	E国	11	9	9	29

次の問いに答えなさい。

(1)　A国は金メダルの個数と銀メダルの個数の比が 7 : 6 です。また，銅メダルの個数は，銀メダルの個数より３個多くなっています。A国の金メダルの個数は何個ですか。

(2)　B国は，金メダルの個数が銅メダルの個数の２倍よりも４個少なく，銀メダルの個数は銅メダルの個数の 1.5 倍になっています。また，メダルの合計の個数は，銅メダルの個数の４倍よりも３個多くなっています。B国のメダルの合計の個数は何個ですか。

(3)　C国の銀メダルの個数とD国の銅メダルの個数の比は 3 : 2 です。また，C国の金メダルの個数は，D国の銅メダルの個数の２倍よりも３個少なく，D国の金メダルの個数は，C国の銀メダルの個数よりも４個少なくなっています。C国のメダルの合計の個数は何個ですか。
（解答らんには，考え方も書きなさい。）

（問題は次のページに続きます。）

5 【図1】のように，地面に垂直に立っている高さ16 cmの棒①の影《かげ》の長さを測ると20 cmでした。また,【図2】のように1段の高さ20 cm，段の幅《はば》25 cmの階段があります。

【図1】

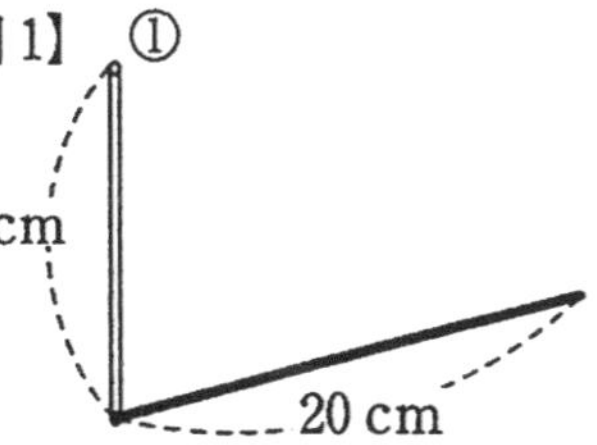

【図2】

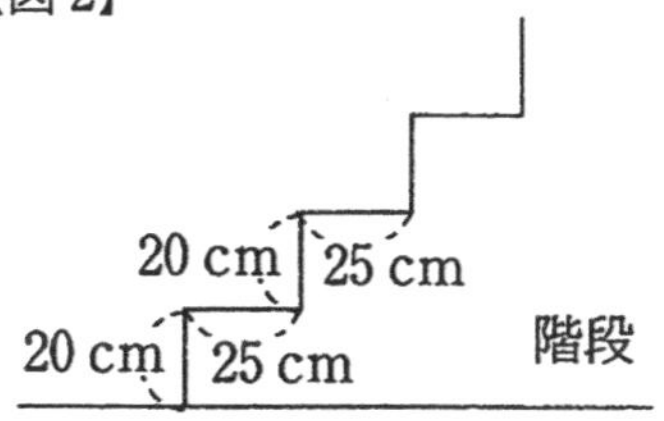

階段から離れた位置に垂直に立っている高さ320 cmの棒②から階段に影が伸びています。 ただし，太陽の光のあたり方は常に同じで，影は階段に垂直になっています。

(1) 【図3】のように棒②を階段に近づけたとき，その棒の影の先がちょうどCの位置にありました。このとき，ABの長さは何cmですか。
ただし，【図4】は棒②と階段を横から見た図で太線が影を表しています。

【図3】

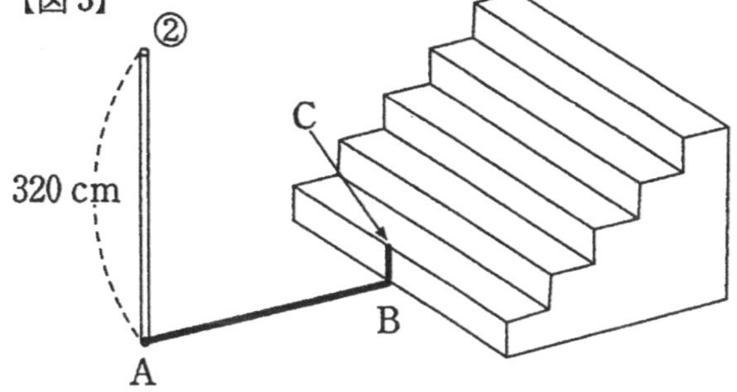

【図4】横からみた図

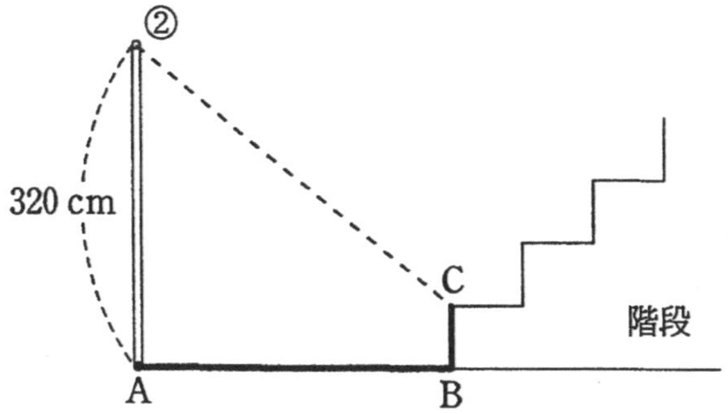

(2) 【図5】のように棒②を階段に近づけたとき，その棒の影の先がDの位置にありました。このとき，ABの長さは何cmですか。
ただし，【図6】は棒②と階段を横から見た図で太線が影を表しています。

【図5】

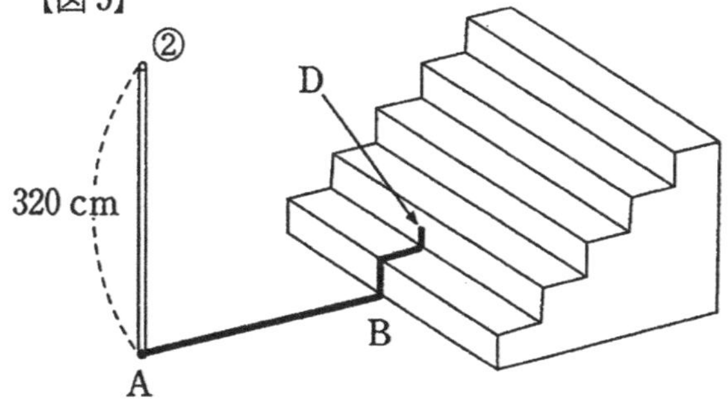

【図6】横からみた図

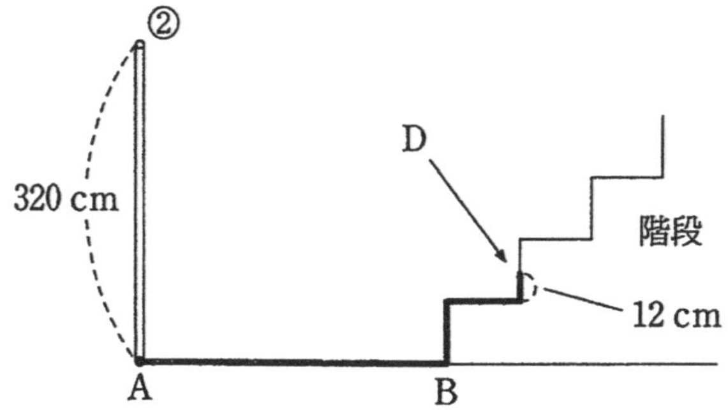

(3) 棒②を階段に近づけたところ，棒②と階段を横から見ると影が【図7】の太線のようになりました。棒②の影の先がEの位置にあるとき，ABの長さは何cmですか。

【図7】横からみた図

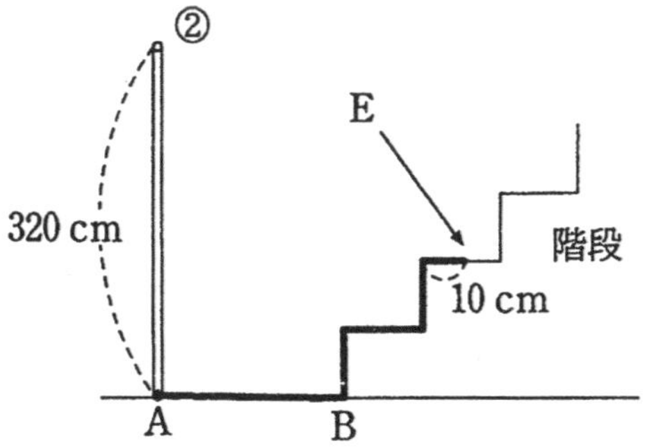

（問題は次のページに続きます。）

6　ある店では，商品Ａを150個，商品Ｂを350個仕入れました。仕入れ値の３割の利益を見込《みこ》んで定価をつけ，Ａを１個650円，Ｂを１個780円で売りました。１日目は，ＡとＢが合わせて300個売れて，売り上げは221000円でした。次の問いに答えなさい。
ただし，消費税は考えないものとします。

(1)　商品Ａと商品Ｂのすべての仕入れにかかった費用はいくらですか。

(2)　１日目に売った商品Ａの個数は何個ですか。

(3)　２日目は，売れ残った商品Ａと商品Ｂをそれぞれ定価から値引きして売りました。すべての商品が売れたので，２日間の利益は合わせて74000円になりました。２日目のＢの売り値が２日目のＡの売り値の1.2倍のとき，２日目のＡの売り値はいくらですか。

（問題はこれで終わりです。）

理　科

(50分)

1　次の実験レポートは水草のオオカナダモの構造とヒトのほおの内側の粘膜《ねんまく》の構造を顕微鏡《けんびきょう》を用いて観察したときのものです。この顕微鏡で観察すると，上下左右が逆に見えます。実験レポートの内容をもとに次の問いに答えなさい。

<table>
<tr><td>実験レポート</td><td>実験日：2021/9/22</td><td rowspan="2">オオカナダモの〔①〕のスケッチ
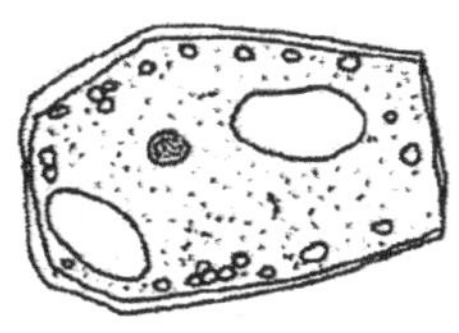
（×100）</td></tr>
<tr><td colspan="2">【１】観察したもの
・　オオカナダモ（水草）の葉の〔　①　〕
・　ヒトのほおの粘膜の〔　①　〕</td></tr>
<tr><td colspan="2" rowspan="2">【２】●実験の注意点　○観察での気づき
●　ア顕微鏡をのぞいたとき，見たいものが中央にくるようにして観察する。
●　暗くて見えにくいときは〔　②　〕を調節して明るくする。
○　イ２つの〔　①　〕の大きさはほぼ同じに見えた。
○　オオカナダモのほうはウ緑色のつぶがたくさん見えた。</td><td>ヒトのほおの〔①〕のスケッチ
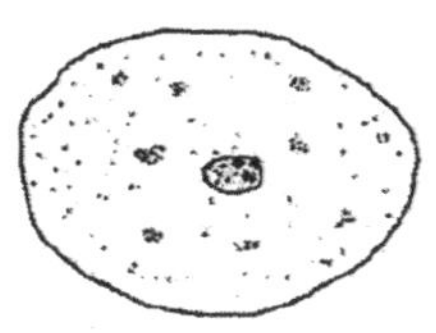
（×150）</td></tr>
</table>

（1）　レポート中の〔　①　〕〔　②　〕にあてはまる語句を答えなさい。ただし，〔　①　〕は植物や動物のからだをつくる，小さなへやのようなものである。

（2）　下線部アについて，顕微鏡をのぞいたとき，図１のようにオオカナダモの〔　①　〕がはしに寄っていた。これを中央に移動させたい。このときスライドガラスを動かす方向を図２のア～クから１つ選び，記号で答えなさい。

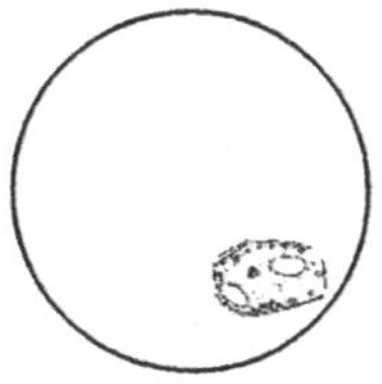

図１

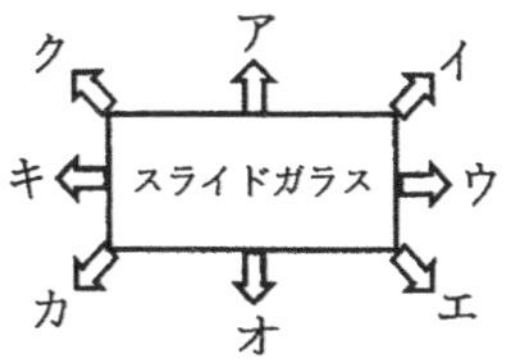

図２

（3）　下線部イについて，２つの〔　①　〕は，実際の大きさがちがっています。大きいのはどちらか答えなさい。また，そう考える理由を簡単に書きなさい。

（4）　下線部ウの緑色のつぶが関係するあるはたらきを調べるため，次の操作１～４にそって実験を行いました。また，その実験の結果を表１にまとめました。実験操作と結果より，下の①～③の問いに答えなさい。

操作１：２つのビーカーＡ，Ｂに水を入れて沸《ふっ》とうさせ，しばらく時間をおいて冷まし，水温を25℃にした。そのあとビーカーＢにはストローで息をふきこんだ。

操作２：茎《くき》をななめに切ったオオカナダモを２本準備し，それぞれのビーカーの水で満たした試験管に１本ずつ入れた。それらを下図のようにスタンドで固定し，ビーカーＡのほうを試験管Ａ（図３），ビーカーＢのほうを試験管Ｂ（図４）とした。

操作３：部屋を暗くした状態で，２つのビーカーにそれぞれ同じ距離《きょり》から同じ時間だけ光源の光をあて，気泡《ほう》や気体の発生などを観察して結果を表にまとめた（表１）。

操作４：試験管Ｂにたまった気体を調べるため，試験管Ｂにゴム栓《せん》をして，ビーカーから取り出し，エ火のついた線香を試験管内に入れた。

表１

	気泡の発生	試験管にたまった気体
試験管Ａ	なし	なし
試験管Ｂ	あり	あり

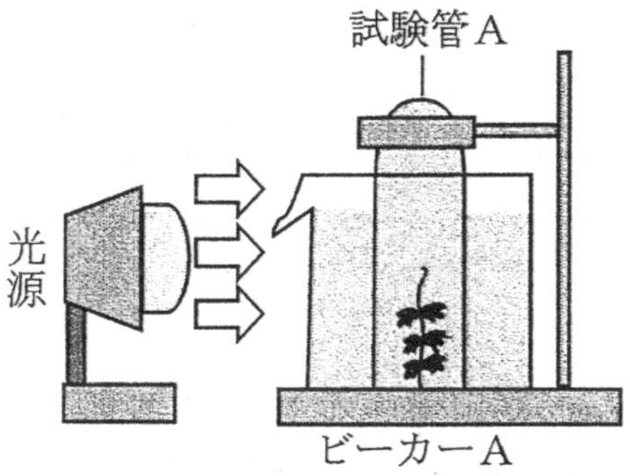

図３

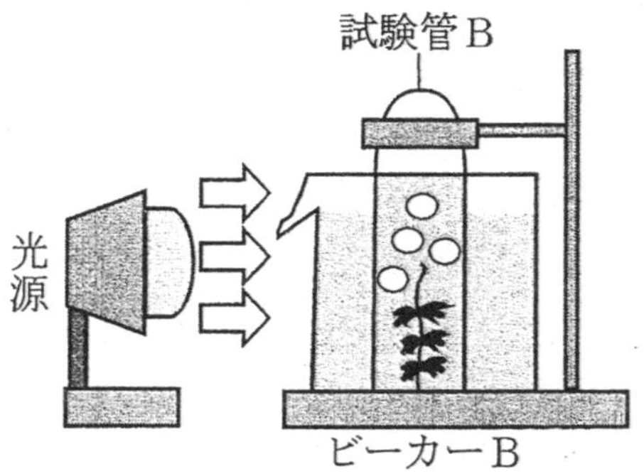

図４

①　操作４について，下線部エの火のついた線香はどのようになるか答えなさい。

②　この実験で見られた植物のあるはたらきとは何か答えなさい。

③　次の＜実験のまとめ＞の文章を読んで，試験管Ｂだけに気泡がみられた理由を答えなさい。

＜実験のまとめ＞
試験管Ｂでは植物のあるはたらきによって気泡の発生が見られたと考えられる。試験管Ａでは気泡の発生はなく，試験管Ｂだけで気泡が見られたのは，操作１で息をふき込んだことが，この結果に関係している可能性がある。

（問題は次のページに続きます。）

2 炭酸飲料は冷やした状態で一定の圧力（ある面に対して垂直にはたらく力）を加え，炭酸ガスを水にとけこませて作ります。そのため，炭酸飲料のペットボトル内は，一定の圧力がかかった状態で密閉されています。よく冷やした炭酸飲料はペットボトルのふたをはじめて開けた時にペットボトル内が一瞬《しゅん》白くくもる現象がみられます（図１）。この現象の原理は自然界でァ雲が発生する原理と似ています。この現象にはペットボトル内の空気にかかる圧力と温度，水蒸気量が関係しています。

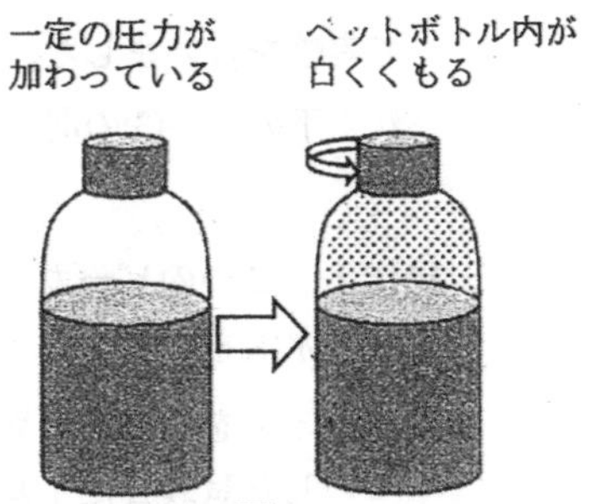

図１

空気中にふくむことのできる水蒸気の最大量は決まっていて，これを飽和《ほうわ》水蒸気量といいます。飽和水蒸気量は気温によって変化します（表１）。飽和水蒸気量より実際の水蒸気が多い場合，余分な水蒸気は水滴《てき》となって出てきます。ィ飽和水蒸気量と実際の水蒸気量の関係から次のように湿度《しつど》[%]を計算することができます。

$$湿度\,[\%] = \frac{実際の水蒸気量\,[g/cm^3]}{飽和水蒸気量\,[g/cm^3]} \times 100$$

以下の表１は気温ごとの飽和水蒸気量，図２は高度と気温の関係，図３は空気にかかる圧力と温度の変化を示した資料です。これらをもとに次の問いに答えなさい。

表１　気温ごとの飽和水蒸気量

気温［℃］	0	5	10	15	20	25	30	35
飽和水蒸気量［g/cm³］	4.8	6.8	9.4	12.8	17.3	23.1	30.4	39.6

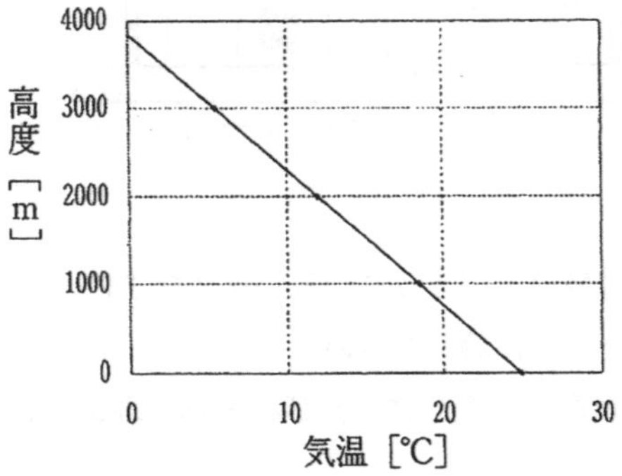

図２　高度と気温の関係

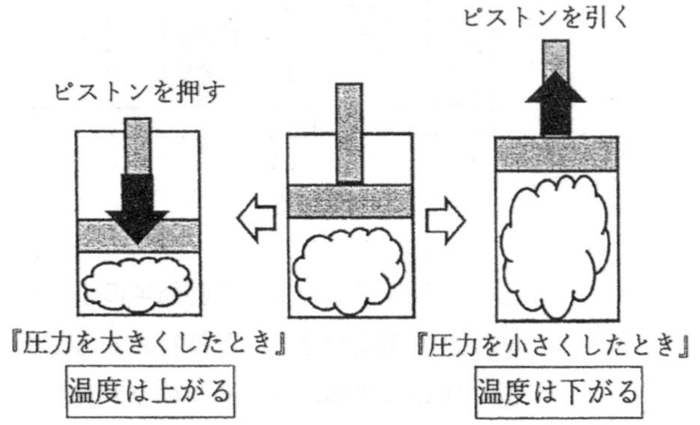

図３　空気にかかる圧力と温度の変化

（１）　下線部アについて，夏によく見られ、たて方向に発達し，急激な雨をもたらす雲を何といいますか。

（２）　雲の発生は平野よりも山の近くで発生しやすくなります。次の文章は山の近くで雲ができやすい理由をまとめたものです。表１，図２をもとに，文章中の①と②は（　）内のどちらかの語句を選び、（　③　）はあてはまる語句を答えなさい。

山の近くでは風が山にあたることで，空気が上昇《じょうしょう》しやすい。上昇した空気の温度は①（上がる・下がる）ので，飽和水蒸気量は②（大きく・小さく）なる。そのため，空気中の水蒸気のうち，飽和水蒸気量よりも多い分が空気中で（　③　）になるため，雲が発生しやすい環境《かんきょう》ができる。

（３）　本文中にあるように，ペットボトル内が白くくもる現象がおきた理由を表１や図３をもとにして答えなさい。

（４）　下線部イについて，ある地点で，１年間のうちの異なる４日（Ａ～Ｄ）の気温と水蒸気量を計測しました。下の図４はその結果をグラフに記録したものです。もっとも空気が乾燥《かんそう》していたと考えられる日をＡ～Ｄから１つ選び，記号で答えなさい。

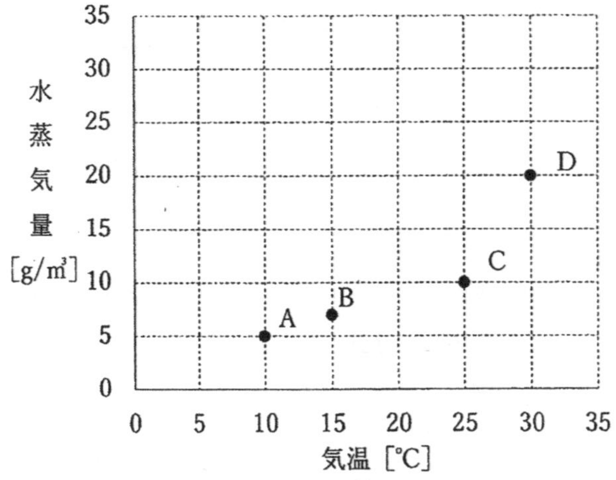

図４

（問題は次のページに続きます。）

3　右の図1は1920年から2020年の100年間の世界の平均気温を示したものです。世界の平均気温は，長期的にみると，徐々に上昇しています。また，日本ではこの100年間で気温が約1.26℃も上昇しています。その原因は二酸化炭素やメタンガスなどの温室効果ガスといわれており，世界の排出《はいしゅつ》量は年々増加しています。日本人一人当たりの温室効果ガス排出量は，世界でも上位になっているため，日本政府は「地球温暖化対策計画」において，2050年までに排出実質ゼロとすることを目標としています。

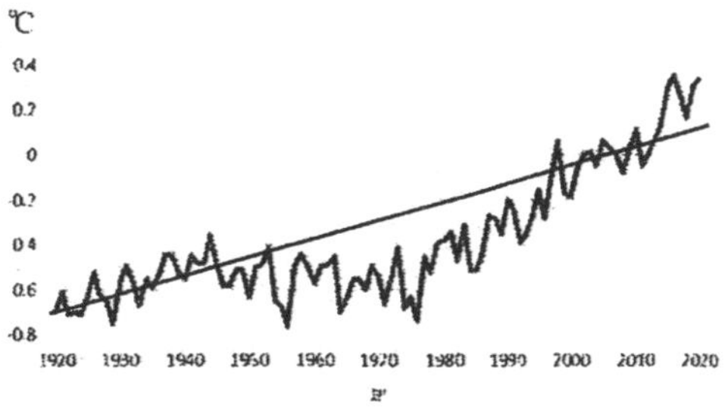

図1　世界の平均気温

図2は日本のメタンガス排出原因を示しています。最も多く排出されているのは農業で，排出量全体の約78%を占《し》めています。図3は日本の農業分野のメタンガス排出原因を示しています。最も多い発生原因は稲作《いなさく》で約57%となっています。

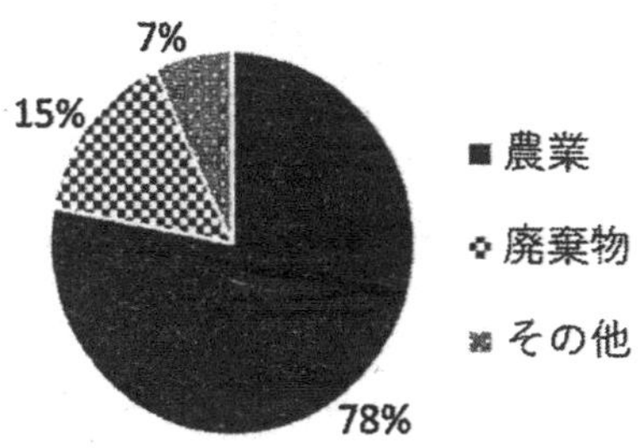

図2　日本のメタンガス排出原因

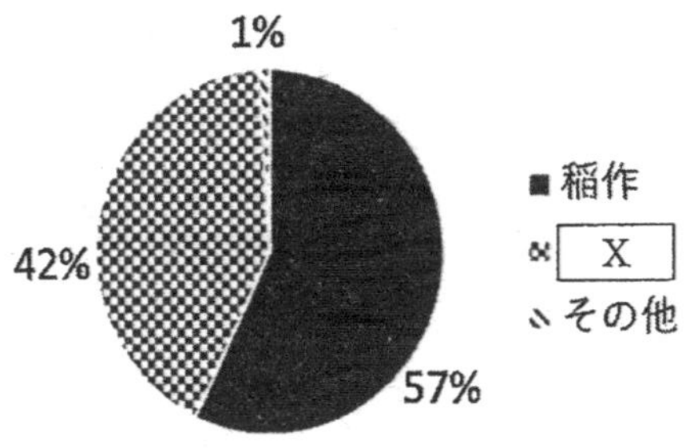

図3　日本の農業分野のメタンガス排出原因

出典：2019年　経済産業省データ

メタンガスやプロパンガスは炭化水素と呼ばれ，燃やす(酸素と結びつく)と二酸化炭素と水を発生させます。この反応を式に表すと下のような式になります。

炭化水素　＋　酸素　→　二酸化炭素　＋　水

炭化水素は燃やすことによって二酸化炭素と水を発生させるだけでなく，熱も発生させます。メタンガスは二酸化炭素の25倍の温室効果を持っていて，地球温暖化に影響《えいきょう》を与える温室効果ガス全体のうち23%であることが分かっています。

炭化水素1gを燃やす，次のような【実験1】・【実験2】を行いました。

【実験1】ある2つの炭化水素①と②をそれぞれ1g燃やす実験を行いました。炭化水素①を完全に燃やすと，4gの酸素と結びつき，二酸化炭素2.75g，水2.25gが発生しました。また，炭化水素②を完全に燃やすと，3.73gの酸素と結びつき，二酸化炭素2.93g，水1.8gが発生しました。2つの実験結果を分析《せき》すると，炭化水素を燃やす前と燃やした後のすべての物質の重さは変わらないことが分かりました。

【実験2】ある2つの炭化水素③と④をそれぞれ1g燃やし，そのとき発生した熱を利用して水の温度を上昇させる実験を行いました。実験結果として，炭化水素③を燃やすと，10℃の水200gが76℃になりました。また，炭化水素④を燃やすと，10℃の水200gが72℃になりました。ただし，生じた熱は全て水温上昇に使われています。

(1)　図3のメタンガスの排出原因の42%をしめる X とは何か答えなさい。

(2)　二酸化炭素を発生させる方法を答えなさい。ただし，『〇〇を燃やすと発生する』や，『植物や動物から発生する』という方法は除きます。

(3)　3gの炭化水素①と15gの酸素を混ぜて密閉された集気びんの中で燃やした後，集気びん内にある気体の合計は何gか答えなさい。ただし，生じた水は全て液体とします。

(4)　炭化水素③を燃やし，発生した熱を利用することで10℃の水1000gを43℃にするには炭化水素③が何g必要か答えなさい。

(5)　炭化水素③と④を合わせて5.5gとし，酸素を十分に入れて燃やし，熱を発生させました。そのとき発生した熱を利用することで，10℃の水1000gが80.6℃となりました。炭化水素④は何g含まれていたか答えなさい。

(問題は次のページに続きます。)

4　Ⅰ～Ⅳの文を読み，次の問いに答えなさい。ただし，全ての問題で，ボールの大きさや空気の抵抗《ていこう》，地面のまさつは無視できるものとします。

Ⅰ　図１のようにボールを真上に投げ上げることを考えます。ボールを真上に投げ上げる場合，たて方向の速さは重力によって常に変化します。ボールを秒速2m，秒速4m，秒速6mの速さで真上に投げ上げ，ボールを投げてからの時間，たて方向の速さ，地面からの高さを調べると，次のような結果になりました。

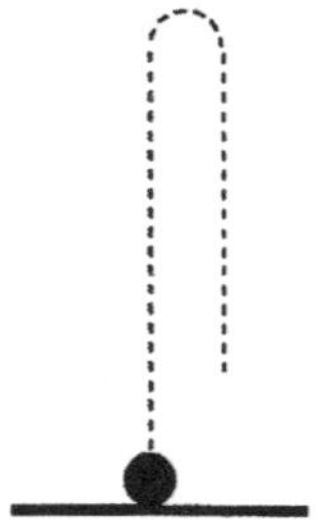

図１

表１　秒速2mで真上に投げてからの時間と速さ・高さの関係

時間[秒]	0	0.1	0.2	0.3	0.4
速さ[秒速 m]	2	1	0	1	2
高さ[m]	0	0.15	0.2	0.15	0

表２　秒速4mで真上に投げてからの時間と速さ・高さの関係

時間[秒]	0	0.1	0.2	0.3	0.4	0.5	0.6	0.7	0.8
速さ[秒速 m]	4	3	2	1	0	1	2	3	4
高さ[m]	0	0.35	0.6	0.75	0.8	0.75	0.6	0.35	0

表３　秒速6mで真上に投げてからの時間と速さ・高さの関係

時間[秒]	0	0.1	0.2	0.3	0.4	0.5	0.6	0.7	0.8	0.9	1.0	1.1	1.2
速さ[秒速 m]	6	5	4	3	2	1	0	1	2	3	4	5	6
高さ[m]	0	0.55	1	1.35	1.6	1.75	1.8	1.75	1.6	1.35	1	0.55	0

（１）　0.1秒間でボールの速さは秒速何mずつ変化していますか。

（２）　秒速8mで真上に投げ上げるとき，最高点の高さは何mですか。

Ⅱ　図２のようにボールを真上に投げ上げ，落ちてきた後，地面ではね返ることを考えます。ボールを秒速8mで真上に投げ上げ，地面ではね返ると，速さが半分の秒速4mではね返りました。ボールは地面についた瞬間《しゅんかん》にはね返り，くり返しはね返る場合でも同じ割合ではね返るものとします。

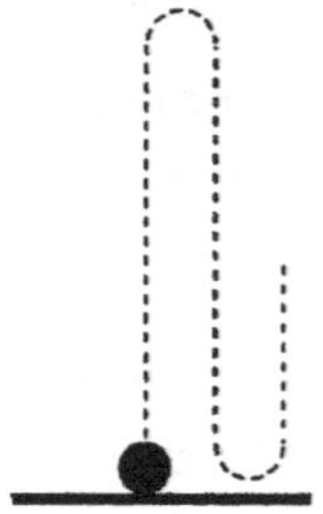

図２

（３）　さらにもう一度ボールがはね返ったときの速さは秒速何mですか。

（４）　ボールを秒速8mで投げ上げてから，地面まで３回目に戻《もど》ってくる時間は何秒ですか。

Ⅲ　図３のようにボールを斜《なな》め上に投げ，落ちてきた後，地面ではね返りながら進んでいくことを考えます。このようにボールが斜めに飛んでいく場合は，ボールにはたて方向と横方向の２方向に速さがあり，たて方向の速さはⅠと同様，重力によって常に変化しますが，横方向の速さは常に一定になります。

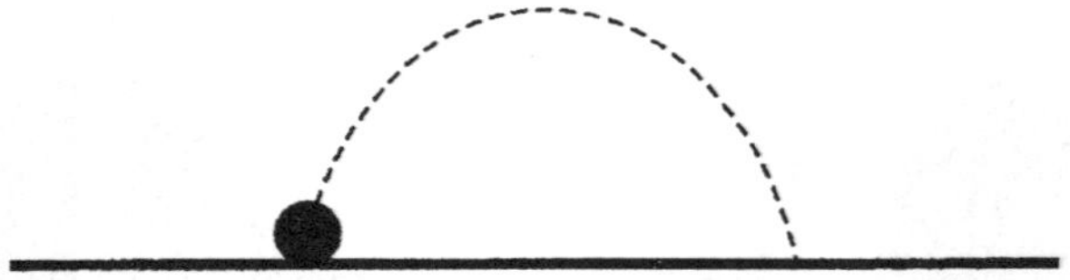

図３

（５）　ボールをたて方向に秒速8m，横方向に秒速5mで投げたとき，地面に戻ってくる時間は何秒ですか。

（６）　（５）のとき，横方向に進んだ距離《きょり》は何mですか。

Ⅳ　図４のように，ボールをたて方向に秒速8m，横方向に秒速5mで投げ，一度地面ではね返ってから，高さ0.6mの棒の上に設置してあるボールに当てること考えます。ただし，地面ではね返るときは，たて方向はⅡと同じ割合ではね返り，横方向の速さは変わりません。

図４

（７）　一度地面ではね返ったボールを，高さ0.6mの棒の上に設置してあるボールに当てるためには，投げ始めから横方向に何mの場所に棒を設置すればよいですか。考え方を含《ふく》めて答えなさい。

（問題はこのページで終わりです。）

国語解答用紙

就実中学校
R4 1期・3教科型（特進ハイグレード）

受験番号

※100点満点

一

問一 ⓐ ⓑ ⓒ ⓓ ⓔ

問二 A B C

問三

問四

問五

問六 80

問七 80

問八

問九

問一．２点×５
問二．２点×３
問三．２点
問四．３点
問五．２点
問六．６点
問七．６点
問八．２点
問九．３点

二

問一 ⓐ ⓑ ⓒ ⓓ ⓔ

問二 A B

問三

問四

問五

問六 55

問七 80

問八

問九

問十

問十一

問一．２点×５
問二．２点×２
問三．２点
問四．２点
問五．３点
問六．５点
問七．５点
問八．２点
問九．２点
問十．２点
問十一．３点

三

問一

問二 45

問三 〜

問一．２点
問二．５点
問三．３点

四

①

②

③

④

⑤

２点×５

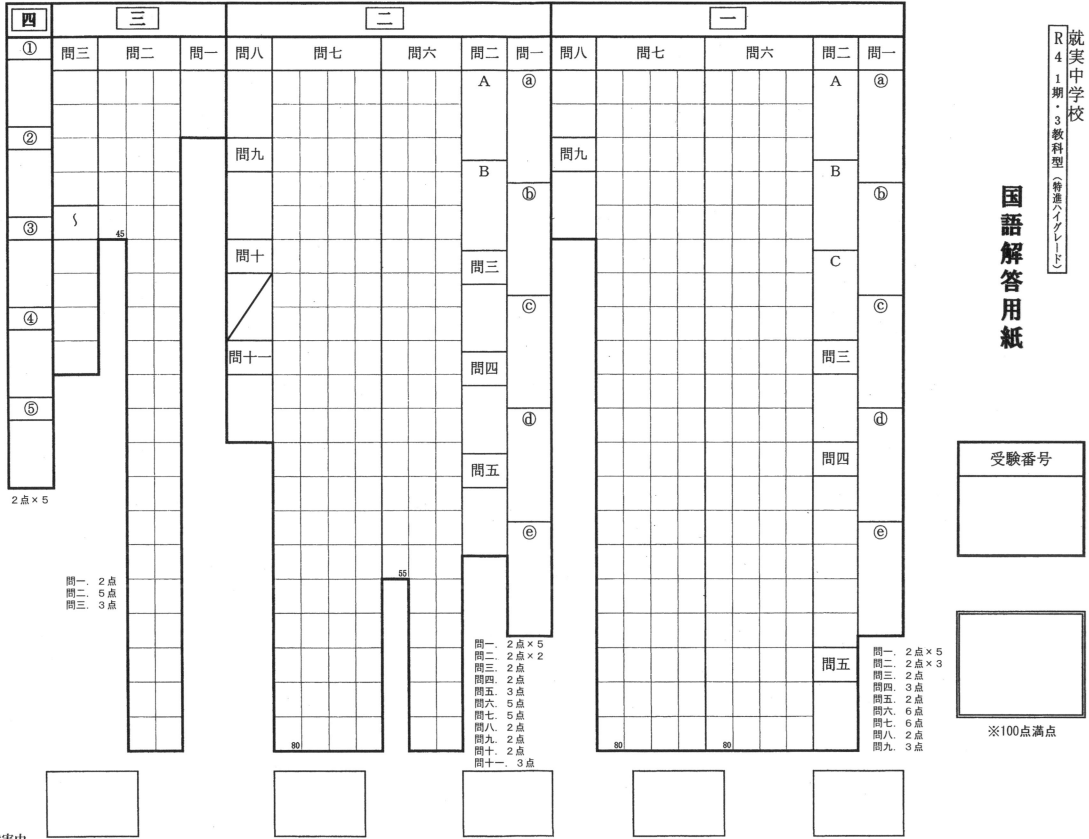

国語解答用紙

受験番号

一

問一 ア イ ウ エ オ

問二 A B C

問三

問四

問五

問六

問七

問八

問九

二

問一 ア イ ウ エ オ

問二 A B

問三

問四

問五

問六

問七

問八

問九

問十

問十一

三

問一

問二

問三

四

①

②

③

④

⑤

算数解答用紙

1

⑴３点×２　⑵４点

⑴	①		②	
⑵				

2

４点×８

⑴	m	⑵	人
⑶		⑷	通り
⑸	cm	⑹	°
⑺	cm	⑻	cm^2

3

⑴４点　⑵５点　⑶６点

⑴	m	⑵	分後
⑶	[考え方] 毎分　m		

4

⑴５点　⑵５点　⑶６点

⑴	個	⑵	個
⑶	[考え方] 個		

5

４点×３

⑴	cm	⑵	cm
⑶	cm		

6

５点×３

⑴	円	⑵	個
⑶	円		

受　験　番　号

※100点満点

理科　解答用紙

1	(1)	①	②	(2)	
	(3)	大きい方の名前	理由		
	(4)	①			
		②			
		③			

(1)３点×２
(2)３点
(3)大きい方の名前…２点
理由…３点
(4)①３点
②３点
③５点

2	(1)			
	(2)	①	②	③
	(3)			
	(4)			

(1)３点
(2)３点×３
(3)８点
(4)５点

3	(1)					
	(2)					
	(3)	g	(4)	g	(5)	g

(1)３点
(2)５点
(3)４点
(4)４点
(5)４点

4	(1)	秒速　　m ずつ				
	(2)	m	(3)	秒速　　m	(4)	秒
	(5)	秒	(6)	m		
	(7)	m				

(1)４点
(2)４点
(3)４点
(4)４点
(5)４点
(6)４点
(7)６点

受験番号

※100点満点

検査Ⅰ

(Ⅰ－1)

1※	2※	3※	※	受験番号	

(45分)　　(配点非公表)

課題1　みのるさんとはな子さんは，パンケーキを作ります。みのるさんのレシピでは一度に4枚，はな子さんのレシピでは一度に3枚焼きます。あとの（1）～（4）に答えましょう。

みのる：私のレシピとはな子さんのレシピは材料の分量が違うね。
はな子：分量をきっちり量り，自分のレシピ通りに作ってみよう。

～みのるさんのレシピ～
◎　材料（4枚分）
卵：2個
グラニュー糖：30 g
薄《はく》力粉：150 g
ベーキングパウダー：8 g
牛乳：120 cc

～はな子さんのレシピ～
◎　材料（3枚分）
卵：1個
グラニュー糖：20 g
薄力粉：100 g
ベーキングパウダー：4 g
牛乳：100 cc

※

（1）　みのるさんは薄《はく》力粉 300 g をすべて使って自分のレシピ通りにパンケーキを作ります。このとき，牛乳を何 cc 使うか答えましょう。ただし，他の材料は十分な量があります。

cc

※

（2）　みのるさんのレシピに書いてあるすべての材料の分量の5倍を用意しました。この材料を使って，はな子さんのレシピでパンケーキをできるだけたくさん作るとき，何枚できるか答えましょう。

枚

みのる：薄力粉が 1500 g あるから2人で分けて使おう。
はな子：おたがいに自分のレシピで作ろうね。

※

（3）　1500 g の薄力粉をみのるさんとはな子さんの2人で分けて，自分のレシピ通りにパンケーキを作ります。薄力粉をすべて使って，2人合わせてちょうど 43 枚作るとき，2人合わせて卵を何個使うか答えましょう。ただし，他の材料は十分な量があります。

個

みのる：トッピングをしよう。
はな子：5種類のトッピングがあるわね。

※

（4）　バナナ，いちご，生クリーム，はちみつ，チョコソースの5種類のトッピングが下のようにAとBの2つのグループに分かれています。2人とも，最初にAから選び，その後Bから選びます。みのるさんはAから1つ，Bから1つ選び，はな子さんはAから1つ，Bから異なる2つを選びます。このとき，下の条件 ①～③ をすべて満たす2人の選ぶトッピングの例を1つあげましょう。また，①～③ をすべて満たす2人の選ぶトッピングの組み合わせは全部で何通りあるか答えましょう。

＜条件＞　①　2人がAから選ぶトッピングは，異なります。
②　Aからバナナを選ぶ人は必ずBからチョコソースを選びます。
③　はな子さんがBから選ぶトッピングの1つは，みのるさんがBから選ぶトッピングと同じです。

A
バナナ
いちご

B
生クリーム
はちみつ
チョコソース

	A	B	
みのるさん			
はな子さん			

通り

2※

受験番号	

課題２　みのるさんとはな子さんは，方眼紙上に複数の円をかいた図形について話をしています。円の中心は直線が交わった点の上にとり，円の半径は１マスとします。また，複数の円をかいた図形の太線部分をその図形の外周と呼びます。あとの（１）～（３）に答えましょう。

図１

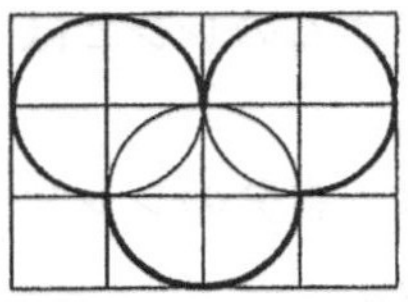

図２

みのる：右の図形の外周の長さはどのくらいだろう？
はな子：きれいな図なので，円周の何個分かになりそうね。

（１）　図１と図２の外周の長さは，それぞれ円周の何個分か答えましょう。

※

図１	図２
円周　　　　個分	円周　　　　個分

みのる：下の段はすぐ上の段より円の個数が必ず１個少なくなるように円をかいてみよう。
はな子：９個の円を並べると図３か図４のどちらかになるね。

図３

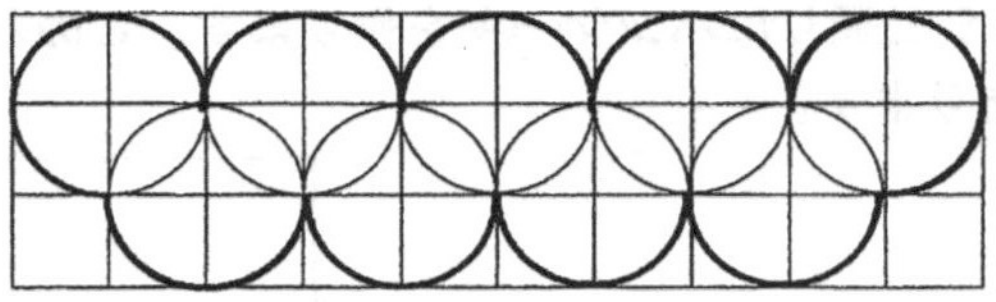

・・・１段目
・・・２段目

図４

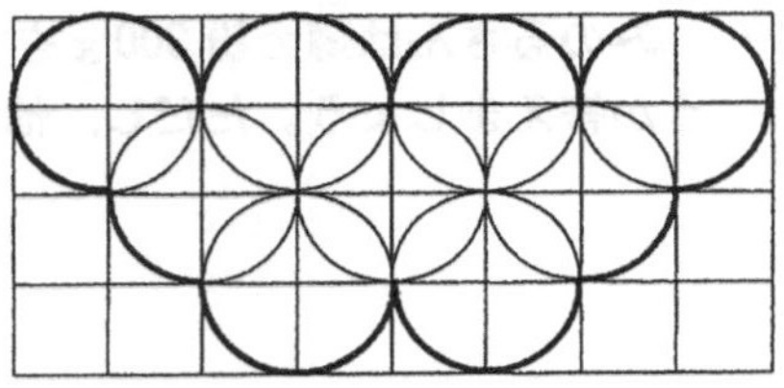

・・・１段目
・・・２段目
・・・３段目

（２）　図４の外周は円周の何個分か答えましょう。
図１から図４のような図形を（１段目の円の個数，２段目の円の個数，・・・）と決めて表現することにします。例えば，図３は（５，４），図４は（４，３，２）と表現します。同じようにして，15 個の円を下の段がすぐ上の段より円の個数が必ず１個少なくなるように規則的に並べた図形を考えます。このとき，例にならって表現したものをすべて答えましょう。ただし，１段 15 個は考えないものとします。また，求めた図形の中で最も短い外周の長さは円周の何個分か答えましょう。

※

図４
円周　　　　個分

15 個の円の並べ方	
	円周　　　　個分

みのる：図２を拡大した図形の外周にぴったりとくっついている円がその外周を一周したとき，円の中心はどう動くかな。
はな子：円の中心が動いた長さはどのくらいかしら。

（３）　図５のように点Ｐを直線が交わった点の上にとります。点Ｐを中心とし円Ａにぴったりとくっついている円をかきます。この円が５つの円の外周を反時計回りに一周します。 あ と い の角の大きさを求めましょう。
次に，ＡＰ＝６ cm とします。円Ｐが５つの円の外周を一周したときに中心Ｐが動いた長さを答えましょう。ただし，円周率は 3.14 とします。また，どのようにして求めたかを図５を使って説明しましょう。

※

あ＝　　　　°	い＝　　　　°

説明

図５

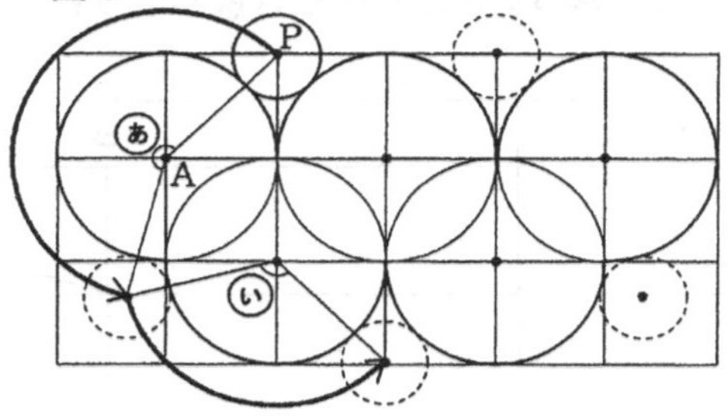

cm

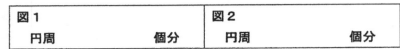

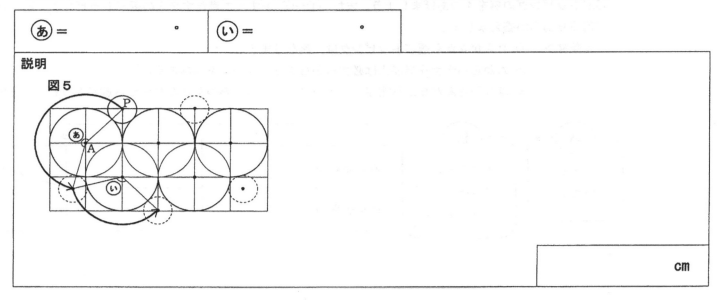

課題３　みのるさんとはな子さんは，就実中学校の中庭で会話をしています。２人の会話をもとに，あとの（１）～（３）に答えましょう。

みのる：お正月にむけて，学校でもちつき大会をする計画があるね。

はな子：楽しみだね。おもちはとても美味《おい》しいよね。おもちを焼くと大きくふくらむのはどうしてかな。

みのる：ふくらむ原因の一つは，おもちに含《ふく》まれる空気だと聞いたことがあるよ。他にも原因があるのかな。

はな子：おもちをつくる時，もち米に水分と熱を加えることにも関係がありそうだね。

（１）みのるさんが言った「空気」以外で，おもちを焼いたときに大きくふくらむ理由を説明しましょう。

※

みのる：だんだん天気が変わってきたね。

はな子：そうよね。雲が多くなってきたわ。今の天気は晴れかくもりのどちらかな。

みのる：空全体を 10 としたとき，雲の量の割合で決めると習ったんだけど，人によってちょっとちがうよね。もう少し正確に調べるにはどうしたらいいかな。

はな子：じゃあ，特別なカメラで空全体を撮影《さつえい》して［　A　］。

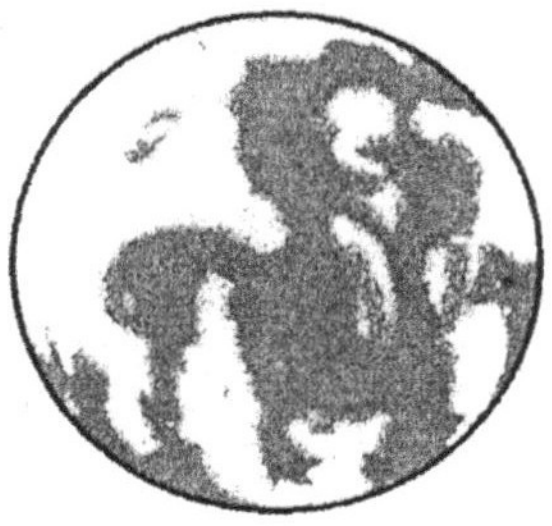

（２）右の図は，はな子さんが空全体を撮影したものです。図の白い部分が雲，それ以外の部分が青空です。このときの天気を答えましょう。また，空らん［　A　］には写真を用いて雲の量の割合を調べる方法が入ります。どのような方法で調べるか説明しましょう。

※

天気	説明

みのる：遠くで雷《かみなり》の音が聞こえるよ。雷は自然にできる静電気だったよね。

はな子：電気のことは習ったけど忘れちゃったから，先生といっしょに理科室で実験してみましょう。

みのる：じゃあ，かん電池１個で豆電球１個を光らせた明るさを基準として，同じかん電池２個と豆電球２個をつないで，明るさを比べてみよう。電気用図記号で書くと，次のような**ア**～**エ**の４種類あるね。短い線と長い線の２直線がかん電池，丸の中にバツを書いた印が豆電球を表しているよ。

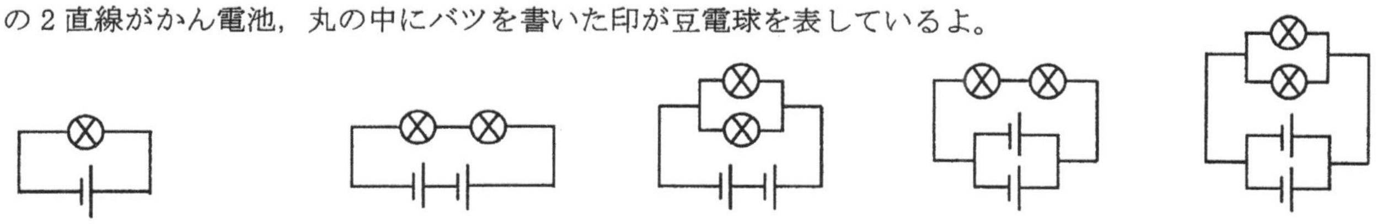

基準　　**ア**　　**イ**　　**ウ**　　**エ**

はな子：かん電池と豆電球が同じ数なのに，つなぎ方によって豆電球１個あたりの明るさにちがいが出たよ。基準と同じ明るさになったのは**ア**と**エ**，基準より暗いのが**ウ**，基準より明るいのが**イ**になったのはどうしてかな。

先生　：かん電池と豆電球のつなぎ方を，公園にあるすべり台で遊ぶことに例えて考えてみましょう。階段部分をかん電池，すべり下りる部分を豆電球，平らな部分を導《どう》線と考えるとわかりやすいかもしれません。

（３）下線部のような結果になる理由を，先生の例えを用いて説明しましょう。ただし，すべり下りる部分１つ分は同じ長さと考えます。

※

※　1※　2※　3※　※

受験番号

（配点非公表）

R4　1期・適性検査型入試

検査Ⅱ

（45分）

課題1　次の文章を読んで、あとの(1)から(4)に答えましょう。

人間は、一人だけで幸福になることはありえません。仲間との間につくられた①信頼《しんらい》関係の中にしか人間の幸福はありません。人類は、その進化の過程で、信頼関係を結ぶ仲間の数を増やし、社会の力を向上させてきました。その過程でさまざまなものが生まれました。芸術、農業、牧畜《ぼくちく》、漁業、林業、工業、科学技術などはすべて人間が生み出してきたものです。それらを生み出した先に、より多くの仲間と信頼関係を結ぶことが幸福につながるという確信があったのでしょう。

仲間の数を増やしたのは動物も同じかもしれません。ただ、人間以外の動物には、人間のようなコミュニケーション技術をつくることはできませんでした。信頼関係ではなく、身体の同調だけで成り立っている*ヌーの大群のような例はありますが、それは、大量かつ均一に得られる草を食べる能力と、肉食獣《にくしょくじゅう》の脅威《きょうい》から身を守ることによってできたものです。*類人猿《るいじんえん》のように、一定の信頼関係をつくり上げている種もありますが、やはり一定以上に仲間の数を増やすことはできませんでした。熱帯雨林を出ていないことが②その証拠《しょうこ》です。熱帯雨林から出て多様な環境《かんきょう》に適応するためには、人間のように自分を犠牲《ぎせい》にしても仲間のために尽《つ》くそうとする強い共感力をもった社会をつくる必要があるからです。

ぼくは、2018年に*ブータンのジグミ・シンゲ・ワンチュク第四代国王に会う機会がありました。世界で話題となった国民総幸福量＝GNH（Gross National Happiness）を考えた人物です。彼《かれ》が最初に考えたのは「満足度」でした。しかし「満足度」は個人に帰するものであり、*一過性のもの。それで「幸福度」に決めたそうです。確かに、幸福は個人が感じるものではあるけれど、家族やコミュニティなど空間的な広がりが欠かせません。一人だけで幸福とはいえない。幸福を感じるには時間も重要で、ある一定の時間、幸福と感じなければ幸福とはいえません。前国王の言葉を聞いて、ぼくは大いに納得《なっとく》しました。

人間は本来、他者に迷惑《めいわく》をかけながら、そして他者に迷惑をかけられながら、それを幸福と感じるような社会の中で生きていく生物です。迷惑をかけることで絆《きずな》は深まる。ぼくは、このことをアフリカの人々やゴリラから学びました。

アフリカの人たちは、子どもは皆《みな》のものという意識が強い。いいことをしたら褒《ほ》めるし、悪いことをすれば叱《しか》る。ぼくが家族でアフリカに赴任《ふにん》していたときも、ぼくの子ども2人をとてもよく面倒《めんどう》みてくれました。

*ガボン共和国のムカラバ国立公園でニシローランドゴリラの*フィールドワークをしていたときには、心優しい*シルバーバックとの出会いがありました。あるとき、彼が率いるグループでひとりゴリラとの衝突《しょうとつ》事件が起きます。この衝突によって、乳離《ちちばな》れ間近の子どもゴリラが、母親を失うと同時に、右手のひじから先を失う大ケガをしました。ぼくたちはこのゴリラにドドという名をつけていたのですが、母親もおらず、手をついて歩くこともままならなくなった彼の運命は厳しいだろうと誰《だれ》もが思いました。ところが、ドドは生き延びた。それはシルバーバックの思いやりのおかげでした。移動時、群れから遅《おく》れがちなドドをゆっくりと待ち、木に登れないドドのために木の上からフルーツを落とす。心折れずにたくましく生きるドドの姿とともに、そのシルバーバックの思いやりにぼくは感心しました。そして、安全な森から*サバンナへ出て、別の森に移動していくときに、その思いやりはシルバーバック以外のゴリラにも表れました。先に森に入った若いオスゴリラらが森の縁《ふち》まで戻《もど》り、ドドが安全に森に到達《とうたつ》するまでじっと見守っていたのです。

仲間を思いやるこうした行動は、危険な状況《じょうきょう》に直面したときに強化されます。きっと人類の祖先も熱帯雨林からサバンナに出ていく過程で共感力を高めていったのでしょう。ゴリラが家族的な集団の中で見せたこの共感力を、人間は、家族よりずっと大きな集団に拡大してきました。それが今、弱体化しつつあります。これからの時代に、その共感力や社会力をどうやってつくっていくかがぼくたちの課題でしょう。

（山極寿一「スマホを捨てたい子どもたち」）

（注）*ヌー…ウシ科のほ乳類。アフリカの草原に群れを作って暮らす。　*類人猿…ゴリラやサルなどのヒトに似た形態を持つ霊長類《れいちょうるい》。
*ブータン…南アジアに位置する国。　*一過性…一時的ですぐ消えること。　*ガボン共和国…中部アフリカに位置する国。
*フィールドワーク…研究テーマに関する場所に訪《おとず》れて調査研究を行うこと。　*シルバーバック…大人のオスゴリラ。
*サバンナ…熱帯地方に見られる草原地帯。

(1)　文章中には、＝＝「…のおかげ」という表現が使われています。この表現を使って十五字以上二十字以内の文を一つ作りましょう。（、や。や「　」なども一字に数えます。「…のおかげ」は、「…おかげ」と表現してもよろしい。ただし、「思いやり」という言葉を使ってはいけません。）

20字

受験番号

※

⑵　――①「信頼《しんらい》関係」とありますが、あなたが他人と「信頼関係」を築くために必要であると思うことを一つあげて、その理由を四十字以内で書きましょう。（、や。や「　」なども一字に数えます。ただし、「信頼」という言葉を使ってはいけません。）

必要であると思うこと

40字

※

⑶　――②「その証拠《しょうこ》」とありますが、「その」とは、どのようなことですか。文章中の言葉を使って二十五字以内で書きましょう。（、や。や「　」なども一字に数えます。）

25字

※

⑷　筆者は、人間にとっての「幸福」はどのようなことを通して感じられると考えていますか。「幸福は、～だけではなく、～ことを通して感じられる。」という形で、文章中の言葉を使って八十字以内で書きましょう。（、や。や「　」なども一字に数えます。）

80字

※

課題２　あなたにとっての「幸せ」とはどのようなことですか。具体的に二つあげて、それぞれそう考えた理由を合わせて二百字以内で書きましょう。（、や。や「　」なども一字に数えます。段落分けはしなくてよろしい。一マス目から書き始めましょう。）

100字

200字

1※	2※	3※	※

受験番号	

課題３　みのるさんとはな子さんが，先生と話をしています。
３人の会話をもとに，（１）～（５）に答えましょう。

資料１　島根県出雲市田儀《いずもしたぎ》周辺の地形図

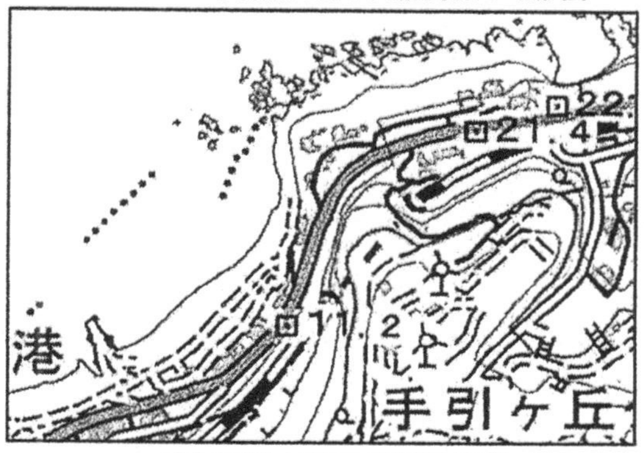

（国土地理院 1:25000 の地形図「田儀」を加工。）

はな子：みのるさん，この資料１の島根県内の地形図を見てください。
みのる：あまり見覚えのない地図記号が２つありますね。
　この地図記号は何ですか。
先　生：この記号は，最近日本各地で増えている施設《しせつ》ですよ。
みのる：形から推測すると……　風力発電用の風車ですね。
はな子：［　A　］という理由から，この場所に風車が設置されています。
みのる：なるほど，この場所だからこそ効率がいいのですね。

（１）　会話文の［　A　］にあてはまる内容を考えて書きましょう。

※

（１）	

資料２　降水量１㎜未満の年間日数

岡　山	276.7 日（全国１位）
山　梨	276.1 日（全国２位）
兵　庫	271.7 日（全国３位）
広　島	270.8 日（全国４位）
埼　玉	269.3 日（全国５位）

（日数は平年値。観測地は都道府県庁所在地など。岡山県総合政策局の HP より作成。）

みのる：私たちの住む岡山には，風車がないのでしょうか。
先　生：私はあまり見たことはありませんね。その代わりに，他の新しい
　①再生可能エネルギーが注目されています。
はな子：資料２からは，私たちの住む岡山は１年を通して［　B　］ということがわかるので，岡山では家庭用のソーラーパネルがよく設置されていますね。
先　生：その通りです。日本各地でその自然状況《しぜんじょうきょう》に合わせたエネルギーの開発が進んでいるといえます。それでは，なぜ再生可能エネルギーが各地で注目されているのだと思いますか。
みのる：②環境《かんきょう》問題への関心が高まり，日本が［　C　］だからだと思います。
　ほかにも日本には火力発電所や原子力発電所が多くありますね。
はな子：それは効率よく発電ができるからだと思います。
先　生：良いところに気がつきました。そのために火力発電所は資料３のように立地しています。
はな子：みのるさん，なぜだと思いますか。
みのる：わかりました。［　D　］ために地図上の位置に多くあるのだと思います。

資料３　火力発電所の分布

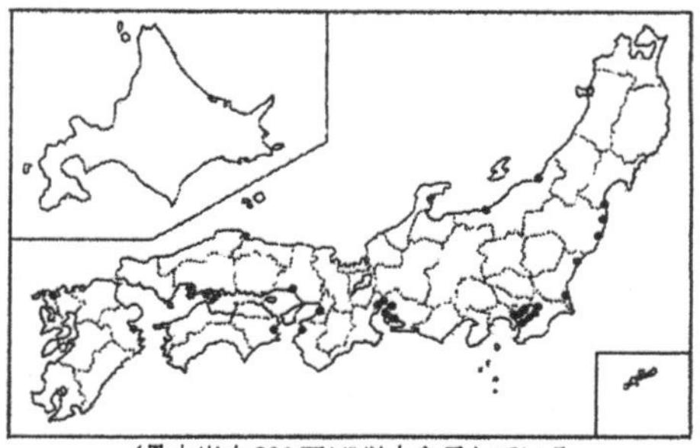

（最大出力 200 万 kW 以上を示している。「日本のすがた 2021」より作成。）

（２）　会話文の下線部①について，日本にはどのようなものがあるか風力と太陽光を除いて２つあげましょう。

（３）　会話文の［　B　］と［　C　］にあてはまる内容の組合せとして正しいものを，次のア～エから１つ選びましょう。

ア　［B］：雨の日が少ない　［C］：資源の少ない国
イ　［B］：雨の日が少ない　［C］：災害の少ない国
ウ　［B］：降水量が少ない　［C］：資源の少ない国
エ　［B］：降水量が少ない　［C］：災害の少ない国

（４）　会話文の［　D　］にあてはまる内容を考えて書きましょう。

※

※

（２）			（３）	
（４）				

（５）　会話文の下線部②について，あなたが心がけているエコ活動とその理由を書きましょう。

※

（５）	エコ活動	
	理　由	

R3　1期3教科型（特進ハイグレード）

国語

（60分）

就実中学校

◎答えはすべて解答用紙に記入しなさい。
◎記号で答えられるものは、すべて記号で答えなさい。
◎句読点「、」や「。」などの記号も一字に数えます。

［一］ 次の文章を読んで、あとの問いに答えなさい。

人間が住み、なんらかの活動をしてゆく中で、人間の住み場と自然とのⓐセッテンに生まれる新しい場―それが人里である。

「自然を守れ」という人々からすれば、人里は明らかに本来の自然ではない。しかし不思議なことに、人間はそこに自然を感じる。それは「人間なんてちっぽけなものだ」と①思わせるような人を圧倒《あっとう》する自然ではなく、なんとなく人の心をなごませるような自然なのである。

人里がなぜ心なごませるのかはぼくもよくわからないが、人里はとにかく明るく開けた感じがする。深い原生林の暗く湿《しめ》った状態とはまるでちがう。そして人里は多様である。果てもない大草原とは異なって、さまざまな木が生《は》え、それぞれに花を咲《さ》かせ、実をつけている。そしてすこし奥《おく》へ行けば、深く茂《しげ》った林になり、森になる。この明るさと開放感、そして目を飽《あ》きさせない多様さが人里の特徴《とくちょう》なのだろう。

そしてなによりも人里は②「自然」なのである。たまたまそれは人の手によってつくられたものであるとはいえ、まったくの自然の中でも同じような場は出現しうる。［A］深い森林の中で、一本の大きな老木が倒《たお》れたとしよう。そこには日があたるようになり、それまで暗い木かげの下草として生えていたのとはまったくちがう、日射《ひざ》しの好きな草がたちまちにして茂りはじめる。陰樹《いんじゅ》のかげになった地中で一〇〇年近くも眠っていた、いわゆる陽樹の種子が、降りそそぐ日光にうながされて芽《め》を出す。

こうして生まれた明るく開けた場所は、③それまでとはまったく異なる様相を示す自然となり、この新しい姿の自然と、それを囲む「今までの」自然とが移行してゆくところには、日射しの強さへの好みの異なるさまざまな植物が生え、それぞれを食物とする昆虫《こんちゅう》がどこからともなく集まってくる。

このようなところをエコトーンと言う。エコトーンは多様性をはらんだ環境《かんきょう》であって、さまざまな植物が育っている。林や森につらなる部分には高く茂った木。そこの林床《りんしょう》には日かげをとくに好む草がまばらに生えているだけである。そのような草はけっしてⓑハデな花は咲かせない。日もほとんどあたらないから、日なたの好きなチョウは飛んでいない。

しかし、エコトーンは移行の相である。このようなかなり暗い林に続いて、もっと明るい林がある。

この林は若い林である。そして日あたりを好む林である。木々はまばらで、とにかく若い。開けた梢《こずえ》を通して、日光が降りそそぐ。だからそこには、日射しを好むいろいろな草が生える。そして思い思いにさまざまな花を咲かせる。

明るく日があたるので、そこには日なたを好むチョウが飛んでくる。チョウは目で花を見つけて蜜《みつ》を吸《す》う。そのために、そこに咲く花はよく目立つ美しいかわいらしい花である。それは、そこにチョウがいるからであり、そしてチョウがいるからこそそのような花を咲かせる草が生えるのである。チョウはそういう目立つ花がなければ蜜を得ることができないし、そういう花はチョウがいなければ花粉を＊媒介《ばいかい》してもらえないからだ。

花に依存《いそん》して生きているのはもちろんチョウだけではない。ハチもハエも、＊甲虫《こうちゅう》そのほか多くの虫は、花の蜜や花粉に頼《たよ》って生きている。したがって、エコトーンにはそのような昆虫たちが集まってくる。昆虫たちが集まってくれば、当然ながらその昆虫たちを食べる動物も集まってくる。小鳥、クモ、カエル、トカゲ、そして昆虫を食べる昆虫。

こうしてエコトーンはさまざまな生きものたちをひきつける。

エコトーンは、環境の状態が移行する場所である。それはしたがって、けっして広大なⓒメンセキにわたることはない。エコトーンが幅《はば》何百キロにわたって広がるということはあり得ないのである。

人里はまさにこのようなエコトーンなのだ。人里の特徴、そして人里のもつ心なごむⓓケイカンは、人里がエコトーンであるがゆえに生まれるのである。

④人が手を加えない自然の中で、エコトーンはつねにそれまでそこにあった姿の自然の再生、更新《こうしん》の場として存在している。いろいろな理由から深い針葉樹林であった場所に生じたエコトーンは、ほうっておかれればしだいにその姿を変えていって、いずれは深い針葉樹林を再生するだろう。老木は枯れて倒れるであろうが、いずれはあとから育ってきた木によって更新されるだろう。そして、そのエコトーンに生きていた植物や動物は、また別の場所に生じた新しいエコトーンへと移り住んでいくことであろう。自然ではいつもこのようなことが起こっている。

重要なのは、そこで起こっていることはすべて自然の「論理」にしたがったものだということである。

老木が倒《たお》れたり、雷《かみなり》で山火事が生じたりするかわりに、人間が住みついて林を切り開いても、同じような事態が生じる。そこには新しいエコトーンが生まれ、それまでの自然の再生のプロセスが始まる。

純自然の場合と異なるのは、人間がこの自然の再生を嫌《きら》い、つねにそれと闘《たたか》ってきたことである。［B］、自然の再生は⑤完成することなく続けられる。そして、人間のそれに対する闘いも続けられてきた。

この闘いが続いている間、エコトーンはもとの自然の再生による最終的な消滅《しょうめつ》に至ることなく維持《いじ》される。この状態が人里なのである。人間はもとの形での自然は破壊《はかい》したかもしれないが、新しい様相の自然を生じさせ、しかもそれをほぼそのままに維持するというはたらきをすることになった。⑥人里はこのように特異な自然なのである。

人里においては、人間が人間のⓔイトにもとづいて、そして人間の論理にしたがって、自然に変化を加える。しかし、自然は自然なりに、自然の論理にもとづいて押《お》し戻《もど》してくる。この押し合いが続く間は、エコトーンとしての人里は維持される。

人里は心なごむ自然であり、人はそこに自然を見、そこから自然の論理を学ぶことができる。自然の論理を知ること―それは今日の人間にとってきわめて大切な意味をもっている。ぼくが「人里をつくろう」と訴《うった》えているのもそのためである。

（日高敏隆「人間はどういう動物か」ちくま学芸文庫）

（注）＊媒介《ばいかい》…両方のあいだに立ってなかだちをすること。
＊甲虫《こうちゅう》…かたい前ばねでからだを保護している昆虫《こんちゅう》の総称《そうしょう》。カブトムシやホタルなど。

問一 ══ⓐ～ⓔのカタカナを漢字に直しなさい。

問二 ［A］・［B］に当てはまる語として、最も適当なものをそれぞれ次の中から選びなさい。ただし、同じ記号を二回以上使ってはいけません。

ア なぜなら　イ その結果　ウ むしろ　エ たとえば　オ さらに

問三 ──①「思わせるような」の「ような」と同じ用法のものを次の中から一つ選びなさい。

ア あの選手のように上手になりたい。
イ 彼はアリのようにあくせく働いた。
ウ この道は駅まで続いているようだ。
エ 今回は合格するような気がする。

問四 ──②「『自然』」とはどのような「自然」か。本文中から二十字以内でぬき出し、最初と最後の三字を答えなさい。

問五 ──③「それまでとはまったく異なる様相を示す」とはどういうことか。本文中の言葉を使って八十字以内で答えなさい。

問六 ──④「人が手を加えない自然」と同じ意味で使われている表現を本文中から一語でぬき出しなさい。

問七 ──⑤「完成」と同じ組み立ての熟語を次の中から一つ選びなさい。

ア 着席　イ 人工　ウ 改造　エ 問答　オ 調整

問八 ──⑥「人里はこのように特異な自然なのである」とあるが、どのような点が「特異」なのか。本文中の言葉を使って七十字以内で答えなさい。

問九 エコトーンについて説明したものとして最も適当なものを次の中から選びなさい。

ア 老木が倒れた後に日射《ひざ》しを好む植物や動物が集まることによって更新《こうしん》された自然が、元の状態に再生された場所である。
イ 高く茂った木のかげに下草が生《は》えている状態から、木々がまばらで日があたる状態への変化が無限に広がる場所である。
ウ 陰樹《いんじゅ》が生い茂っている暗い林と、陽樹がまばらに生えて明るく開けた若い林との中間に存在し常に移行する場所である。
エ 暗く湿《しめ》った原生林とは異なり、日光が降りそそぐことによって様々な草花や昆虫《こんちゅう》が集まる多様性をはらんだ場所である。

問題の続きは次のページにあります。

□二 次の文章を読んで、あとの問いに答えなさい。

著作権に関係する弊社の都合により
本文は省略いたします。

教英出版編集部

著作権に関係する弊社の都合により
本文は省略いたします。

教英出版編集部

（光嶋裕介「建築という対話」ちくまプリマー新書）

（注）

＊パースペクティブ…見通し。

＊邁進…ひるまずに突き進むこと。

＊石山さん…建築の師である、石山修武先生。

＊査定…金額や合否などを調査して決めること。

問一 ━━ⓐ～ⓓのカタカナを漢字に直し、漢字は読みをひらがなで答えなさい。

問二 ━━A「打算的」の意味として最も適当なものを次の中から選びなさい。

ア 物事をするのにまず自分の損得を考えた上で行動する様子。
イ 他人の立場が不利になっても自分の幸福だけを求める様子。
ウ 自分や仲間以外の考えや思想を受け入れようとしない様子。
エ 将来を見通して良い結果だけを生む方向性を見出す様子。

問三 ━━①「はっきりとしたパースペクティブ」とあるが、筆者にとっての「パースペクティブ」を具体的に説明している表現を本文中から四十五字以内でぬき出し、最初と最後の五字を答えなさい。

問四 ━━②「いつも背中を押《お》してくれた」とはここではどういうことか。最も適当なものを次の中から選びなさい。

ア どんなに不安があっても、師の助言や物事のおかげで夢に向かって進むことができたということ。
イ 遠回りになっても時間がかかっても、その時々に応じた目的を明確に心に持っていたということ。
ウ ときに道なき道を歩まなければならなくても、夢のような優《やさ》しいいたわりを受けたということ。
エ 困難なことに出会うことがあっても、なんとか目標に向かって進むように弾《はず》みがついたということ。

問五 ━━③「拡張」と反対の意味の熟語を漢字二字で答えなさい。

問六 ━━④「遺作」の「遺」の漢字の意味として最も適当なものを次の中から選びなさい。

ア 尊い　イ すぐれる　ウ のこす　エ 放す

問七 ━━⑤「努力するサイクル」とはどのようなことか。次の一文の空らんに入るように、本文中の言葉を使って三十字以内で答えなさい。

（三十字以内）ことでさらに努力を続けようとすること。

問八 ━━⑥「どこか冷めてしまっている」のはなぜか。本文中の言葉を使って七十字以内で答えなさい。

問九 本文の内容に合うものを次の中から一つ選びなさい。

ア 何か見返りを求めるのではなく、目指す夢に向かって強く突《つ》き動かされるのは、自分がなりたいという職業を心に決めて進むことが力となるからである。
イ 人に言われてやる努力でも好きでやりたいからやる努力でも、自分から挑戦し探《さく》ろうと思う探究心が「なれるもの」に向かって近づいていくのである。
ウ 何物かになりたいと夢見た時にまだ何物でなくても、結果がどうなるかを査定する評価目標があれば、狭《せま》い価値観の中でも可能性は豊かにあると言える。
エ わからないことに出会っても、自発的に努力することによって好奇心を持ち目的に近づくことができれば、夢を強固に持つようになって頑張《がんば》れるものである。

問題の続きは次のページにあります。

三　次の文章を読んで、あとの問いに答えなさい。

*ネアンデルタール人の脳は私たちの祖先と同じくらいの①大きさだったそうだ。身体はもっと頑丈《がんじょう》でたくましかった。ともに生きていた時代もあったが、3万～4万年ほど前、彼《かれ》らは地球上から姿を消してしまった。

どうして絶滅《ぜつめつ》したのか。専門家の間では諸説あるというが、筆者には不思議で仕方がない。強い者が弱者を力で倒《たお》すこの世界で、勝ち残るのはむしろ彼らのほうではなかったのか。

「じつは生命の歴史をみると、②生き残ったのは強者ではなく、変化に適応できる弱者のほうでした」。著書『生き物の死にざま』などで知られる静岡大学教授の稲垣栄洋《いながきひでひろ》さん（51）はそう教えてくれた。

私たちはつねに未来を意識し、いまを生きている。それを可能にしたのは、弱さゆえに集団性を強め、その過程で仲間が何を考えているのかを「想像する」という力を得たこと。「想像は一人ひとりが異なります。その多様性が生き残りのカギとなったのでは」と稲垣さん。

逆に言えば、強い者はその強さのために変化を望まず、多様化しにくい。恐竜《きょうりゅう》もネアンデルタール人も。「強い者が勝つのではない。勝った者が強いのだ」と元サッカー*西独代表ベッケンバウアーの言葉だ。

きょうは「進化の日」。160年前、進化論を唱えたダーウィンが「種の起源」を出版した日に③ちなむそうだ。④環境《かんきょう》の変化に適応できない生き物はいつかは*淘汰《とうた》されていく。人類も例外ではない。その強くて弱き存在のあすを想像して、しばし謙虚《けんきょ》な気持ちとなる。

（朝日新聞「天声人語」令和元年十一月二十四日）

（注）　*ネアンデルタール人…約六十万年前にヨーロッパで出現した旧人。
　*西独…西ドイツの略称《りゃくしょう》。　*淘汰…自然環境の中で、適しないものは消え去ること。

問一　――①「大きさだったそうだ」の「そうだ」と同じ用法のものを次の中から二つ選びなさい。

ア　今年の夏は暑くなるそうだ。　イ　セーターのボタンがとれそうだ。
ウ　今日は早く家に帰れそうだ。　エ　先生はこの件を知らなそうだ。
オ　祖母は元気だそうだ。

問二　――②「生き残ったのは強者ではなく～弱者のほうでした」とあるが、「弱者」のほうが生き残るのはなぜか。本文中の言葉を使って五十字以内で答えなさい。

問三　――③「ちなむ」のここでの意味として最も適当なものを次の中から選びなさい。

ア　生まれた　イ　作られた　ウ　関係する　エ　影響《えいきょう》する

問四　――④「環境の変化に適応できない生き物」とはどのような生き物か。本文中の言葉を使って二十字以内で答えなさい。

四　次の①～⑥と似た意味を持つことわざを語群からそれぞれ選びなさい。

①　蛙《かえる》の子は蛙
②　紺屋《こうや》の白ばかま
③　泣きっ面《つら》に蜂《はち》
④　猫《ねこ》に小判
⑤　河童《かっぱ》の川流れ
⑥　石橋をたたいて渡《わた》る

【語群】
ア　虻《あぶ》蜂とらず
イ　豚《ぶた》に真珠《しんじゅ》
ウ　医者の不養生《ふようじょう》
エ　餅《もち》は餅屋
オ　瓜《うり》のつるになすびはならず
カ　弱り目にたたり目
キ　捕《と》らぬ狸《たぬき》の皮算用
ク　われ鍋《なべ》にとじぶた
ケ　転ばぬ先のつえ
コ　弘法《こうぼう》にも筆の誤り

算　　数

(60分)

1 (1) 次の計算をしなさい。

① $82-6\times(5+32\div8)$

② $\left(\frac{1}{3}-0.2\right)\div\left(\frac{2}{3}-\frac{1}{6}\right)-\left(\frac{1}{6}-\frac{3}{28}\right)\times4$

(2) 次の□にあてはまる数を求めなさい。

$\left(3-\square\right)\div\frac{5}{12}+\frac{1}{9}=1$

2 次の□にあてはまる数を求めなさい。

(1) 1ドルは110円です。また，5ユーロは6ドルです。1ユーロは□円です。

(2) 右の図は，半円を6等分したものです。
角 x の大きさは□°です。

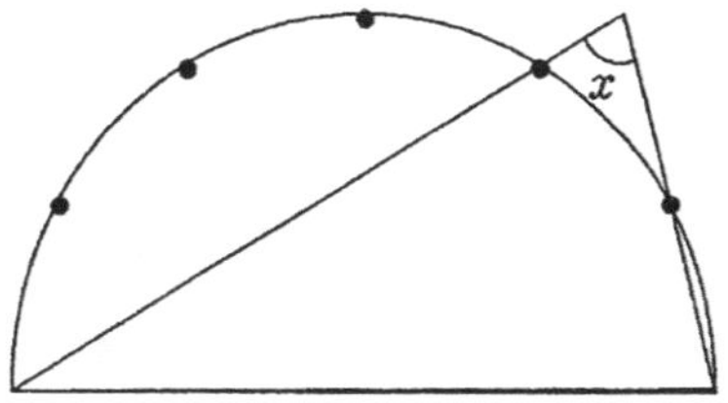

(3) 定価3600円の商品を定価の□％引きで売ろうとしたところ，売れませんでした。さらに260円の値引きで売ったところ，原価2000円の40％の利益がありました。ただし，消費税は考えないものとします。

(4) 16％の食塩水400gから100gを捨て，かわりに水を100g加えます。よくかき混ぜてから，100gを捨て，かわりに水を100g加え，かき混ぜます。このとき，食塩水の濃度は□％になります。

(5) AさんとBさんの1日にする仕事の量の比は3：2です。2人である仕事をすることになりました。最初の10日間で全体の $\frac{1}{3}$ を仕上げました。次の日からAさんだけが10日間休みましたが，その後は2人で仕事をしました。Bさんは1日も休まず仕事をしました。この仕事は最初の日から数えて□日間で仕上がりました。

(6) 図のように，面積が8 cm^2 の直角二等辺三角形ABCと辺AB，BC，CAを直径とする3つの半円があります。このとき，しゃ線部分の面積は□ cm^2 です。

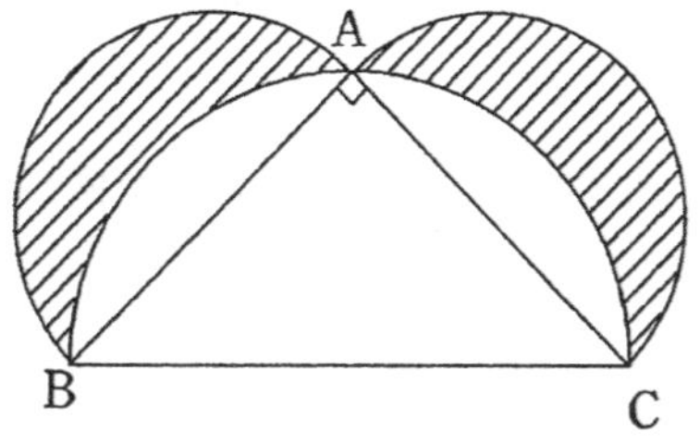

(7) はじめに水そうAと水そうBの中に入っている水の量の比が1：2でした。Aに水を2L加えて，Bから6Lの水を取り出したところAとBの水の量の比が2：3になりました。はじめに水そうAに入っていた水の量は□Lです。

(8) 図のような1辺の長さが8cmの立方体から，底面の半径が2cm，高さが8cmの円柱をくりぬいた立体があります。この立体の表面積は□ cm^2 です。

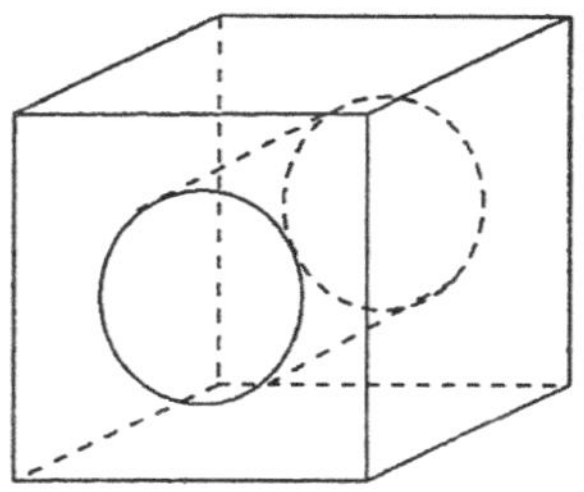

（問題は次のページに続きます。）

3 先生とさとみさんの教室での会話です。

先　生：同じ形のサイコロでも，目の配置がちがうサイコロがあるのを知っていますか？
さとみ：本当ですか。向かい合っている面の数字を足すと7になることは知っていますよ。
先　生：それでは，何種類あるのか考えてみましょう。
　　　　まず，サイコロの1の目を上に置いてください。
さとみ：置いてみました！　そうすると下の面が［ア］の目になります。1と［ア］以外の数の目が正面になるわ。
先　生：次に2の目を正面に向けてみましょう。そうするとサイコロが固定できてますよね。
さとみ：すごい！　3の目の位置がどこに来るかで［イ］種類あることがわかったわ。

次の問いに答えなさい。

(1) ［ア］，［イ］にあてはまる数を求めなさい。

(2) 下の図のサイコロを1の目を上にして(あ)の位置に置きます。このとき，(あ)から(い)へ矢印のように転がす道順でサイコロを転がすとき，サイコロの上の面に書かれている5つの目の和はいくつですか。

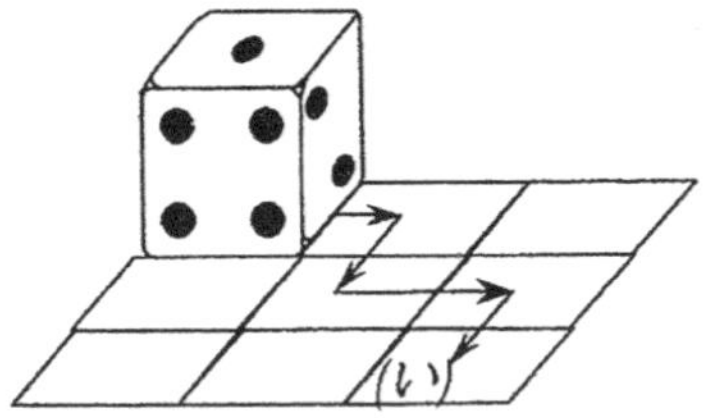

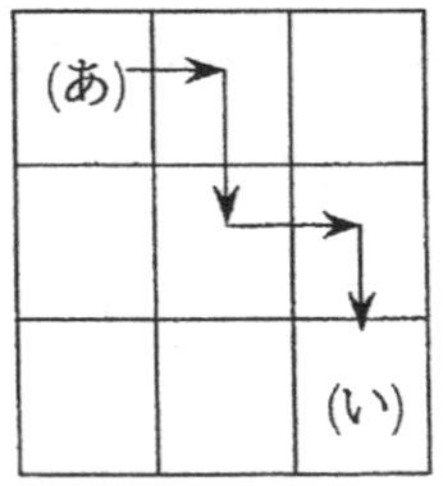

(3) 右の【図1】のようなサイコロを考えます。
先生とさとみさんの会話を参考にして，次の①から⑧の展開図のうち組み立てて【図1】と同じサイコロになるものをすべて選び番号で答えさい。ただし，一部の目は省略しています。
と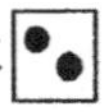，と，との目の向きが異なっていても同じ目として考えます。

【図1】

①
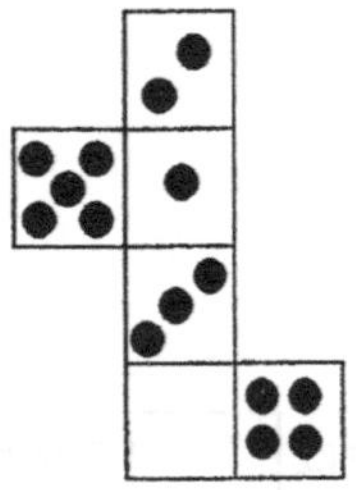

②
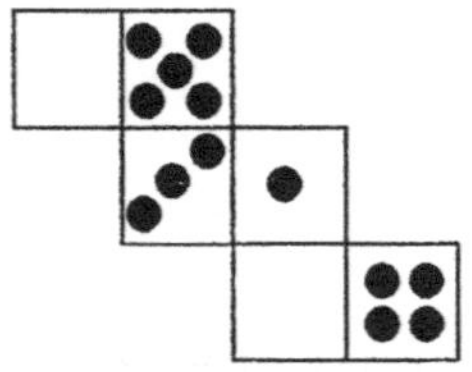

③
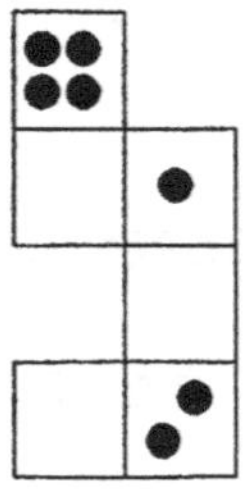

④
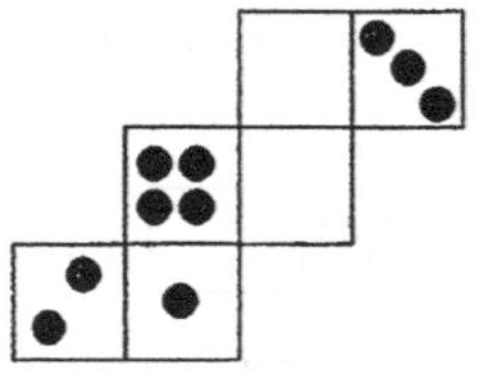

⑤
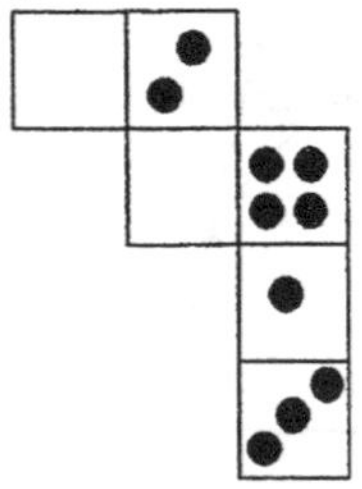

⑥
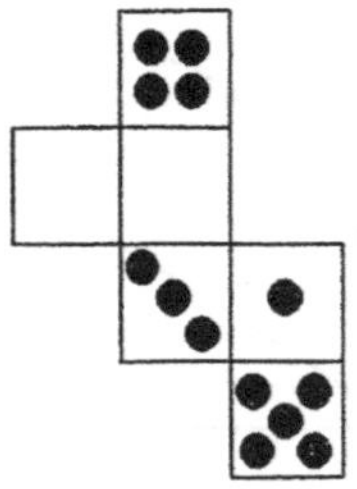

⑦
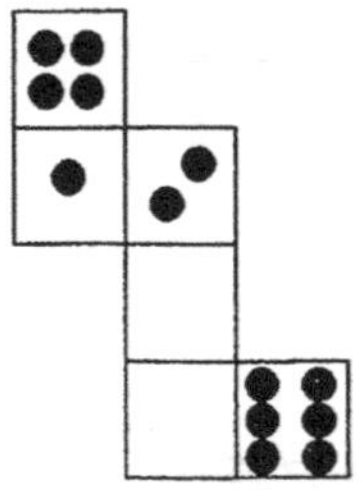

⑧
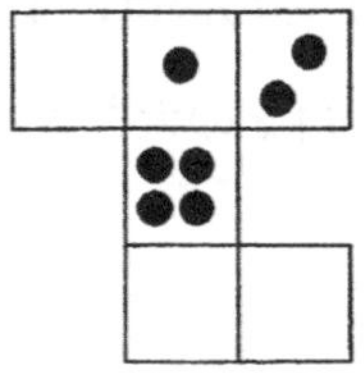

（問題は次のページに続きます。）

4 図のように，P地点からQ地点まで840 mあります。AさんはP地点から，BさんはQ地点から同時に出発し，一定の速さで移動します。2人はともに同じ道をすぐに折り返して，PQ間を1往復します。下のグラフは，AさんとBさんが同時に出発してからの時間と，AさんとBさんの間のきょりの関係を表しています。次の問いに答えなさい。ただし，Bさんの方がAさんよりも速いものとします。

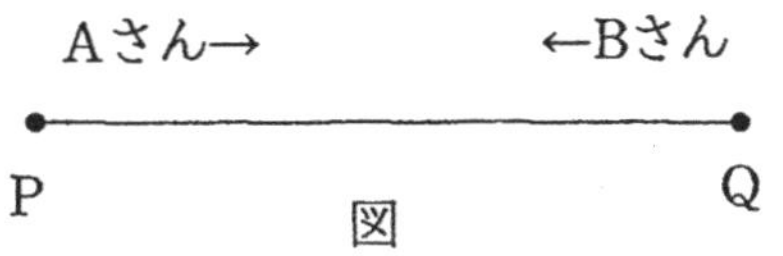

図

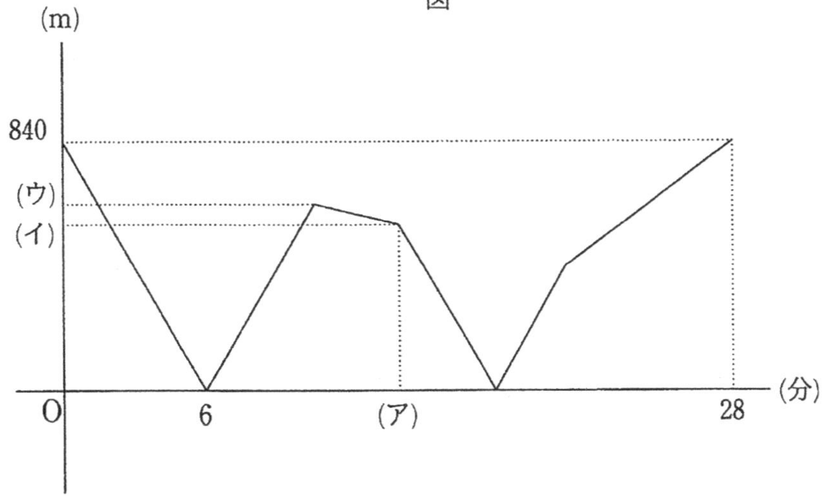

(1) ① (ア)の時点で，Aさんはどこにいますか。(あ)~(え)から正しいものを選び，次の文章を完成させなさい。

Aさんは□。

(あ) Q地点に到《とう》着しました　(い) P地点に到着しました
(う) PからQに移動する途《と》中です　(え) QからPに移動する途中です

② Aさんの速さは分速何mですか。

(2) グラフの(イ)は何mですか。

(3) グラフの(ウ)は何mですか。

5 S中学校の1年生と2年生合わせて325人が研修旅行に行きました。
1年生の参加した人数は，2年生の参加した人数の0.8倍よりも10人多かったそうです。
次の問いに答えなさい。

(1) 2年生の参加した人数は何人ですか。

(2) 2年生の研修では，博物館に行きました。博物館には，歴史コーナーや科学コーナーがあります。歴史コーナーを見学した生徒の人数は107人，科学コーナーを見学した生徒の人数は135人でした。また，両方のコーナーを見学した生徒やどちらも見学しなかった生徒もいます。2つのコーナーのどちらも見学しなかった生徒の人数は多くて何人ですか。

(3) 1年生の研修では，水族館と博物館に行きました。生徒は必ずどちらかには行きましたが，両方に行く生徒もいました。博物館だけに行った生徒の人数は，水族館と博物館の両方に行った生徒の人数の1.5倍でした。水族館の入場料は500円，博物館の入場料は720円です。参加者が支払った入場料の合計は100200円でした。両方に行った生徒の人数は何人ですか。ただし，消費税は考えないものとします。
(解答らんには，考え方も書きなさい。)

(問題は次のページに続きます。)

6 【図１】のように，直方体の箱を床の上に置き，電球で照らしました。
次の問いに答えなさい。ただし，電球の大きさは考えないものとします。

(1) 下の【図１】のときにできる直方体の影《かげ》の面積は何 cm^2 ですか。
ただし，立体が地面にふれている部分は影に含みません。

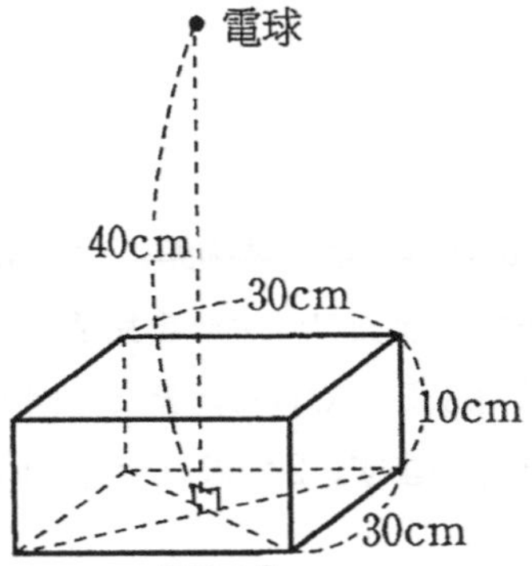

【図１】

次に【図２】のように，【図１】の箱の上に直方体の箱を角をそろえて重ね，同じ位置から電球で照らしました。次の問いに答えなさい。

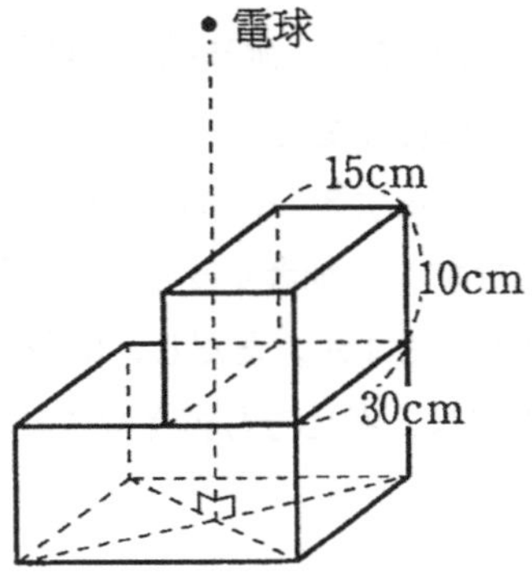

【図２】

(2) 【図２】のときにできる立体の影の面積は何 cm^2 ですか。
ただし，立体が地面にふれている部分は影に含みません。
(解答らんには，考え方も書きなさい。)

（問題はこれで終わりです。）

R3 1期3教科型(特進ハイグレード)　　就実中学校

理　科

(50分)

1　次の会話文を読み，問いに答えなさい。

図1－1

はるこ：お米ってよく見ると少しへこんでいるところがあるね（図1－1）。

なつお：コメのへこんでいるところはもともと「胚《はい》」があったんだよ。「胚」は将来，根や茎《くき》になるところだよ。僕たちが食べているのは「胚乳」という部分なんだ。

はるこ：胚乳にはデンプンが含まれているけれど，それはイネの種子が発芽するための栄養分なのね。

なつお：ご飯をずっとかんでいると甘く感じるのはこれと関係あるのかな。

　はるこさんとなつおさんはコメに含まれるデンプンが発芽にどのように使われているのか調べてまとめてみました。

　デンプンの分解には，胚から出る「ジベレリン」という物質が関係します。胚から出たジベレリンが胚乳の外側にあるこふん層にはたらくと，こふん層から「アミラーゼ」という物質が出てきます（図1－2）。このアミラーゼによって，デンプンが分解され，糖ができます。この糖が発芽するためのエネルギーに使われます。

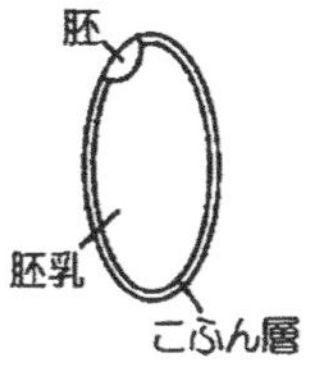

図1－2

（胚乳）デンプン
（胚）ジベレリン →（こふん層）アミラーゼ ——→ ↓
糖

(1) ヒトのからだでは，食べ物はどこを通りますか。(　　) に当てはまる名前を答えなさい。

口→食道→（　ア　）→（　イ　）→（　ウ　）→こう門

(2) 消化された食べ物の養分は主にどこから吸収されますか。名前を答えなさい。

(3) 血液によって運ばれる養分の一部を一時的に蓄《たくわ》え，必要なときに全身に送り出すのはどこですか。名前を答えなさい。

(4) デンプンが含まれていることを調べるときに使う溶液の名前を答えなさい。
また，デンプンが含まれていると何色を示すか答えなさい。

(5) アミラーゼはだ液中にも含まれます。だ液の入った３つの試験管にご飯粒をつぶした液を加え，それぞれの試験管を①氷水，②40度のお湯，③熱湯に浸《ひた》しました。10分後，デンプンの有無を調べると，①，③につけたものはデンプンが検出されました。その後，すべての試験管を40度にして調べると，熱湯につけていたものだけデンプンが検出されました。この実験から分かるアミラーゼの性質として適しているものを，次のア～エからすべて選び，記号で答えなさい。

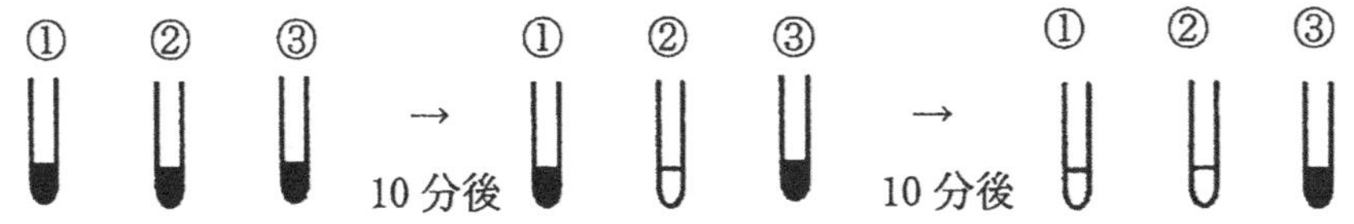

ア．アミラーゼは，温度が高いほど，デンプンを分解する。
イ．アミラーゼは，40度でデンプンを分解する。
ウ．アミラーゼは，氷水に付けると二度とはたらかなくなる。
エ．熱湯につけたアミラーゼは，はたらきを失わない。

(6) イネの種子を「胚を含む側」と「胚を含まない側」ができるように半分に切断しました。これらを３つ用意し，操作Ⅰは何も加えず，操作Ⅱ，Ⅲは「ジベレリン」「薬品X」「薬品Y」をさまざまな組み合わせで加えました。１日後にデンプンが検出できるかどうかを調べたところ，表１のような結果になりました。なお，薬品Xにはアミラーゼのはたらきを失わせる効果，薬品Yにはジベレリンのはたらきを失わせる効果があります。操作Ⅱに含まれていた物質として適しているものをア～エより１つ選び，記号で答えなさい。

ア．薬品X
イ．薬品Y
ウ．ジベレリン
エ．ジベレリン・薬品X

表１

	操作Ⅰ	操作Ⅱ	操作Ⅲ
胚を含む側	×	×	○
胚を含まない側	○	×	○

○：デンプンが検出された
×：デンプンが検出されなかった

（問題は次のページに続きます。）

2　次の文章を読み，問いに答えなさい。なお，計算で答えが割り切れない場合は小数第１位を四捨五入して整数で答えなさい。

日本では，どの地域でも地震《じしん》が発生する可能性があります。地震が発生した場合は気象庁から下のような情報が発表されます。

> 震源・震度に関する情報
> 令和 [redacted]年 [redacted]月[redacted]日 [redacted]時[redacted]分　気象庁発表
>
> [redacted]日[redacted]時[redacted]分ころ、地震がありました。
> 震源地は、与那国島近海（北緯２３．９度、東経１２３．３度）で、震源の深さは約３０ｋｍ、地震の規模（マグニチュード）は４．８と推定されます。
> この地震による津波の心配はありません。
>
> この地震により観測された最大震度は[redacted]です。
>
> ［震度３以上が観測された地域］
> 震度３以上が観測された地域はありません。
>
> ［震度３以上が観測された市町村］
> 震度３以上が観測された市町村はありません。

地震の発生した場所を震源，震源の真上の地点を震央といいます。マグニチュードは地震のエネルギーの大きさを表し，-2～12まで設定されています。マグニチュードが0.2上がるごとに，地震のエネルギーは２倍になっていきます。また，震度は揺《ゆ》れの大きさを表し，10段階で設定されています。

地震のときに，最初にカタカタと揺れたり，突き上げたりするような振動をＰ波（Primary Wave = 最初の波）といいます。Ｐ波を感じてからしばらくして起こるゆさゆさと大きい横方向の振動をＳ波（Secondary Wave = 二番目の波）といいます。Ｐ波が届いてからＳ波が届くまでの時間を初期微動継続時間《しょきびどうけいぞくじかん》といいます。

大きい揺れによる被《ひ》害をもたらすのは主にＳ波です。Ｐ波を検知して直ちに警報を出して破壊《はかい》的なＳ波の到達に備えようとするシステムに気象庁の緊急《きんきゅう》地震速報があります。緊急地震速報には，全国約690か所の気象庁の地震計・震度計に加え，国立研究開発法人 防災科学技術研究所の地震観測網《かんそくもう》（全国約1,000か所）を利用しています。多くの観測点のデータを活用することで，地震が起きたことを素早くとらえることができます。地震波の伝わる速さは，毎秒 数km 程度です。一方で，現在，情報を伝えるために使われている有線・無線の電気信号は原理的には光の速さで伝わるため，瞬《しゅん》時《じ》に遠距離《えんきょり》まで情報を伝えることができます。気象庁は，観測点の地震計から電気信号を受信し，緊急地震速報を発表します。

(1) 地震が起こる原因にはどのようなものがありますか。説明しなさい。

(2) 地震によって引き起こされる地形の変化にはどのようなものがありますか。答えなさい。

(3) マグニチュード８の地震のエネルギーは，マグニチュード７の地震のエネルギーの何倍ですか。答えなさい。

(4) ある地震が起きたとき，Ａ～Ｃ地点において，Ｐ波とＳ波の到達時刻を表２にまとめました。

表２

	震源からの距離	Ｐ波が到達した時刻	Ｓ波が到達した時刻
Ａ地点	24km	10時46分56秒	10時46分58秒
Ｂ地点	240km	10時47分32秒	10時47分52秒
Ｃ地点	120km	10時47分12秒	10時47分22秒

①表２からＰ波の速さは毎秒何 km ですか。答えなさい

②表２から求められる地震発生時刻を答えなさい。

③表２から横軸《じく》に初期微動継続時間(秒)，縦軸に震源からの距離(km)をとり，グラフを書きなさい。ただし，軸には適当な数字を記入すること。

④この地震を検知した観測点は，震源から 18km 離れていました。震源から 160km 離れたＤ地点では，緊急地震速報が鳴ってから何秒後にＳ波が伝わりますか。答えなさい。ただし，電気信号の伝わる速さはとても大きいため、伝わる時間を考えないものとします。また，Ｐ波とＳ波の伝わる速さはそれぞれ一定とします。

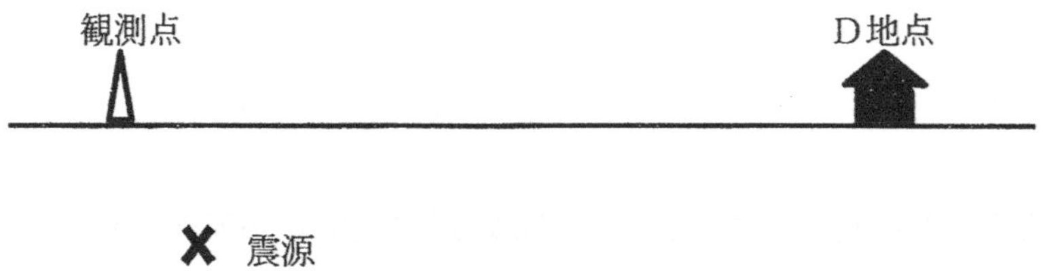

(問題は次のページに続きます。)

3 次の文章を読み，問いに答えなさい。なお，計算で答えが割り切れない場合は小数第１位を四捨五入して整数で答えなさい。

図３－１のように，長さが 10cm のばねに異なるおもさのおもりをつるしてみると，ばねの長さは表３のような結果となりました。(4)以外は，全て同じばねを使います。

表３

おもりのおもさ	ばねの長さ
10g	15cm
■g	18cm
30g	25cm

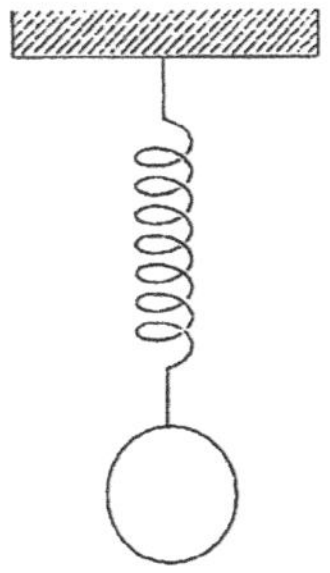

図３－１

(1) 表３の■にあてはまる数字を答えなさい。

(2) ばねを２つ使い，図３－２のように 30g のおもりをつるしました。Ａのつなぎ方，Ｂのつなぎ方をしたときに，ばね１本分の長さはどのようになりますか。最も適するものを次のア～エの中からそれぞれ１つ選び，記号で答えなさい。

Ａのつなぎ方　　Ｂのつなぎ方

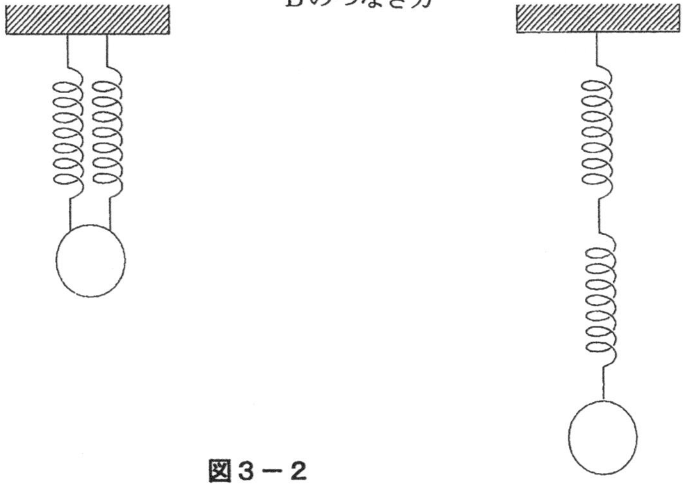

図３－２

ア　10cm～14cm　　イ　15cm～19cm　　ウ　20cm～24cm　　エ　25cm～29cm

次にエレベーターに乗っている場合について考えます。エレベーターが上に向かって出発したとき，乗っている人は体が重く感じます。

(3) 図３－３のように，エレベーター内に 30g のおもりをばねにつるし，上に向かって出発します。このとき，ばねの長さは 26.5cm になりました。何 g 分重くなったか答えなさい。

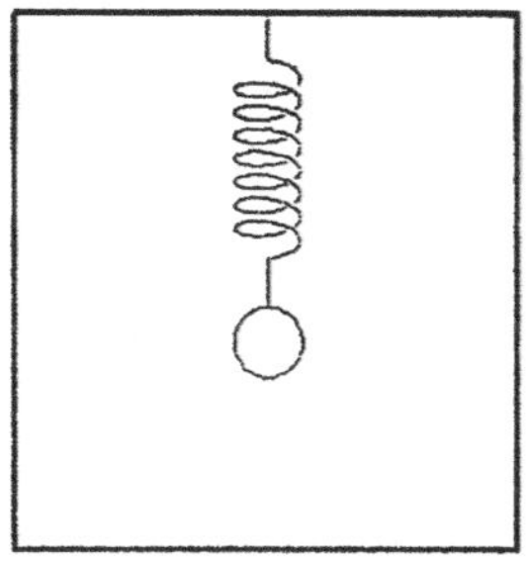

図３－３

(4) 図３－４のように，上に向かって出発したエレベーター内で体重が 20kg の生徒が体重計に乗ると，何 kg を示しますか。答えなさい。また，その求め方を説明しなさい。

図３－４

(5) 出発してしばらくすると，ばねにつるされたおもりは上下に運動し始めました。なぜ上下に運動するようになったか，エレベーターの動きにふれながら説明しなさい。

(問題は次のページに続きます。)

4 次の文章を読み，問いに答えなさい。なお，計算で答えが割り切れない場合は小数第1位を四捨五入して整数で答えなさい。

次の図4－1のような装置を用いて，試験管に水酸化カルシウムと塩化アンモニウムを混合したものを，ガスバーナーで強く加熱すると，アンモニアの気体が発生しました。

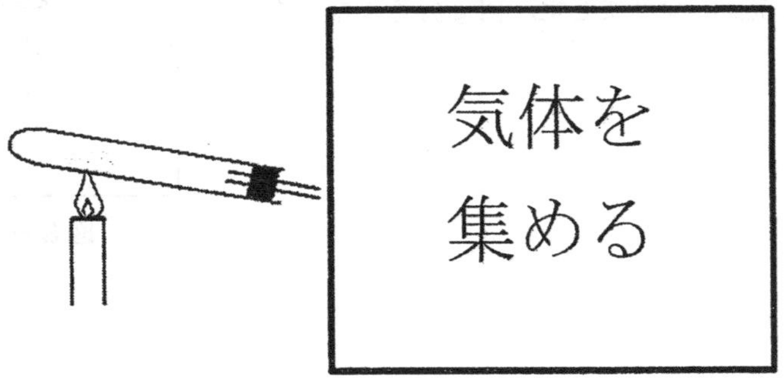

図4－1

この反応は次のように示すことができます。

水酸化カルシウム ＋ 塩化アンモニウム → 塩化カルシウム ＋ 水 ＋ アンモニア

(1) アンモニアのにおいは鼻をつくような強いにおいがあります。通常，気体のにおいを確かめるときにはどのようにするか答えなさい。

(2) 発生した気体を集める方法は，次のア～ウの３つがあり，アンモニアの気体を集める方法はアが適しています。この方法を用いる理由を２つ答えなさい。

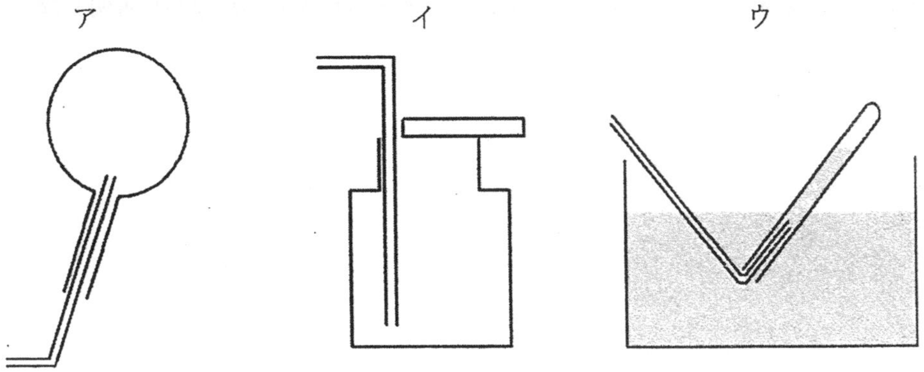

(3) この実験のように，試験管の口の方を下げる理由を説明しなさい。

次に，塩化カルシウムについて考えます。塩化カルシウムには３つの作用があります。

① 凍結《とうけつ》防止作用	道路が凍《こお》るのを防ぐ
② 融氷《ゆうひょう》作用	氷をとかす
③ 吸湿《きゅうしつ》作用	水分を吸収する

③の吸湿作用について考えます。塩化カルシウムは，非常に多くの水分を吸収するため，家の中では押し入れの吸湿剤などに使われています。塩化カルシウムは，水分を吸収すると，発熱しドロドロになります。おもさ 100g の塩化カルシウムに最大限まで水分を吸収させると 160g になりました。このことを用いて，次の問いに答えなさい。

(4) 塩化カルシウム 20g に最大限まで水分を吸収させたとき，おもさは何 g ですか。答えなさい。

(5) 図4－1の実験でできた塩化カルシウム 20 g に最大限まで水分を吸収させると，おもさは 27.2g となり，(4)のおもさと異なりました。その理由として，実験でできた塩化カルシウムの中には，水分が含まれていて，おもさが 20g になっていたと考えられます。実験で試験管内にできた塩化カルシウムに含まれていた水分は何 g ですか。答えなさい。

(問題はこのページで終わりです。)

就実中学校
R3 1期3教科型（特進ハイグレード）

国語解答用紙

受験番号

※100点満点

一

問一 ⓐ ⓑ ⓒ ⓓ ⓔ

問二 A B

問三

問四 ～

問五 80

問六

問七

問八 70

問九

問一. 2点×5
問二. 2点×2
問三. 2点
問四. 3点
問五. 7点
問六. 3点
問七. 3点
問八. 7点
問九. 3点

二

問一 ⓐ ⓑ ⓒ ⓓ

問二

問三 ～

問四

問五

問六

問七 30

問八 70

問九

問一. 2点×4
問二. 2点
問三. 3点
問四. 3点
問五. 2点
問六. 2点
問七. 4点
問八. 7点
問九. 3点

三

問一

問二 50

問三

問四 20

問一. 3点
問二. 4点
問三. 2点
問四. 3点

四

① ② ③ ④ ⑤ ⑥

2点×6

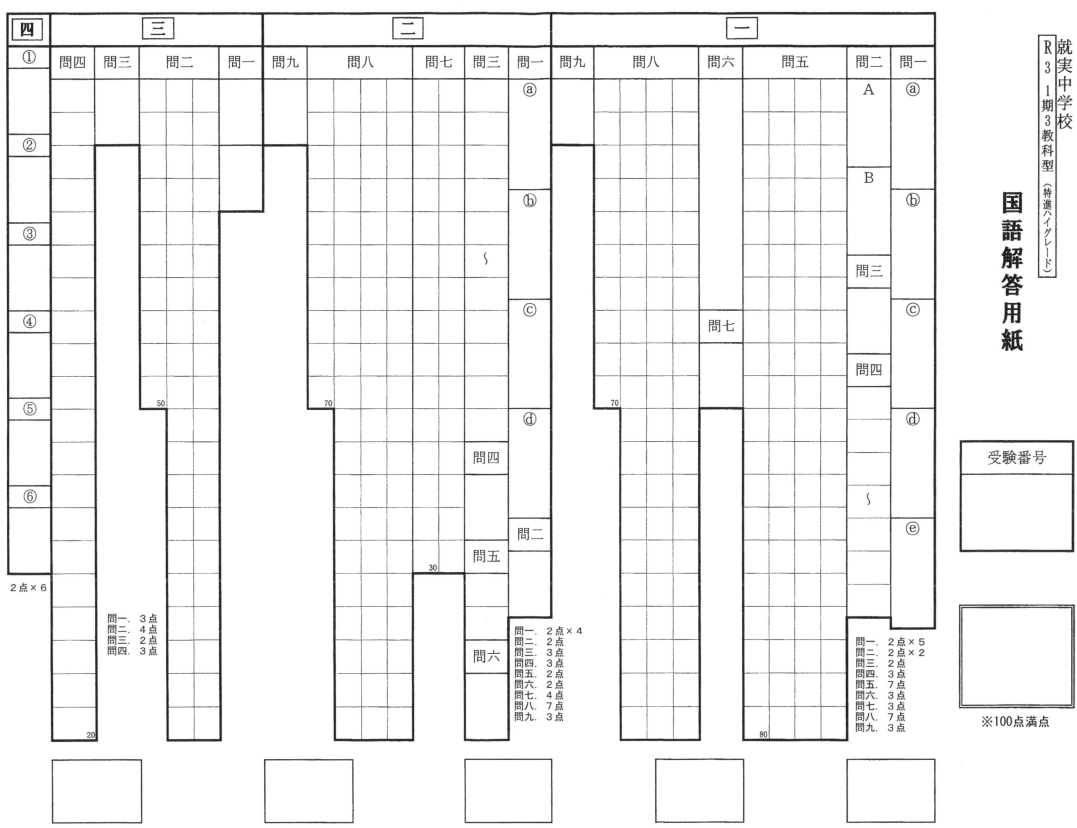

国語解答用紙

一	二	三	四
問一 ① ② ③ ④ ⑤	問一 ① ② ③ ④ ⑤	問一	
問二 A B			

受験番号

得点

R３　１期３教科型（特進ハイグレード）

就実中学校

算数解答用紙

1

(1)３点×２
(2)４点

(1)	①		②	
(2)				

2

(1)４点
(2)４点
(3)４点
(4)５点
(5)４点
(6)４点
(7)５点
(8)４点

(1)	円	(2)	°
(3)	%	(4)	%
(5)	日間	(6)	cm^2
(7)	L	(8)	cm^2

3

(1)２点×２
(2)５点
(3)５点

(1)	ア		イ	
(2)		(3)		

4

(1)①２点
②３点
(2)５点
(3)５点

(1)	①		②	分速　m
(2)	m	(3)	m	

5

(1)４点
(2)５点
(3)６点

(1)	人	(2)	人
(3)	[考え方] 人		

6

(1)５点
(2)７点

(1)	cm^2
(2)	[考え方] cm^2

受験番号

※100点満点

理科　解答用紙

1	(1)	ア	イ	ウ		(2)	
	(3)		(4)	溶液の名前	色を示す		
	(5)		(6)				

2	(1)			(4)③
	(2)			
	(3)	倍		
	(4)	①	毎秒　km	
		②	時　分　秒	
		④	秒	

(4)③

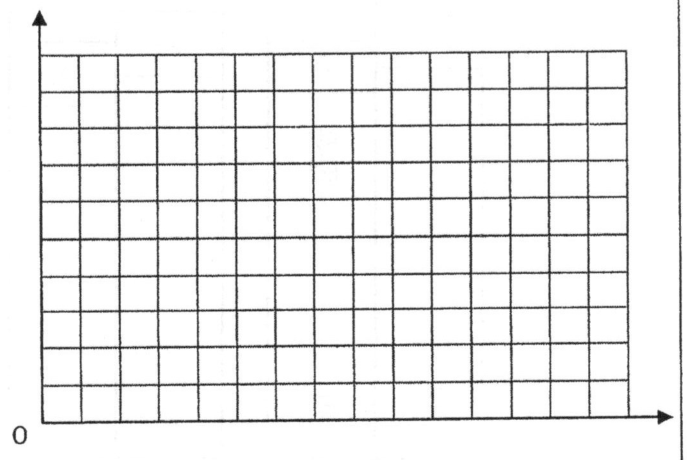

3	(1)	g	(2)	A	B	(3)	g分
	(4)	kg					
	(5)						

4	(1)				
	(2)				
	(3)				
	(4)	g	(5)	g	

受験番号

※100点満点
（配点非公表）

検査Ⅰ　(45分)

1※	2※	3※	※

(Ⅰ－1)

受験番号	

(配点非公表)

課題１　みのるさんとはな子さんは遊園地に行きました。地図にある地点のアトラクションを体験する場合の滞在《たいざい》時間は表１の通りで，待ち時間はないものとします。今，みのるさんとはな子さんはＡ地点(出入口)にいます。あとの（１）～（３）に答えましょう。

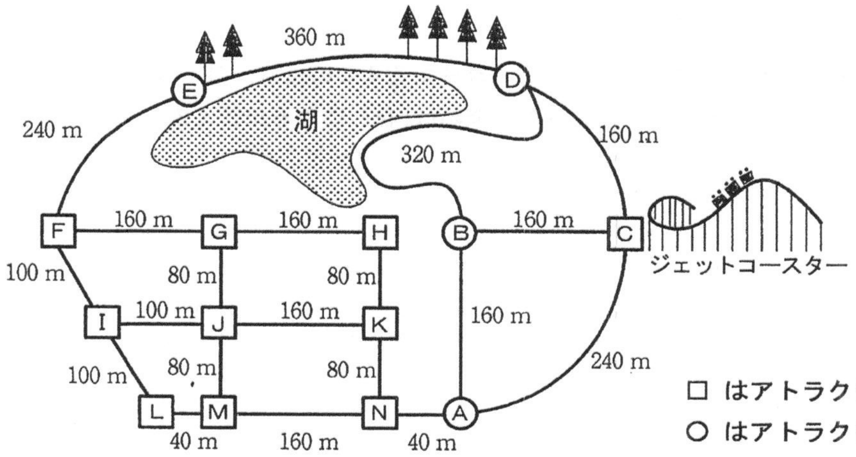

表１　滞在時間（分）

A	—	B	—
C	10	D	—
E	—	F	10
G	25	H	10
I	10	J	20
K	10	L	10
M	10	N	10

□ はアトラクションがある地点です。
○ はアトラクションがない地点です。

はな子：Ａ地点(出入口)からＮ地点を通らずにＤ地点に行こうと思うけど，みのるくんはどうするの。
みのる：ぼくはＢ地点を通らずにＣ地点に行き，Ｃ地点にあるアトラクションのジェットコースターに乗って，その後Ｂ地点を通らずにＤ地点に向かうね。

（１）　はな子さんはＣ地点を通らずにＢ地点に行き，その後，湖に近い道をゆっくり歩いてＤ地点に向かいます。みのるさんとはな子さんはＡ地点を同時に出発し，Ｄ地点で同時に合流する場合，はな子さんのＢ地点からＤ地点まで歩く速さは分速何ｍか答えましょう。ただし，みのるさんとはな子さんの歩く速さは，はな子さんのＢ地点からＤ地点まで歩く速さを除いて２人とも分速 40 ｍとします。

※

分速　　　　　　ｍ

はな子：Ｄ地点からＥ地点に進もうよ。
みのる：この道には木とチューリップが等間隔《とうかんかく》で植えられているね。

（２）　Ｄ地点からＥ地点までの道には木が８ｍ間隔で植えられています。両はしのＤ地点とＥ地点にも植えられている場合，木は何本植えられているか答えましょう。また，木と木の間にはチューリップが 20 ㎝ 間隔で植えられています。Ｄ地点からＥ地点の間にチューリップは何本植えられているか答えましょう。ただし，木とチューリップの太さは考えないものとします。

※

木　　　　　本	チューリップ　　　　　本

はな子：Ｅ地点に着いたね。Ｅ地点を 10 時に出発して 11 時 30 分までにＡ地点(出入口)に着きたいね。
みのる：Ｆ地点からＮ地点までの９種類のアトラクションをすべて体験すると，11 時 30 分を過ぎちゃうよ。
はな子：11 時 30 分に間に合うように体験するところをしぼろうよ。
みのる：人気のＪ地点のアトラクションは絶対に体験したいね。
はな子：①Ｊ地点のアトラクションだけ体験してＡ地点に行くと時間が余ってもったいないから，②Ｊ地点のアトラクションに加えて１つでも多くの種類のアトラクションを体験してＡ地点に行こうね。

（３）　①＿＿＿のとき，Ａ地点に最も早く着くのは何時何分か答えましょう。
次に，②＿＿＿のとき，最大何種類のアトラクションを体験し，Ａ地点に何時何分に着くか答えましょう。そのときのコースを“地点”と“→”で示し，アトラクションを体験した地点は〇で囲みましょう。ただし，Ｆ地点からＮ地点までは同じ道を何回通ってもよいものとし，２人の歩く速さは分速 40 ｍとします。

※

①	時　　　分	②	種類	時　　　分
②	(例) Ｅ → Ｆ → Ⓖ → ・・・ → Ⓝ → Ａ Ｅ →　　　　　　　　→ Ａ			

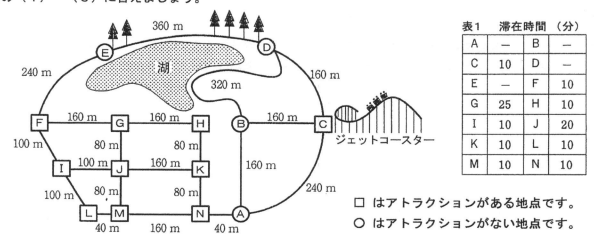

2※

受験番号	

課題2　みのるさんとはな子さんは，正方形の面積について話をしています。あとの（1）～（3）に答えましょう。

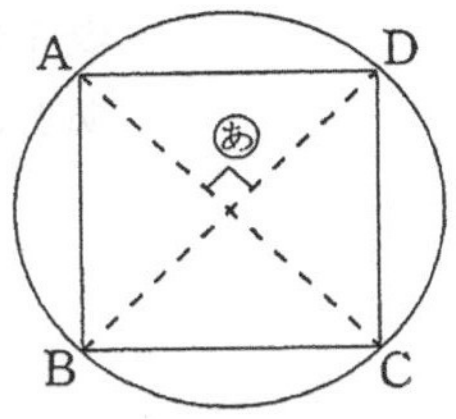

図1

みのる：図1の正方形の面積を求めたいけど，正方形の1辺の長さがわからないね。
はな子：正方形の2本の対角線がつくるあの角の大きさを測ると90°だよ。

（1）　図1は，半径の長さが5cmの円の円周をちょうど4等分する4つの点A，B，C，Dをとり，順番に結んで正方形を作ったものです。この正方形の面積は何㎠になるか答えましょう。

※

㎠

みのる：正方形①の各辺のちょうど真ん中の点を結んでいくと正方形の中に正方形ができるね。この小さいほうの正方形を正方形②と呼ぶことにしよう。正方形②の各辺のちょうど真ん中の点を結ぶと正方形③ができるね。同じような方法で正方形を作っていくと，正方形⑤の面積は正方形①の面積の何倍になっているのかな。

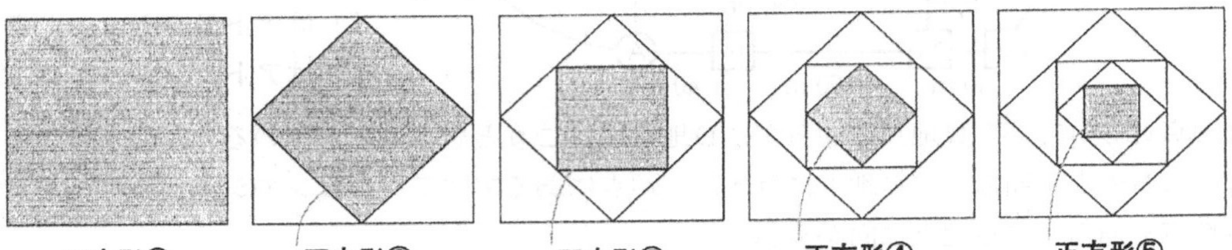
正方形①　正方形②　正方形③　正方形④　正方形⑤

（2）　はな子さんは，「正方形⑤の面積は正方形①の面積の何倍になっているか」について，次のように説明しました。はな子さんの説明の□の中に数字を書いて正しい説明になるように答えましょう。

※

[はな子さんの説明]

正方形②の面積は，正方形①の面積の□倍になっているね。正方形③の面積は正方形②の面積の□倍になるよ。だから，正方形⑤の面積は正方形①の面積の□倍になるね。

はな子：今日の宿題だけど，どうやって考えようかな。
みのる：ぼくは，次のように考えて答えを出したよ。

宿題　たての長さが200cmで横の長さが306cmの長方形のかべがあります。このかべに3種類の正方形のタイルを使ってすき間なく並べていきます。3種類の正方形のタイルの1辺の長さは，それぞれ10cm，6cm，2cmです。このとき，使うタイルの枚数を一番少なくしてすき間なく並べていくのは，どのタイルを何枚ずつ使うときですか。

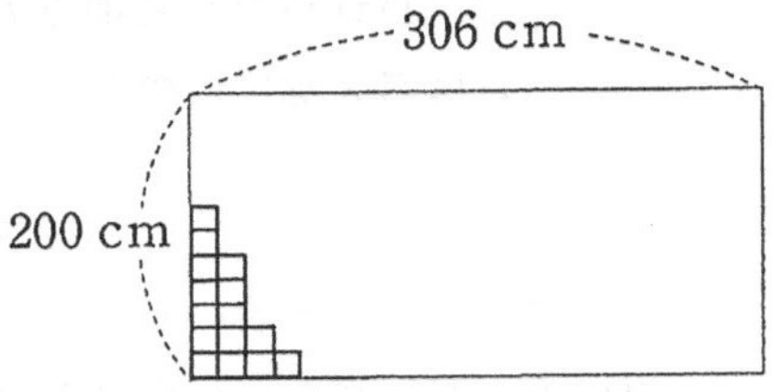

[みのるさんの考え方]

長方形のかべの面積は200×306＝61200㎠です。使うタイルの枚数を一番少なくするには，一番大きいタイルを使うときです。一番大きいタイルの面積は100㎠だから，使用するタイルの枚数は61200÷100＝612，つまり使うタイルの枚数が一番少ないのは1辺の長さが10cmのタイルを612枚使うときです。

（3）　みのるさんの考え方と答えは，間違《まちが》っています。考え方のどこが間違っているかを説明してみましょう。そして，正しい答えを答えましょう。

(考え方の間違っているところの説明)

※

正しい答え	10cm のタイル　枚	6cm のタイル　枚	2cm のタイル　枚

３※

受験番号	

課題３　みのるさんとはな子さんは，就実中学校の理科室で会話をしています。２人の会話をもとに，あとの（１）～（３）に答えましょう。

みのる：理科室にメダカの水槽《そう》を見に行こう。

はな子：理科室にはメダカの水槽が２つあるよね。水槽Ａは，近くの池から取ってきた水を入れて飼い続けているよ。もう一つの水槽Ｂは，くみ置きの水道水を入れて飼い続けているよ。

みのる：２つの水槽は，えさの与え方が違《ちが》うよね。片方の水槽は毎日えさを与えて，もう一方は時々えさを与えるだけでいいんだ。

（１）　①　メスのメダカの体形の説明として正しいものを次のア～エから選び，記号で答えましょう。

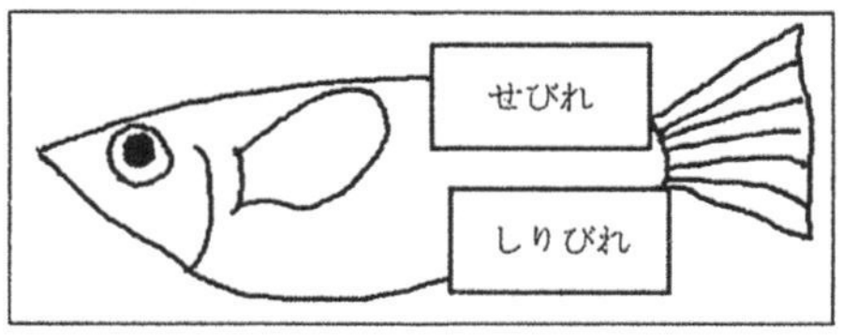

	せびれ	しりびれ
ア	切れ目がある	三角形に近い
イ	切れ目がある	平行四辺形に近い
ウ	切れ目がない	三角形に近い
エ	切れ目がない	平行四辺形に近い

※

②　時々えさを与えるだけでよい水槽は，水槽Ａと水槽Ｂのどちらか答え，選んだ理由を説明しましょう。

水槽	説明

みのる：めだかの住む水中にはいろいろ溶《と》けているよね。

はな子：溶けているものを取り出す方法はないかな？

みのる：取り出す方法は，水に溶けているものによってそれぞれ適切な方法があるよ。今回は，食塩とミョウバンで考えてみよう。

はな子：右図から，食塩とミョウバンの溶ける量に違いがあるね。

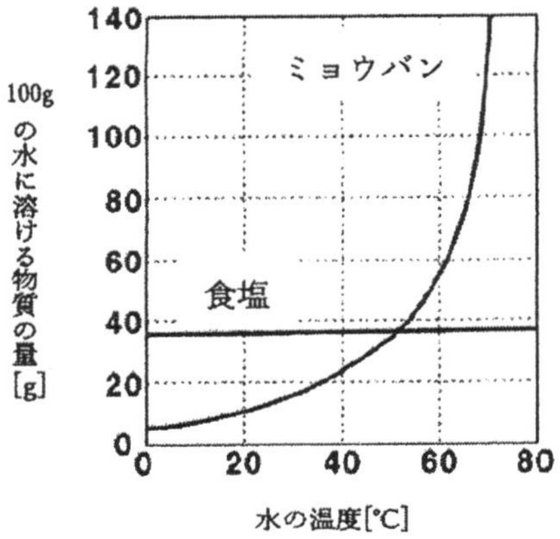

（２）　食塩がミョウバンと同じ方法で取り出すことができない理由を説明しましょう。

※

みのる：ところで，今は何の自由研究をしているの？

はな子：電車について調べているよ。電車が動くとき，音が出る理由を知ってる？実は，金属でできたレール同士のつなぎ目が関係しそうだよ。

みのる：右図のように，電車の車輪がレール同士のつなぎ目を通るときに音が出るみたいだね。さらに，電車の音は暑い日と寒い日を比べると，寒い日の方が音が大きく聞こえるよ。

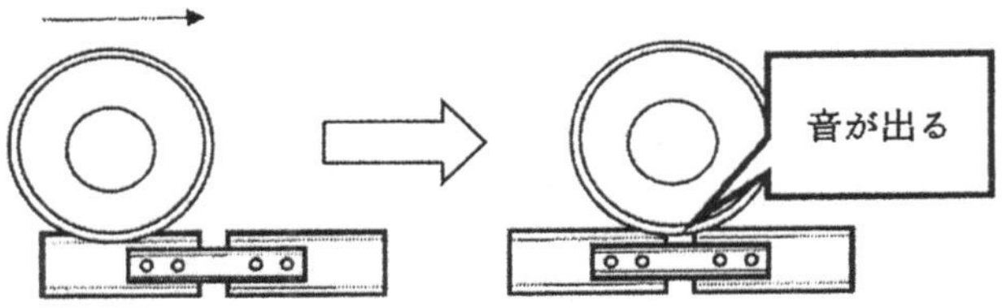

（３）　温度によりレール同士のつなぎ目の違いはどのようになっているか説明しましょう。また，聞く以外で音の大きさを測るためにはどのような工夫をすればよいか答えましょう。ただし，センサーなどの観測機器は使えません。

※

違い：

工夫：

※

1※ 2※ 3※ ※

(配点非公表)

受験番号

R3 1期・適性検査型入試

検査Ⅱ (45分)

課題1 次の文章は、様々なデザインを手がける筆者の意見です。これを読んで、あとの(1)から(4)に答えましょう。

人類は動物の中で唯一《ゆいいつ》、自分の都合のいいように環境《かんきょう》を変容させながら暮らしている。サルは木登りが上手《じょうず》だが木を切って家を建てたりはしない。大昔から人類だけが環境をつくり変えながら生活してきた。自分の都合のいいように環境をつくり変える――これがつまりデザインの大元だ。

①デザインというと皆《みな》さんは図画工作の延長、もしくは美術の一*ジャンルぐらいに思っているかもしれない。でも、そうではない。

前世紀の後半から、地球環境と経済活動が明らかに両立しにくくなってきた。そうした文明の危機に直面し、世界はさまざまに*いびつな音を立てて*きしんでいる。とはいえ、人類は周囲の環境をなんらかの形でつくり変え、利用しなければ生きてはいけない。そういう動物として、もともと生まれついている。

ではどうやって人類はこの先、生き延びられるように地球環境を利用すればいいのか。それを考えるための知恵《ちえ》の一つがデザインなのである。

若い皆さんには、ぜひそういう視点でデザインをとらえてもらいたい。

今は*グローバリズムの時代といわれている。国内だけに目を向けるのではなく、視野を世界に広げなければいけない。「ものづくり」も、「ことづくり」も、すべて世界全体を見渡《わた》して行うことが必要だ。そんなふうに誰《だれ》もが言う。

しかし、文化の本質はグローバルと反対のところにある。つまり*ローカルだ。

これはべつに難しい話ではない。自分が生まれてきたこのローカルな場所で、可能性をいかに開花させていくか。これが文化の本質だと思う。

料理のことを考えればよくわかる。日本には日本料理があり、フランスにはフランス料理が、イタリアにはイタリア料理がある。これらはすべてローカルなもの。イタリア人は子どもの頃《ころ》から母親に「マリオ！　パスタを食べる時に、お皿を温めなくてどうするの！」なんて言われて育っているから、当たり前のようにパスタを食べる時は皿を温める。それはイタリア固有の文化だ。イタリア人はイタリア料理を大事にして、フランス人はフランス料理を愛し、日本人は日本料理を守る。それが世界の豊かさに貢献《こうけん》していく。

たとえばイタリア料理とフランス料理と日本料理を混ぜ合わせたらどうだろう。見た目には*新奇《しんき》なものができるが、つまらない。何も特徴《とくちょう》が出ない。最初は物珍《めずら》しさから話題になるかもしれないけれど、きっと味もあまりおいしくないから、すぐに飽《あ》きられてしまうだろう。

あらゆる色は混ぜ合わせるとグレーになる。それと同じことだ。

グローバリズムというのは、あらゆる文化を混ぜあわせてグレーにすることではない。それではすべて均一になってしまう。自分たちの文化の特徴を磨《みが》き抜《ぬ》いて、それを世界の*文脈につなげる。そのことによって世界を多様で豊かなものにしていく。それがグローバリズムの真価ではないだろうか。

だからローカルが豊かでなければ、決してグローバルも豊かにはならない。グローバルとローカルは一対《いっつい》のもの、コインの裏表。そう考えてほしい。

仮に僕《ぼく》がデザイナーとして海外で仕事をする。そのことの意味は何だろうか。世界的な文脈で仕事をする背景には、自分の中で②日本文化をきちんと*咀嚼《そしゃく》できていないといけない。日本文化を自分で噛《か》みしめ、血肉としてはじめて、日本のローカリティを世界につなげることができる。そういう視点があるからこそ、海外で仕事をする意味があるのだ。皆さんはぜひ、このことを忘れないでほしい。

(原研哉「日本のデザイン、その成り立ちと未来」『創造するということ』所収 ちくまプリマー新書)

(注) *ジャンル…種類。分類。　*いびつな…ゆがんで異様な。　*きしんでいる…物がすれ合って音をたてている。

*グローバリズム…国境をこえて世界を一つとする見方。　*ローカル…ある一定の地方、地域、国。その土地特有の文化や自然。

*新奇…目新しくてめずらしいこと。　*文脈…状況《じょうきょう》、関係、背景など。　*咀嚼…よく考えて理解すること。

(1) 本文中には、══「変容」とありますが、(A) 変化すること・(B) 変化しないことに関する次の四字熟語の□の中に入る漢字を、下の〔　〕の中からそれぞれ選んで書き入れなさい。

(A) 心□一□

(B) □久□変

〔転・気・常・不・天・無・永・機・千〕

※

※　※　※　※

受験番号

(2) ——①「デザイン」とありますが、筆者は「デザイン」とはどのようなものであると述べていますか。五十字以内で書きましょう。（、や。や「　」なども一字に数えます。）

50字

(3) ——②「日本文化」とありますが、あなたがすばらしいと思う日本（日本人）の良さは何ですか。例を一つあげましょう。また、そう思う理由を二つ、四十字以内の一文で書きましょう。（、や。や「　」なども一字に数えます。）

日本（日本人）の良さの例

40字

(4) 本文中に「グローバリズム」とありますが、筆者は「グローバリズム」をどのようなことだと述べていますか。「～ではなく、～こと。」という形で、七十字以内で書きましょう。（、や。や「　」なども一字に数えます。）

70字

課題2 私たちの社会は、AI（人工知能）やコンピュータなどの科学技術が日々発展を続けています。そのような社会を生きる上であなたが必要だと思う力（能力）を一つあげましょう。また、その力を身につけるために、あなたはどのような努力をしていきたいですか。その努力を具体的に二つあげ、合わせて二百字以内で書きましょう。（、や。や「　」なども一字に数えます。段落分けはしなくてよろしい。一マス目から書き始めましょう。）

100字

200字

1※	2※	3※	※

受験番号	

課題3　地方で生活しているみのるさんとはな子さんは，よく報道される東京に関心を持ちました。あとの会話文を読んで，（1）～（3）に答えましょう。

みのる：今年は東京が注目されましたね。

はな子：日本の首都東京は，とても人の数が多いですね。

先　生：では，東京都の人口はどうなっているのでしょうか。
資料1は，東京都の人口推移をあらわしたグラフです。

はな子：このグラフを見ると，1945 年に大きく減っていることがわかります。

先　生：なぜそうなったのでしょうか。

みのる：［　A　］が原因だと思います。

資料1　東京都の人口推移

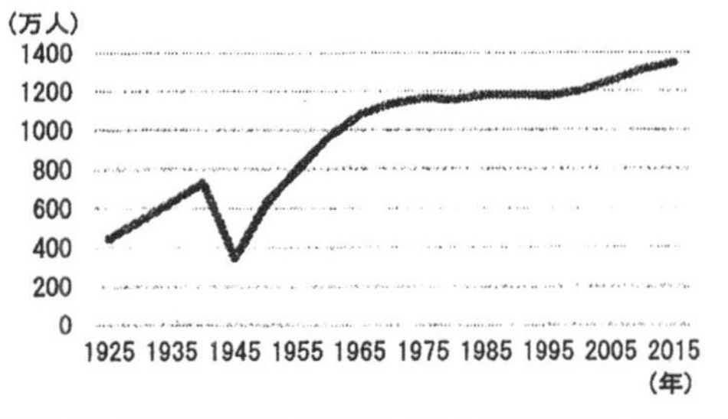

（東京都総務局の資料より作成。）

（1）　会話文の［　A　］にあてはまる内容を考えて書きましょう。

※

A	

はな子：ところで，今年のニュースで１都３県という言葉を聞きましたが，３県は東京都と関係が深いのですか。

先　生：資料２は東京都と接する３県の昼間人口と夜間人口を比べた表です。

みのる：この表を見ると，［　B　］ということがわかります。

先　生：なぜそうなるのでしょうか。

はな子：［　C　］が原因だと思います。

資料２　１都３県の昼間人口と夜間人口

	昼間人口（万人）	夜間人口（万人）
埼玉県	646	727
千葉県	558	622
東京都	1592	1352
神奈川県	832	913

（統計年次は 2015 年。「日本国勢図会 2019/20」より作成。）

（2）　会話文の［　B　］と［　C　］にあてはまる内容を考えて書きましょう。

※
※

B	
C	

先　生：家族の人数などは，東京都や他県はどうなっているのでしょうか。
資料３は４都県の人口と世帯数を示しています。このなかで１世帯あたりの平均人員が最も少ないのは［　D　］で，多いのは［　E　］ですね。

はな子：今回，私は東京のことをニュースで聞いて興味を持ち，新聞やインターネットで調べました。

先　生：新聞と比べてインターネットでは，調べる時に(F)注意すべきことがありますね。

資料３　４都県の人口と世帯数

	東京都	富山県	岡山県	福岡県
人口（万人）	1372.4	105.6	190.7	510.7
世帯数（万）	709.7	41.9	84.2	239.8

（世帯は住居及び生計を共にする者の集まり，または単身者。統計年次は人口が 2017 年，世帯数が 2018 年。「データでみる県勢 2019 年版」より作成。）

（3）　会話文の［　D　］と［　E　］にあてはまる都県名を書きましょう。また下線部（F）の注意すべきことを解答らんの「新聞は」の言葉に続けて２行でまとめなさい。

※
※

D		E	

F	新聞は